공간의 **몸**
몸의 **공간**

몸문화연구총서 No. 9

공간의 몸, 몸의 공간

몸문화연구소 편

쿠북

몸문화연구총서 No. 9

공간의 몸, 몸의 공간

1판 1쇄 찍은날 2017년 5월 25일
1판 1쇄 펴낸날 2017년 5월 31일
지은이 김종갑 외
펴낸이 민상기
펴낸곳 쿠북 (건국대학교출판부의 패밀리 브랜드입니다.)
등록 / 제 4-3 호(1971. 6. 21)
주소 / 05029, 서울특별시 광진구 능동로 120 건국대학교 출판부
전화 / (02)450-3891~3
팩스 / (02)457-7202
홈페이지 / http://press.konkuk.ac.kr
e-mail / press@konkuk.ac.kr

책임편집 박명희
찍은곳 ㈜동화인쇄공사

정가 15,000 원

ISBN 978-89-7107-614-9 94110
ISBN 978-89-7107-544-9 (세트)

이 도서의 국립중앙도서관 출판예정도서목록(CIP)은 서지정보유통지원시스템 홈페이지
(http://seoji.nl.go.kr)와 국가자료공동목록시스템(http://www.nl.go.kr/kolisnet)에서
이용하실 수 있습니다.(CIP제어번호: CIP2017012173)

머리말

공간의 몸, 몸의 공간

I

공간이란 무엇일까? 우리는 지구 공간에서 살고 있다. 고개를 들면 우주 공간이 펼쳐져 있다. 공간에 대해 생각하는 우리도 공간의 일부일까? 아니면 공간의 바깥에 있는 것일까? 이 우주 공간에 끝이 있는 것일까? 누구나 한번쯤 이런 질문을 해봤을 것이다. 그리고 아인슈타인 이후로 시공간이 무엇인지에 대해서도 관심을 갖게 되었다. 공간이 휘어질 수도 있다.

공간에 대해 거창한 질문을 하지 않아도 삶은 공간과 떼어 놓을 수가 없다. 쇼핑을 하고 출퇴근을 하는 일상의 사건들 하나하나가 공간의 질서와 더불어 이루어진다. 우리는 백지와 같은 공간이 아니라 분류되고 구획되고 정돈된 공간, 위계화되고 성별화된 공간에 살고 있다. 허용된 공간과 금지된 공간, 사적인 공간과 공적인 공간, 남성의 공간과 여성의 공간, 통치자와 피통치자의 공간 등으로 나뉘어 있다. 우리는 자유로운 공간에 있는 듯이 보이지만 사실은 통제되고 관리되는 공간에 있다. 호수의 물고기라기보다는 수족관의 물고기에 가까운 것이다.

그런데 왜 굳이 이 시점에서 공간인가? 2,500여 년 전에도 학자들은 공간의 성격에 대해서 우리와 똑같이 자문하였다. 일례로 탈레스가 하늘을 보며 걷다가 웅덩이에 빠졌다는 에피소드가 있다. 기하학자들과 건축학자들은 공간을 주제로 사유하였다. 이와 같이 구태의연한 공간의 문제에 대해 지면을 할애하고 종이를 낭비할 필요가 있을까? 그렇다. 분명히 필요가 있다.

20세기 중후반 이후로 공간의 성격과 개념이 급격하게 바뀌고 있다. 유클리드와 뉴턴이 알고 있던 공간의 개념으로 설명할 수 없는 많은 변화가 주위에서 발생하고 있다. 그러한 변화의 맨 앞에 우주정복이 있다. 1969년 닐 암스트롱은 달나라에 발을 내디딘 최초의 지구인이 되었다. 그런가 하면 1980년대 이후로 가상공간이 출현하였다. 가상공간에서는 현실도 가상현실이 된다. 그것은 기존의 물리적 공간과는 근본적으로 다른 관점에서 공간을 생각하도록 강요하였다. 그리고 21세기로 접어들면서 지구화가 눈부시게 빠른 속도로 진행되고 있다. 국가와 국가, 영토와 영토의 경계가 사라지고 있는 것이다. 그렇지만 이러한 자유로운 이동이 반드시 바람직한 것은 아니다. 영토의 경계가 사라지면서 살 곳을 잃고서 난민, 지구의 고아가 된 사람들도 급증하고 있다. 인문지리학, 사회지리학, 정치지리학은 이러한 문제를 다루는 학문이다.

그러한 공간과 지리상의 변화가 무엇을 의미하는 것일까? 새로운 공간에서 어떻게 살아야 하는 것일까? 새로운 공간의 출현은 새로운 사유를 요구한다. 그렇지만 아직 우리 학계는 그러한 질문에 대해서 충분히 생각해 보지 않았다. 몸문화연구소는 2016년의 연구 주제를 공간으로 정했던 이유가 거기에 있다.

Ⅱ 1) 공간의 개념

이 책을 읽기 위한 준비로 공간 이해에 필요한 몇 가지 기본 개념을 소개하기로 한다. 우선 공간은 무색무취의 막연하고 정체가 불분명한 개념처럼 보인다. 다음과 같은 국어사전의 정의는 마찬가지로 막연하지만 최소한의 길잡이 역할은 할 수 있다. 네이버의 사전에 따르면 "아무것도 없는 빈 곳", "물리적으로나 심리적으로 널리 퍼져 있는 범위", "영역이나 세계를 이르는 말"이 공간이다.

공간이란 말을 듣고 가장 먼저 떠오르는 이미지는 빈 곳이다. 우리는 방이 좁거나 넓다는 말을 자주 한다. 이때 공간은 가구나 물건이 들어 있지 않은 텅 빈 공간, 수납을 가능하게 하는 막힌 공간이다. 가로 5미터, 세로 5미터와 같이 자로 재서 수량화가 가능하다. 사막이나 바다처럼 막히지 않고 사방이 훤하게 트인 광활한 공간을 생각할 수도 있다. 물론 문자 그대로 아무것도 없는 것은 아니다. 물과 고기가 있고 모래와 흙, 거친 풀이 있기 때문이다. 그럼에도 불구하고 빈 공간이라는 말이 터무니없이 잘못된 것은 아니다. 텅 비어 있다는 말은 그 공간에 뭔가 채울 것을 생각할 때 쓰는 표현이다. 수용 능력을 따지는 것이다. 텅 빈 방에 대해서도 마찬가지이다. 방에는 바닥과 천장, 벽은 물론이고 공기와 먼지도 있다. 그렇지만 그것이 책상이나 침대, 의자를 수용하는 데 방해가 되지는 않는다. 이 점에서 빈 공간이라는 표현은 인간 중심적이고 목적 지향적이다. 만약 공기와 먼지가 생각할 수 있다면 텅 비어 있다는 표현이 자신을 무시하는 처사라고 여기며 섭섭해 할 것이다. 다음과 같은 상황을 생각해 보자. 유치원에 교사를 찾아왔는데 유아들만 있으면 방문객은 '아무도 없네'라고 생각할 수 있다. 방문한 목적에 유아들이 포함되지 않기 때문이다. 즉 엄밀한 의미에서 텅 빈 공간은 존재하지 않는다. 그러나 공간의 인간적 활용을 염두에 두면 주위에는 텅 빈 공간이 많이 널려 있다.

두 번째 범위의 의미도 빈 곳의 연장선에 있다. 사막이나 황무지는 빈 공간이 아니라 "물리적으로 널리 퍼져 있는 범위"라고 말해야 옳다. 그러나 이 의미도 빈 공간으로 대체될 수 있다. 널리 퍼진 범위에 모래나 흙은 포함되지 않는다. 널리 펼쳐진 공간은, 그만큼 많은 수용이 가능하다는 것, 받아들일 충분한 여유가 있다는 것을 뜻한다. 심리적 공간의 의미도 다르지 않다. 그것은 스트레스나 고민, 고통과 같은 심리적 하중을 견딜 수 있는 마음의 여유를 가리킨다.

영역이나 세계로서 공간은 어떠한가? 이때 공간은 중립적인 공간이 아니라 이러저러한 삶의 활동이 이루어지고 삶이 다채롭게 영위되는 의미 공간이다. 휴식공간, 놀이공간, 생태공간과 같은 용어들은 우리가 휴식을 취하거나 놀이를 하거나 자연과 어울릴 수 있도록 조성된 공간을 의미한다. 여기에서 주어는 공간 자체가 아니라 휴식이며 놀이의 활동, 자연의 생명력이다.

위와 같은 세 개의 정의에 공통적으로 포함되는 교집합이 무엇일까? 플라톤의 용어로 코라chora이다. 우주의 창조를 설명한 ≪티마이어스 *Timaeus*≫에서 플라톤은 공간을 "모든 변화와 생성을 품어 주는 그릇 hupodochê"으로 규정하였다. 그릇이라는 어휘로 충분치 않다고 생각했는지 그는 "자리", "자손을 잉태하는 어머니(의 자궁)" 등의 비유를 사용하기도 하였다. 플라톤이 물건을 넣는 그릇과 앉는 자리로서 공간을 설명하기 위해 왜 자궁에 비유하였는지 이유를 짐작하기는 어렵지 않다. 근본적으로 공간은 모성적이라는 것이다. 그가 생각하는 모성은, 스스로 자신을 양보하면서 모든 것을 품어 주고 안아 주고 받아들이고 견디고 감당하는 무한한 포용능력이다. 모성은 자신의 존재를 주장하지 않는다. 자식의 양육과 성장을 위해 자신을 비워 두고, 있는 것도 덜어 내는 것이다. 이와 같이 자신을 타자에게 양보하기 위해 존재한다면 도대체 모성의 존재론적 성격은 어떻게 되는 것일까? 있지만 없어지기 위해 있는 존재, 아무도 찾지 않을 때에는 있지만 누군가 필요해서 찾아오면 흔적도 남기지 않고서 물러나는 존재, 버려지고 쫓겨나는 것을 당연한 운명으로 받아들이는 역설적인 존재가 아닌가. 험악하게 말하면 인간에게 이용당하고 착취당하기 위해 있는 존재, 점잖게 말하면 인간을 품어 주기 위한 존재가 공간이라는 것이다.

한마디로 공간은 역설적으로 존재한다. 스스로는 생명이 아니면서 생명을 가능하게 하고, 스스로 존재하지 않으면서 존재를 품어 주는 것이 공간이다.

2) 공간의 정복

위에서 우리는 공간이 모든 것을 보듬고 안아 주고 품어 주는 엄마의 품과 같다는 점을 살펴보았다. 이제 이 공간이 어떻게 해서 인간의 정복과 소유의 대상이 되었는지의 문제에 시선을 돌려야 한다. 어찌 인간이 이 좋은 것을 탐내지 않을 수 있었겠는가. 인간의 역사는 이 공간을 자로 재고 금을 긋고 쪼개고 분할하며 울타리를 두르는 과정, 즉 공간 정복의 과정이었다. 공간이 인간의 욕망을 충족하는 수단이 된 것이다. 그러면서 그것은 배타적 소유의 대상, 사유재산이 되었다. 반면에 소유되지 않은 공간, 임자 없는 공간은 자연 공간으로 남게 되었다. 루소는 그러한 공간의 사유화를 생각하면서 ≪인간불평등론≫을 쓰기 시작하였다. 누군가 토지에 울타리를 두르고서 "이것은 내 땅이다"고 주장하는 순간에 사유재산이 생기게 되었다는 것이다. 이와 같이 자기 것이 아닌 것을 자기 것으로 전유하면서 인간의 불평등도 심화되기 시작하였다. 공간의 차이가 빈부귀천의 차이가 된 것이다.

≪공간의 세계사≫에서 미야자키 마사카쓰는 이와 같은 인류의 공간 정복의 역사를 6개의 단계로 파악하였다. 각 단계는 전 단계의 공간에 혁명적인 충격을 가함으로써 생겨나는 새로운 공간을 의미한다. 첫 번째 공간 혁명은 기원전 5000년경에 이루어진 농업혁명이다. 자연自然, 글자 그대로 그냥 있었던 자연의 공간이 논과 밭으로 개간되기 시작한 것이다. 공간의 사유화가 본격적으로 시작된 것이다. 그다음 두 혁명은 정치지리학적이다. 세계의 도처에 산재하던 공간이 통합되고 유라시아로 블럭화된 것이다. 네 번째 혁명은 500년 전에 시작된 대항해와 신대륙의 발견이다. 과거에는 인간의 발길이 닿지 않았던 미지의 바다에도 뱃길이 열리면서 지리상의 교역이 증가하게 되었다. 다섯 번째는 200년에 유럽의 산업혁명과 기술과학이 주도했던 철도와 증기선에 의해 새롭게 형성된 자본공간을 일컫는다. 마지막 단계는 최근 인터넷의 발달로 생겨난 가상공간의 출현과 우주정복이다. 이러한 공간 정복의 마지막 단계가 가상공간과 우주정복이라는 것은 흥미로운 사실이다. 처음에는 주인 없는 땅이 정복되더니, 다음에는 바다가 정복되고, 그다음에는 하늘이 정복되고, 더 이상 정복할 공간이 사라진 마지막 시점에 가상공간이 출현한 것이다.

3) 공적 공간과 사적 공간, 남성의 공간과 여성의 공간

불행한 사회에는 공적 공간이 존재하지 않는다. 모든 공간이 최대로 사유화되는 것이다. 이런 사회에서는 자기 땅이 없으면 집을 지을 수도, 공을 차며 놀 수도 없다. 성경의 예수는 세상에서 자기가 누울

자리가 없다고 탄식하였다. 가난한 사람은 재물만 가지지 못한 것이 아니라 삶의 공간도 박탈당한 자가 되는 것이다. 바람직한 사회라면 가난한 자에게도 살아갈 수 있는 공간을 보장해 주어야 한다. 살기 좋은 나라일수록 공적 공간이 많다. 프랑스를 보라. 파리에는 공원이 많다. 그 가운데 특히 뤽상부르 공원이 유명하다. 무려 25헥타르의 규모를 자랑하는 이 공원은 과거에는 왕실의 사유지, 사냥터였다.

공간에는 공과 사의 구분만 있는 것은 아니다. 남녀의 성별에 따른 공간 구분도 있다. 근대화되기 이전에는 여성을 위한 공적 공간이 아예 존재하지 않았다. 여성의 사회 활동이 배제되어 있었기 때문이었다. 남자들만이 자유롭게, 거리낌 없이, 그리고 당당하게 바깥출입을 할 수 있었다. 길은 금녀의 공간, 신분이 비천한 하녀나 노예만이 나다닐 수 있는 공간이었다. 길거리의 여자라는 용어가 부정적인 의미를 가지게 된 이유였다. 체통과 품위가 있는 여자라면 담장으로 사방이 막혀서 외부와 완전히 차단된 공간, 자신의 유일한 사적 공간에 머물러야 한다. 공적인 공간으로 나가는 순간에 그녀는 만인의 여자, 화류계의 여자로 낙인이 찍히게 된다. 그러한 이유로 19세기 후반까지도 보호자가 동반해 주지 않으면 여염집 여자들은 바깥으로 나갈 생각을 하지 못했다.

신분과 남녀의 차별이 없는 민주주의 사회에서는 원칙적으로 남자나 여자의 배타적인 공간이 존재하지 않는다. 그러나 현실에서는 아직도 가부장적으로 독점된 남자들의 공간이 잔존하며, 화장실처럼 성적으로 배타적인 공간도 적지 않다. 공중화장실이나 탈의실은 사적 공간이라는 느낌이 들 정도로 성별의 구분이 너무나 엄격하고 뚜렷하다. 그런가 하면 밤문화를 즐기는 화류계의 공간은 대부분 남성의 욕망 충족을 위한 공간이다. 이러한 공간에도 물론 여성은 있지만 플라톤의 자궁처럼 존재한다. 남성의 쾌락을 위해 자신의 존재를 양보하고 비워 내고 희생하며 또 견뎌 내는 것이다. 코라와 차이가 있다면 그것은 남녀 관계가 자본에 의해 매개되고 있다는 점이다.

남녀의 차이는 공간의 구별과 분리가 아니라 공간의 이용과 활용에서 더욱 두드러진다. 똑같이 주어졌다고 해서 여자가 남자와 똑같은 방식으로 공간을 활용하지는 않는다. 대체적으로 남자는 여자보다 더욱 많은 공간을 확보하려는 성향을 가지고 있다. 쩍벌남을 생각해 보라. 지하철에서 남자들이 어깨나 다리를 벌리고 더욱 많은 자리를 차지하고 자기의 세를 과시하려고 한다. 주위의 여자들과 몸이 닿아도 크게 개의치 않는다. 이 경우에 여자는 자신의 몸집을 줄이거나 뒤로 물러나지 않으면 안 된다. 혹은 그렇게 하도록 무언의 압력을 받는다. 그것이 고릴라식의 공간 확대의 전략이다. 고릴라도 상대방을 위협하기 위해서 가슴을 두드리면서 몸집을 부풀리지 않는가. 이처럼 남자가 확대 지향적인 반면에 여자는 축소 지향적이 된다. 남자가 공적 공간을 자기의 것처럼 사용하는 반면에 여자는 타인의 공간에 있는 듯이 행동하는 것이다.

4) 권력화된 공간

남녀의 차이가 공간이 권력화되는 유일한 차이는 아니다. 공간의 불평등한 배치는 인간 활동의 모든 국면에 광범위하게 걸쳐 있다. 될 수 있으면 많은 공간을 확보하려는 심리는 권력의지의 반영이다. 원시사회에서 공간을 위한 투쟁은 죽고 죽이는 전쟁의 방식으로 이루어졌다. 용감하고 힘이 센 자가 더 많은 몫을 챙길 수 있었다. 그러나 직접적 무력의 충돌을 통해서 유리한 공간을 확보하는 방법은 지극히 전근대적이다. 현대에는 경제적·정치적·사회적 지위의 높고 낮음, 즉 제도화된 차이가 공간의 분배의 주요 결정 요소이다. 사회적 공간 자체가 그러한 차이에 따라서 재편성되어 있다. 단적인 예의 하나가 상석과 하석의 차이이다. 가장 많은 시각적 공간을 확보해 주는 자리가 상석이다. 학교의 수업 공간을 생각해 보라. 교사는 한 명에 지나지 않지만 학생은 다수이다. 학생들이 숫자적으로 교사를 압도하는 상황에 있다. 이러한 상황을 역전시키는 것이 위계화된 공간의 배치이다. 교사는 학생들과 똑같은 위치와 방향에서 의자에 앉지 않는다. 그는 교단의 높은 위치에서 학생들을 내려다본다. 학생에게 책상이 있다면 그에게는 교탁이 있다. 더구나 학생들의 책상은 교사에게 전적으로 유리하게 배치되어 있다. 학생들에게 보이는 것은 자기 앞의 공간이다. 맨 앞줄 학생의 시계는 교사 한 명에 제한되어 있다. 그러나 교사는 모든 학생을 한꺼번에 볼 수가 있다. 이것은 뒤에 앉은 학생의 경우에도 마찬가지이다. 그는 교사뿐 아니라 앞에 있는 다른 학생들도 볼 수 있다. 그러나 교사는 모든 학생들의 얼굴을 한꺼번에 볼 수가 있다. 이러한 공간의 배치가 없다면 교사는 학생을 효율적으로 통제할 수 없을 것이다.

사회는 공간의 불평등한 배분과 배치를 통해 기존의 사회적 질서와 제도, 권력을 유지한다. 사회가 피라미드 구조라면 공간도 피라미드적으로 권력화되어야 한다. 여기에는 공간의 통치술이 작용하고 있다. 피라미드 구조에서는 사람의 숫자가 권력과 반비례하는 관계에 있다. 상층부로 올라갈수록 자리를 차지하는 사람은 감소하지만 권력은 증가하는 것이다. 권력의 최정상에는 대통령 한 사람밖에 없다. 일대다一對多, 한 사람이 전체 국민을 통치하는 것이다. 이러한 불균형의 해결책은 교사와 학생의 관계와 마찬가지로 행정체계를 통해서 공간을 효율적으로 독점하고 통제하는 방식으로 이루어진다. 그것이 벤담의 원형감옥 이론이다. 통치자는 피통치자들을 한꺼번에 내려다보며 조망할 수가 있지만 피통치자들은 통치자를 보지 못한다. 통치자가 직접 볼 필요도 없다. 그를 대신해 경찰의 공권력이 시퍼렇게 눈을 뜨고서 지켜보고 있지 않은가. 심지어 경찰이 직접 나서서 감시하지 않아도 좋다. 곳곳에 CCTV가 설치되어 있기 때문이다. 통치자를 대신해서 기계가 대신 감시하고 있는 것이다. 이처럼 현대사회의 공간은 권력의 시선에 의해 삼투되어 있는 공간이다. 우리 사회를 감시사회라고 불러도 무방할 것이다.

이와 같이 권력화된 공간에서 통치자는 권력이 체화된 몸을 가진다. 그가 공간적으로만 높은 위치와 넓은 자리를 차지하는 것은 아니다. 그는 그러한 공간의 권력에 일치하는 몸을 가지게 된다. 굳이 말하고 설명하지 않더라도 그가 통치자라는 사실이 향기처럼 몸에서 배어나야 하며, 걸음걸이와 말투 · 자세 · 표정, 이 모든 몸의 움직임을 통해서 주위를 제압해야 한다. 그래야 국민들이 그의 권위를 인정하고 자발적으로 복종하게 되는 것이다. 의전을 담당하는 관료들이 가장 세심하게 챙기는 것도, 통치자가 중심이 되도록 시간과 공간을 배정하고 배치하는 것이다. 통치자는 가장 늦게 행사장에 도착하지만 가장 먼저 행사장을 떠난다. 그가 가장 먼저 착석하고 가장 먼저 자리에서 일어난다. 다른 사람들은 그제야 알았다는 듯이 한 박자 늦게 움직이기 시작한다. 악수의 손길도 그가 먼저 내밀어야 한다. 그가 손을 잡고 다른 사람은 손이 잡힐 따름이다. 전자가 행동한다면 후자는 행동이 되어진다. 이러한 동작을 관행적으로 반복하다보면 피통치자의 몸은 복종의 몸으로 굳어지게 된다. 자기도 모르게 통치자에게 고개를 숙이고 허리를 굽히며 저자세를 취하는 것이다.

5) 심리적 거리와 사회적 거리

공간의 배분과 배치가 권력의 차이만을 생산하는 것은 아니다. 권력이 지배자와 피지배자의 분리를 지향한다면 사회적 거리는 개인의 만남이 이루어지도록 만들어 주는 공간의 문법을 말한다.

사전적으로 거리는 두 개의 물건이나 사람, 장소가 공간적으로 떨어진 길이를 의미한다. 집에 가구를 배치할 때 우리는 가구 사이에 거리를 얼마나 두어야 하는지 고민하게 된다. 사람의 만남의 경우에는 두말할 나위가 없다. 당사자의 사회적 · 정서적 관계의 성격에 따라서 거리의 길과 짧음이 결정되는 것이다. 서로가 편하고 친근한 사람들은 멀리 떨어져서 이야기를 나누지 않는다. 설령 그렇게 시작했다가도 점점 자신도 모르게 서로를 향해 가까이 다가서게 된다. 40cm 안팎의 거리는 상대방의 냄새나 체온을 느낄 수 있는 친교 영역에 속한다. 만약 관계가 소원한 사람들이 가까이 있게 되면 지나치게 서로의 존재를 의식한 나머지 자연스런 대화가 어려워질 것이다. 친밀하지 않은 사람들은 50~120cm 사이의 거리를 두고 대화를 나눈다. 심리적으로 편안하게 느끼기 위해서는 그 정도의 물리적 거리가 유지되어야 하는 것이다. 그렇지만 인구가 많은 대도시에서는 그러한 거리를 확보하기가 어렵다. 가령 출근길 지하철의 승객들은 아무리 다른 사람으로부터 몸을 떼어놓으려고 해도 그렇게 할 수가 없다. 이러한 상황에서 승객들은 심리적인 거리를 최대한 벌려 놓음으로써 그러한 물리적 인접에서 오는 부담감을 해소하려고 노력하게 된다. 가까운 거리에서 생길지 모르는 정서적 교감을 차단하는 것이다. 이러한 이유로 대도시에서 사는 사람들은 서로 가까이 있으면서도 아주 멀리 떨어져 있는 듯이 행동하는 태도가 몸에 배게 된다. 시각에서도 그러하다. 보면서도 보지 않는 듯이 행동해야 하는 것이다. 어빙 고프만은 이것을 "정중한 무관심"이라는 용어로 표현하였다.

우리나라의 촌수와 비슷하게 친밀감의 정도를 알려 주는 것으로 보가더스 사회적 거리 척도라는 것이 있다. 이것은 1점을 친밀성의 최대치로 해서 숫자가 올라갈수록 친밀도의 정도가 낮아지고 혐오감이 증가하도록 만들어진 지수이다. 보가더스에 따르면 부모와 배우자의 관계의 사회적 거리 지수는 1로, 그것은 거리가 아예 없다는 것을 의미한다. 반면에 같은 마을의 주민은 3, 동포는 5, 자국의 외국인은 6이었다. 7이상의 지수는 자국으로 입국을 금지해야 하는 사람들에 해당한다. 대부분의 미국인들은 무슬림에 대해서 그러한 태도를 취하고 있다.

사회적 거리는 문화와도 밀접한 관계를 가지고 있다. 친밀성의 표현도 우리가 태어나고 성장한 문화에 따라서 달라진다. 차가운 문화가 있는가 하면 따뜻한 문화가 있다. 차가운 문화는 상대방을 자기와 전혀 다른 타자로서 바라보기 때문에 지나치게 타인을 경계하고 자신을 방어하는 경향이 있다. 자기가 좋아하는 것도 상대방이 좋아하리라고 기대하지 않는다. 반면에 따뜻한 문화권의 구성원들은 내가 좋으면 상대방도 좋아할 것이라고, 타자의 취향도 자기와 비슷할 것이라고 쉽게 믿는 경향이 있다. 차가운 문화의 대표적인 예로 독일을 들 수 있다. 독일인에게 너무나 가깝다고 느껴지는 거리가 따뜻한 문화권의 사람들에게는 너무나 멀다고 생각될 수 있다.

6) 공간과 몸의 변화

우리는 공간 속에 있으면서 동시에 공간의 일부이다. 이것은 공간이 변하면 우리의 몸도 변한다는 사실을 의미한다. 마천루가 밀집한 대도시에 있다가 시야가 확 트인 전원으로 가면 마음도 활짝 트인 느낌이 든다. 높은 빌딩은 시야만 가린다고 생각하면 안 된다. 그것은 몸도 내면으로 닫아 놓는다. 공간의 변화에 따라서 몸이 외부를 향해서 열리기도 하고 닫히기도 하는 것이다. 내 몸이 처한 상황의 변화도 커다란 몫을 한다. 차량이 통제된 날이든 운행이 허용된 날이든 우리가 걷는 도로는 똑같은 도로이지만 차량이 없으면 공간이 훨씬 넓게 느껴진다. 차량이 차지했던 공간이 우리의 공간으로 양도되기 때문이다. 그러다가 차량의 운행이 재개되면 주객의 관계가 전도되기 시작한다. 차가 우리를 구석으로 밀어내는 것이다. 차의 속도가 빠르면 빠를수록, 차량의 크기가 크면 클수록 우리는 중심에서 변방으로 쫓겨나며, 그만큼 더욱 수세에 몰리게 된다. 차가 자신의 영역을 짓밟고 침범해 들어오는 위협감을 갖는 것이다. 이러한 이유로 우리는 자기도 모르게 긴장한 채 발걸음을 빨리하게 된다. 위기에서 빨리 벗어나야 하는 것이다.

공간의 변화는 몸의 변화이다. 등산객들은 이러한 변화를 잘 느낀다. 지상에서 산소가 100이라면 세계의 지붕이라 불리는 에베레스트의 정상에서 산소는 약 30으로 줄어든다. 그러한 높이에서 오래 머물게 되면 경련을 일으키고 혈압이 급강하며 의식을 잃고, 심하면 생명을 잃게 된다. 공간의 변화에 상응하는 몸의 변화가 발생하는 것이다. 다름 아니라 인간도 공간이기 때문이다. 비좁은 공간으로 이동할 때 인간은 그전과 마찬가지로 그대로 있고 공간만 좁아지는 것은 아니다. 공간이 협소해지면 인간도 심리적 압박감을 느끼게 된다. 이 점에서 쾌적하고 여유 있는 공간의 확보는 인간의 행복을 위해 필수적이다.

공간이 확대되면 몸도 이완되고 축소하면 몸도 수축한다. 자동차를 운전하는 사람은 자동차를 자기의 확대된 몸으로 경험한다. 차의 엔진이 그의 머리라면 유리창은 그의 눈이며, 타이어가 그의 다리라면 트렁크와 배기구는 엉덩이이다. 자신의 내장과 촉수를 가진 개체로 생활하다가 군체를 하나의 내장과 촉수로 통합되는 해파리와 마찬가지이다. 차체와 그의 몸이 하나가 되는 것이다. 그렇지 않다면 좁은 골목길이나 구불구불한 길을 자유자재로 운전할 수 없을 것이다. 대형 자동차를 운전하다가 소형으로 바꾸면 확대되었던 우리의 몸도 이와 비례해서 축소되기 시작한다.

공간이 확장된 몸이라는 사실을 잘 보여주는 사례의 하나가 관음증이다. 관음증은 성과 연관된 행위를 은밀하게 바라보면서 쾌감을 느끼는 성도착의 하나로 정의된다. 그렇지만 화장실이나 침실 엿보기와 같이 성과 관련 없는 행위도 그것을 바라보는 사람에 따라서 관음증의 대상이 될 수 있다. 커튼을 젖히고 누군가의 사적인 공간을 엿보는 행위는 옷을 벗기고 나체를 보는 행위와 다름없다. 공간의 침해는 곧 몸을 침해하는 행위인 것이다. 살짝 열린 문틈이나 커튼 사이로 내부를 보는 것도 마찬가지이다. 이것은 옷자락 사이로 잠깐 모습을 드러낸 알몸을 응시하는 행위인 것이다. 커튼을 내리거나 옷을 입었다는 사실은 당사자가 자신의 사생활을 보호받고 싶다는 의지의 표명이다. 관음의 행위는 그러한 의지를 폭력으로 제압하는 행위가 된다. 성적 자극을 동반한다는 점에서 그것은 성폭력이다. 물론 사람들의 시선을 끌고 싶어서 의도적으로 자신의 신체를 노출하는 경우도 있다. 이러한 상황에서는 관음증이 성립되지 않는다. 의도적으로 노출된 신체는 공적인 신체나 마찬가지이기 때문이다.

III

이제 이 책에 실린 글들을 간단히 요약하기로 한다.

1부인 <몸과 공간>은 공간이 무엇일까?라는 질문과 더불어 시작한다. 천 년 전의 공간과 지금의 공간이 같을까? 콜럼버스가 신대륙을 발견하기 이전과 이후의 지구의 공간이 같다고 말할 수 있을까? 이러한 질문에 대해 김종갑은 아니라고 답한다. 그는 전근대의 공간은 신적인 공간과 세속적 공간, 인간의 공간과 동식물의 공간으로 분할된 공간, 즉 인간적으로 상징화된 공간이었다고 주장한다. 그러한 차이가 사라지고 균질화된 공간이 근대적, 비인격적 공간이다. 이러한 공간은 근본적으로 인간의 욕망 충족을 위해 정복되어야 하는 공간이 되었다. 20세기 후반 이후로 이러한 정복의 속도가 가속화된 결과로 인공지능도 등장하게 되었다. 그리고 SF 소설과 영화는 인간이 인공지능에 의해 정복당하는 포스트휴먼적 전망을 보여준다. 필자는 그러한 포스트휴먼된 공간에서 인간은 특권적 지위를 상실하는 것이 당연하다고 주장한다.

최근 한 이탈리아의 의사가 올해 말에 인간의 머리를 이식하는 수술을 하겠다는 대담한 계획을 발표하였다. 수술을 받겠다는 지원자도 이미 확보해 놓은 상태이다. 전신마비 환자의 머리를 분리해서 신체가 건강한 뇌사자의 몸에 접합하겠다는 것이다. 〈대항 공간으로서의 포스트휴먼 신체성〉에서 윤지영은 이러한 이식 수술이 가진 철학적 함의를 논의한다. 고대 희랍 신화의 반인반우半人半牛 미노타우로스의 현대판이 아닌가? A의 두뇌 공간에 B의 몸 공간을 접목한 사람의 정체성을 어디에서 찾아야 할까? A인가? B인가? 그것도 아니라면 새로운 혼종적 정체성, 새로운 인간의 출현인가? 그리고 기존의 공간 개념으로 이 이질적 공간 접합을 설명할 수 있는 것일까? 이 글에서 필자는 이러한 질문에 대한 대답을 시도하고 있다.

'공간' 하면 가장 먼저 떠오르는 것 중의 하나가 공존이다. 과거에 공간은 원주민의 정복과 추방, 식민지화의 역사로 얼룩져 있었다. 〈지구는 둥그니까〉에서 서윤호는 이러한 배타적 공간에 대한 대항 담론으로 이방인에 대한 환대의 권리와 의무를 주장하고 있다. 그는 자신의 주장을 관철하기 위해서 칸트와 데리다를 대척점에 놓고서 논의를 전개하는데, 일찍이 칸트는 자유주의적 상호성의 원칙에 근거하여 원주민의 공동체를 위협하지 않는 범위 내에서 이방인을 허용해야 한다고 주장했다. 반면 데리다의 타자 지향적 윤리학은 무조건적인 환대를 주장한다. 주체와 타자의 관계에서 칸트가 주체의 입장을 강조한다면, 후자는 타자의 입장을 강하게 주장하고 있다. 그런데 환대를 둘러싼 현재의 논의는 이 양극단에서 멈추고 있다. 서윤호는 상호 인정이라는 철학적 토대에서 제3의 길, 이주사회에서의 환대권을 재구성하고 있다.

이방인 환대라는 문제의 연장선에 시리아 난민이 있다. 안타깝게도 시리아 난민의 문제는 잠재적으로 우리 모두의 문제이기도 하다. 전쟁과 기후변화, 식량난, 신종바이러스, 경제위기 등으로 인해 우리는 언제든지 현재의 주거공간을 박탈당할 수 있다. 국가들이 내세우는 국적우선정책, 반이민정책과 같은 배타적 정책으로는 난민의 문제를 해결할 수 없다. 그렇다면 어떻게 해야 하는가? <난민 공간과 시적 상상력>에서 최은주와 정흠문은 새로운 상상력이 요구되는 시점에 우리가 서 있다고 주장한다. 그들은 국경과 영토를 분리하지 않고 연결함으로써 두 영역의 상호 개조 가능성을 전망하는 가운데, 공간의 고정된 가치를 해체하는 난민 공간의 생성과 발전 가능성을 조심스럽게 탐색한다.

이제 이방인이나 난민의 화두로부터 대도시 공간의 문제로 시선을 돌리기로 하자. <전후 '런던' 경험과 코스모폴리탄 산책자>에서 임지연은 도시 공간의 경험에 초점을 맞추었다. 우리에게 도시는 삶의 일부가 된, 너무나 익숙한 생활공간이다. 그렇다면 처음으로 도시를 방문했던 사람은 도시를 어떻게 경험했을까? 이 질문에 답하기 위해서 임지연은 1950년대 후반에 영국을 방문했던 한국의 지식인을 찾아 나선다.

1957년에 영국에서 5년여 세월을 살았던 시인 박태진의 시선을 통해서 대도시의 풍경을 재구성하려는 것이다. 한국전쟁의 후유증에서 채 벗어나지 못한 후진국 지식인 박태진에게 런던은 충격적으로 다가왔다. 그의 경험담을 통해서 임지연은 런던이라는 대도시 공간의 공간성을 조명하였다.

이 책의 3부는 일상과 공간의 관계를 다룬다. 우리의 일상에서 가장 중요한 공간은 집일 것이다. 3부의 첫 꼭지는 우리에게 가장 친근한 가정에 대한 질문으로 시작한다. <집과 가정: 젠더와 주거 디자인>에서 김주현의 관심은 물리적 공간인 집을 편안한 생활공간으로 만드는 여성의 디자인 미학에 있다. 디자인 미학이란 무엇인가? 그녀는 유럽의 페미니스트 디자이너와 그들의 작업을 통해서 이 질문에 접근하고 있다. 1세대 페미니스트 미술가 주디 시카고는 가정에서 여성의 역할을 보여주기 위해서 폐가를 재디자인하고, <여성의 집>이라는 이름을 붙였다. 그녀에게 가정의 공간은 남녀의 성차가 구체화되는 공간이다. 따라서 어떻게 하면 이러한 가부장적 주거 공간에서 벗어날 수 있을까? 이에 대한 답을 김주현은 독일의 실내 인테리어 디자이너 마가레테 쉬테-리호츠키와 릴리 라이히가 부엌을 디자인한 설치 작품에서 찾는다. 그것은 포스트-가부장제의 주거 미학이라 불릴 수 있는 공간이다.

전통적으로 바깥이 남성적 공간이었다면 집은 여성적 공간이었다. 그런데 역설적으로 여성은 자기만의 방을 갖기가 어려웠다. 최하영은 <여성이 '자기만의 방'을 가진다는 것의 의미>에서 여성은 오랫동안 이 세계에서 '자리'를 허락받지 못한, 존재의 '장소를 상실한 존재'였다는 점을 지적한다. 필자가 무장소의 여성이라는 문제를 다루기 위해서 버지니아 울프의 ≪자기만의 방≫을 논의의 중심으로 끌어들이는 것은 우연이 아니다. 이 책에서 울프는 '장소상실의 존재'로서 여성 작가가 처한 궁지를 탁월하게 고찰했기 때문이다. 이 글에서 필자는 자기만의 방에 대한 울프의 요청이 후대 작가들, 특히 유색여성 페미니즘의 작가들에게 어떻게 실현되었는지를 살펴보았다. 그리고 선배와 후배 작가들이 "서로 이어서 책을 써 나가는" 과정을 통해 여성 담론의 공간이 생성될 수 있다는 주장으로 글을 맺는다.

여성이 자기의 주어진 공간으로서 가정을 떠나 밖으로 나가면 어떻게 될까? 19세기 후반까지도 '길 위의 여자'는 매춘부를 의미하였다. 최정선은 〈길거리 걷기, 그리고 길 위의 여성들〉에서 발터 벤야민의 산보객을 논의의 시발점으로 삼는다. 그리고 산보객인 벤야민은 산보객의 젠더 정체성을 관광객, 여행자, 어린아이의 모습을 이용하여 모호하게 만들지만 길 위의 여성에 대한 기술을 통해 노출하고 만다. 결국, 이 글은 벤야민은 그의 에세이에서 도시를 읽는 것은 중산층 남성 산보객의 전유물이고, 도시 읽는 행위는 남성 산보객을 위한 성적인 은유로 재현되는 것이 가능하다는 것을 들키고 있다고 주장한다.

마지막으로 〈무대 위의 공간들: 피터 셰퍼의 ≪에쿠우스≫〉에서 윤소영은 이 연극의 주인공인 알런에 의해 구성되는 세 가지의 공간에 주목한다. 그가 만나는 인물(에쿠우스와 아버지, 다이사트)과의 관계의 변화에 따라서 알런의 공간도 바뀐다. 에쿠우스와의 관계 공간에서는 알런의 존재론적 의미가 전경화된다. 그의 정체성이 드러나는 것은 아버지와의 관계 공간에서이다. 마지막으로 주인공이 다이사트와 만나는 병원이라는 공간이 있다. 이 공간은 다이사트가 동시에 알런의 분신이 되는 자기 균열적인 공간이다. 이와 같이 알런이 만나는 인물에 따라 달라지는 공간의 성격이 사회적 역학관계를 반영하고 있다는 것이 필자의 결론이다.

IV

몸문화연구소는 몸과 관련된 다양한 문화현상들을 학문적으로 연구하기 위해서 2007년 설립된 연구소이다. "현대의 화두는 몸이다"나 "몸이 가장 잘 팔리는 상품이다"는 말은 이제 클리셰처럼 느껴질 정도로 몸에 대한 관심과 보살핌은 우리 삶의 중심에 자리를 잡게 되었다. 본 연구소에는 다양한 전공과 관심을 지니고 각 분야에서 몸과 관련된 연구에 매진하는 소장 학자들이 참여하고 있어 이들의 철학, 국문학, 영문학, 역사학, 정신분석학, 미학, 비평, 연극, 여성학, 의학 등 학문의 넓은 스펙트럼을 망라하고 있다. 매달 몸과 연관된 여러 현상을 주제로 학제간 정기 콜로키움을 개최하여 학술적 관심사를 나누고 있으며, 연구소의 방향과 부합하는 저술 독회 모임을 진행하고 있다. 그리고 콜로키움과 저술 독회를 집대성하여 1년에 한 번씩 몸문화연구총서를 발간하고 있다. 또한 연 2회 학술대회를 빠짐없이 진행하면서 연구소의 학술활동의 내실을 탄탄히 다져 가고 있다.

2009년 이후 연구소는 매년 총서와 기획서를 출판해 왔다. 연초에 연구 주제를 정하고, 매달 열리는 콜로키움에서 주요한 이론들을 독회하고 검토한 다음에 각 연구자들이 자기만의 목소리를 찾고, 그 결과를 총서로 펴냈다. 이 책은 9번째 총서이다. 이 책을 위해 글쓰기의 험난한 길을 마다하지 않았던 필자들에게 감사의 마음을 전한다. 그리고 이 책의 출판을 지원한 건국대 다언어주의다문화주의 BK21팀(안희돈 팀장)과 거친 원고를 현재와 같은 완성본으로 만들어준 건국대학교출판부 관계자분들에게도 감사의 뜻을 전한다.

몸문화연구소

소장 김종갑

차 례

머리말: 공간의 몸, 몸의 공간 5
후 주 229
찾아보기 251

1부 몸과 공간

휴머니즘적 공간에서 포스트휴먼적 공간으로 _ 김종갑 31
전근대적 공간 35
정복되는 공간 39
인공지능 41
포스트휴먼적 공간 45
결론 49

대항 공간으로서의 포스트휴먼 신체성 _ 윤지영 53
머리의 역설적 위상—머리의 첫 번째 층위, 얼굴 55
머리의 두 번째 층위—정신의 연장 공간이자 몸의 부분으로서의 두뇌 57
포스트휴먼의 재구성된 몸과
들뢰즈-가타리의 탐색하는 머리의 밀접성 59

라캉의 향유의 공간 정치학과 포스트휴먼적 신체성 62
라캉에 의한 삼차원적 공간화 방식의 비판 63
유출과 파동의 공간 모색과 새로운 주체화 양태 65
결론 68

2부 세계와 공간

지구는 둥그니까_ 서윤호 73
성원권의 문제 75
환대의 문제 84
환대권의 재구성 가능성 91

난민 공간과 시적 상상력_ 최은주, 정흠문 97
난민 공간에 대한 사유 101
포함과 배제 108
뒷마당의 확장을 위한 상상력 113

전후 '런던' 경험과 코스모폴리탄 산책자_ 임지연 119
일본어 버리기와 '런던' 경험 122
코스모폴리탄 산책자의 자기 탐색 128
실시간 세계문학 읽기와 교양주의 133

3부

일상과 공간

집과 가정
— 젠더와 주거 디자인_김주현 143

집 지키는 여자 145
오이코스와 가정관리술 147
성차와 〈여성의 집〉 151
젠더 공간과 포스트-페미니즘 157
변화하는 집—유동과 흔적 164

여성이 '자기만의 방'을
가진다는 것의 의미_최하영 169

"우리는 필리스를 이해한다"—워커의 ≪어머니의 정원을 찾아서≫ 172
"나 참 예쁘네"—킹스턴의 ≪여인무사≫ 177
"자기만의 방은 잊어라"—안젤두아의 ≪내 등이라고 부르는 이 다리≫ 182
나가며 187

길거리 걷기,
그리고 길 위의 여성들_최정선 191

벤야민의 산보객 인물 192
벤야민의 도시와 길거리 걷기 195
"아는 동네"와 길 위의 여성 198

무대 위의 공간들
— 피터 셰퍼의 ≪에쿠우스≫ _ 윤소영 207

에쿠우스의 공간—바닷가, 방, 마구간 210

굴절된 공간—집, 영화관, 진료실 216

고백 공간—다이사트의 진료실, 무대 220

공간과 관계의 역학 225

1부

홈과 공간

휴머니즘적 공간에서 포스트휴먼적 공간으로

천 년 전의 공간과 지금의 공간은 같지 않다. 전근대의 공간은 신적인 공간과 세속적 공간, 인간의 공간과 동식물의 공간으로 분할된 공간, 즉 상징적으로 구분된 공간이었다. 그러한 구분이 사라지고 균질화된 공간이 근대적, 탈인격적 공간으로, 여기에서 인간은 더 이상 과거의 특권적 지위를 유지하지 못한다. 이제 인간중심주의적이었던 공간은 생태적 공간에게 자리를 내주어야 한다.

김종갑

공간空間, 텅 빈 공간space이 과연 있는가 없는가 하는 질문은 철학자들이 고민했던 단골 메뉴의 하나였다. 그에 못지않게, 변치 않는 절대적인 공간이 있는가 없는가 하는 질문도 많은 논란을 야기했다. 플라톤, 아리스토텔레스, 뉴턴, 라이프니츠, 칸트, 아인슈타인, 하이데거와 같은 학자들이 대답을 찾아 씨름하였음은 물론이다. 플라톤에게 공간은 생성의 원리로서 코라chora였다. 아인슈타인은 종래의 삼차원적 공간 개념에 시간을 도입함으로써 시간공간spacetime이라는 사차원적 지평을 개척하였다. 최근 들어서 공간이 다시 학계의 관심을 사로잡기 시작하였다. '공간적 전회'라는 신조어도 생겨났다.

이러한 철학적인 질문이 이 글에서 다루고자 하는 것은 아니다. 나의 관심은, 우리가 공간을 경험하는 방식과 그러한 공간 경험의 변화이다. 우리는 공간의 어느 한 지점을 차지하고 있을 뿐 아니라 우리 자신이 공간의 일부이기도 하다. 우리는 그냥 존재하는 것이 아니다. 공간을 삶의 필요에 맞춰서 구획하고 분할하며 재구성하면서 살아간다. 이와 같이 재구성된 공간이 삶의 환경이다.

최근에 등장한 "공간적 전회spacial turn"는 기존의 공간 개념에 지각변동이 생겼다는 사실을 가리키고 있다. 공간이 더 이상 과거의 공간이 아닌 지점에서 새로운 사유가 요구되는 것이다. 그럴 수밖에 없는 이유를 우리는 가상공간virtual space의 출현과 우주여행space travel, 그리고 공간의 정복에서 찾을 수 있다. 공간이 정복되면서 과거에 까마득한 원거리에 있던 곳이 이제는 자동차나 비행기로 쉽게 이동할 수 있는 근거리로 다가오게 되었다. 전화나 인터넷을 이용하면 지리상으로 대한민국의 대척점에 있는 우루과이도 바로 옆집처럼 가까이 느껴진다. 그리고 이제 달나라로 여행도 가능한 시대가 되었다. 과거에 지구와 달을 갈라놓았던 무한한 공간은 반나절이면 닿을 수 있는 거리로 단축되었다. 속도가 공간을 정복한 것이다.

이러한 공간의 정복은 가상공간에서 극대화된다. 가상공간은 주어진 공간이 아니라 변화하고 생성하는 과정이다. 페이스북의 공간에서 우리는 우루과이의 친구와 얼굴을 마주 보면서 이야기를 나눌 수 있다. 특히 구글 지도가 가진 생동감과 현장감을 생각해 보라. 담벼락의 낙서와 길가에 버려진 쓰레기 등 현장보다 더욱 현장처럼 보인다. 그리고 원한다면 우리는 공간을 마음대로 확대하고 축소하며, 시계방향이나 그 반대 방향으로 회전해 놓을 수도 있다. 가상공간은 우리가 공간에 새롭게 접근할 수 있는 무한한 가능성을 열어 놓았다.

이러한 공간 개념의 변화가 의미하는 것은 무엇일까? 우리가 공간을 생각하고 경험하는 방식에 어떠한 변화가 발생했을까? 이러한 변화가 최근에 일어난 사건이라는 점에서 이 질문은 과거에 우리가 경험했던 공간 개념을 재구성하도록 요구한다. 이동의 무한한 자유를 가진 현대인이 공간을 경험하는 방식은, 그러한 자유가 없었던 조상들의 경험과 동일하지 않다. 태어난 별자리를 보고 자신의 운명을 짐작했던 조상과 별나라로 우주여행을 계획하는 현대인 사이에는 뛰어넘을 수 없는 괴리가 있다. 중세인들은 공간을 성과 속, 천상과 지옥으로 나눠서 이해했다. 현대인은 그러한 구별을 지우면서 공간을 정복하고 있다. 그 결과 과거에 너무나 멀게 생각되었던 거리도 지금은 가깝게 느껴지게 되었다. 서울에서 KTX를 타면 2시간 반에 부산에 도착하는 세상에서 서울과 부산의 거리는 멀리 느껴지지 않는다.

'홍길동처럼 동에 번쩍 서에 번쩍'이라는 관용 어구는 이제 현실이 되었다. 우리가 홍길동처럼 순식간에 동서로 이동하는 몸을 가지게 된 셈이다. 중국 무협지에서 빼놓을 수 없는 놀라운 무술, 축지법도 현실이 되었다. 이제 손오공이 타고서 하늘을 날아다녔다는 구름과 ≪아라비안나이트≫의 날아다니는 양탄자를 부러워할 필요가 없다. 훨씬 더 빠르고 훨씬 더 안전한 비행기가 있지 않은가. 우리 몸이 날아다니는 몸, 축지법을 쓰는 몸이 된 것이다.

그렇다면 과거의 공간과 몸은? 조선시대만 하더라도 대부분의 사람들은 태어난 고향에서 살다가 태어난 고향에서 죽었다. 한자리에 뿌리를 내린 나무처럼 우리 몸은 고향의 붙박이였다. 그러한 붙박이의 몸은 개인적 몸이 아니라 공동체적 몸, '나'의 몸이 아니라 '우리의' 몸이었다. 그것은 고향의 풍속과 전통과 맞물린 삶을 의미하였다. 갈 수 있는 장소가 있는가 하면 갈 수 없는 장소, 청결한 장소가 있는가 하면 오염된 장소, 고귀한 장소가 있는가 하면 비천한 장소로 구별되어 있었다. 각 장소마다 공동체적 의미를 지니고 있었다. 바다에는 용왕이, 하늘에는 옥황상제가 있었다. 이러한 점에서 그와 같은 상징적 의미가 배제된 공간의 출현은 지극히 근대적인 사건이다. 장소에서 의미를 지우면 공간이 된다. 만약 이와 같은 근대적 공간이 탄생하지 않았다면 공간을 정복하는 기획도 불가능했을 것이다.

내가 과거와 현재의 공간 경험의 차이를 지나치게 과장하고 있다는 비판이 있을 수 있다. 이 점에서 다음과 같은 단서를 달 필요가 있다. 과거의 방식이 역사의 뒤안길로 사라지는 것이 아니라 현재와 공존하고 있기 때문이다. 예를 들어 양자의 차이는 역사적 차이가 아니라 도시와 시골의 차이이기도 하다. 근대화의 시계는 각기 다른 시간을 가리키고 있는 것이다. 이 점에서 양자의 차이는 질적인 차이가 아니라 양적인 차이에 가깝다.

이 글은 다음과 같은 순서로 논의가 전개된다. 먼저 박재삼의 시 <아득하면 되리라>를 가지고 전근대적 공간의 성격을 보여주겠다. 갑작스런 시의 등장에 당황할 수도 있겠지만 예술작품만큼 근대화의 물결에 밀려서 사라지고 있는 전근대적 공간을 잘 보여주는 예도 드물 것이다. 시적 화자는 공간을 바라보면서 삶과 사랑의 진리를 깨닫게 된다. 인간은 개별적 존재라기보다는 소우주이다. 이것은 헤아릴 수 없고 측정이 불가능하지만, 의미로 충만한 공간이다. 이러한 전근대적 공간과 달리 근대적 공간은 수량화되고 측정되며, 그래서 조작과 정복이 가능한 공간이다. 그러한 공간의 정복은 단지 공간에만 해당되는 사건이 아니라 그 공간에서 살아가는 인간에게도 적용되는 사건이다. 공간을 정복하면서 인간은 정복의 대상이 되는 것이다. 이 글의 후반부에서 나는 그와 같이 정복의 대상이 된 인간은 포스트휴먼적 미래로 향할 수밖에 없다는 점을 강조하게 될 것이다.

전근대적 공간

서정주의 계보를 잇는 토속적이면서 서정적인 시인으로 평가받는 박재삼의 시 <아득하면 되리라>는 "해와 달, 별까지의 거리 말인가/ 어쩌겠나 그냥 그 아득하면 되리라"로 시작해서 "그리고 나는 이 냉수를/시방 갈증 때문에/ 마실 밖에는 다른 작정은 없어라"로 끝난다. 이 시를 가지고 본론을 시작하는 이유는, 그것이 공간에 대한 깊은 사유를 담고 있기 때문이다. 그것의 의미는 파스칼과 뉴턴, 칸트의 공간관이라는 프리즘을 통과하지 않으면 가시화되지 않는다. 이 시는 해와 달, 별까지의 거리를 묻는 질문, 인식론적인 갈증과 더불어 시작한다. 그러나 화자는 질문에 대답하려는 시도를 하지 않는다. 선문답에 몸짓으로 대답하듯이 화자는 그냥 질문을 꿀꺽 들이켜 마셔 버린다. 질문은 내장으로 내려가 소화되고 살과 피가 된다. 거리가 시각의 조건이라면, 달은 이제 더 이상 보이지 않는다. 시각은 식도로 내려가는 촉각에게 자리를 내주었다.

<아득하면 되리라>는 다음과 같이 공간적으로 시각화될 수 있다. 시인은 한 잔의 냉수를 들고 있다. 그런데 물 위에 떠 있는 나뭇잎처럼 수면에 해와 달, 별이 담겨 있지 않은가! 철부지 공주라면 손으로 해와 달을 집어 올리려 할지도 모른다. 그러나 시인에게 해와 달이 손으로 닿을 수 없는 먼 거리에 있다는 사실을 잘 알고 있다. 이미지는 진짜가 아니다. 이제 우주의 거리에 대한 질문이 사랑의 거리에 대한 질문으로 이어진다. 수면에 해와 달이 떠 있듯이 화자의 마음에도 사랑하는 연인이 담겨 있다. 그런데 달이 가상이라면 연인도 가상이 아닐까? 그가 생각하는 연인이 진짜 그녀의 모습일까? 실재와 가상의 거리는 어떻게 되는 것일까? 이와 같은 인식론적 잡음이 꼬리를 잇고 있다. 그러나 화자는 그러한 잡음에 전혀

귀를 기울이지 않는다. 어찌되었든 그는 그녀를 사랑하고 있다. 거리와 계산이 사랑의 미학에게 자리를 내주는 것이다.

화자와 해까지의 거리는 화자와 연인까지의 거리와 유비적 관계에 있다. 거리는 주체와 대상의 분리를 전제로 한다. 그럼에도 그러한 분리는 거리가 좁혀지면서 대상에 닿을 수 있는 가능성을 시사하고 있다. 반면 접근할 수 없는 거리가 있다면, 그것은 초월적 공간이다. 예컨대 인간은 12신의 거처인 올림포스 산에 다가설 수 없다. 사후의 세계도 마찬가지이다. 이처럼 불가능한 거리에 대해 화자는 아득하다고 말한다. '아득하다'에서 '아늑하다'의 여운을 느끼는 것은 나의 오독이 아닐 것이다. 시인은 하늘 밑에서, 연인의 곁에서 아늑하게, 그리고 편안하게 존재하고 있다. 닿을 수 없는 거리가 화자에게 불안을 야기하지 않는 것이다.

파스칼은 ≪팡세≫에서 밤하늘을 바라보면 우주의 무한함에 두려움을 느낀다고 말했다. 박재삼의 시와는 상반되는 지점에서 파스칼은 하늘을 바라보았다. 왜 그는 두려움을 느꼈을까? 무한한 공간에는 중심이 없다. 가장자리도 없다. 오로지 끝이 있는 유한한 공간에만 중심과 가장자리의 구별이 있다. 질서와 조화도 생길 수 있다. 유한한 공간에서만 방향을 설정하고 길을 만들며 목표를 찾을 수 있다. 그렇지 않으면 우주의 미아가 될 수 있다. 그러나 파스칼이 정작 말하고자 했던 것은, 전지전능한 신을 믿으면 그러한 두려움을 느낄 필요가 없다는 것이었다. 우주가 유한인지 무한인지에 대해서 고민하지 않아도 된다. 신이 다 알아서 해결해 줄 것이기 때문이다. 신을 믿는 자는 박재삼처럼 '아득하면 되리라'고 말할 수 있는 것이다.

〈아득하면 되리라〉의 화자가 지구와 태양까지의 거리를 물으며 인식론적 갈증을 느끼는 것은 아니다. 그는 거리에 대해 궁금한 마음이 없다. 어차피

갈 수 없는 무한한 거리이지 않은가. 또 거리를 알지 못하더라도 태양은 여전히 하늘에서 빛을 뿜을 것이다. 어쨌든 그는 그러한 믿음을 가지고 있다. 그래서 그는 넉넉하고 느긋한 마음으로 냉수를 마시며 갈증을 달래고 더위를 식힐 수가 있다. 화자는 이와 같이 넉넉한 태도를 가지고 연인도 바라본다. 그는 태양과의 거리에 궁금해 하지 않듯이 그녀가 자기를 얼마나 사랑하는지에 대해서도 궁금해 하지 않는다. 태양이 영원히 하늘에서 빛나듯이 그녀도 자신을 영원히 사랑할 것이라고 믿고 있는 것이다. 어쩌면 그녀가 자신을 사랑하지 않을 수도 있다. 그렇지만 여전히 넉넉하다. 아무튼 자신이 그녀를 사랑하기 때문이다.

이백의 <산중답속인山中答俗人>에 "소이부답심자한笑而不答心自閑"이라는 구절이 있다. 왜 사느냐고 묻는 질문에 대한 시인의 대답이다. 그는 대답 대신에 웃기만 한다. 그렇지만 마음은 태평하고 편안하다. 이는 "별유천지비인간別有天地非人間"이라는 종절로 끝난다. 왜 사느냐는 질문에 태연자약하게 웃을 수 있는 시인은 세속의 이해에 연연하지 않으면 시시비비에도 얽매이지 않는다. 태양과의 거리를 측정하거나 연인의 사랑을 확인해 보고 싶어서 안달하는 자는 소인배이다. 그러한 호기심의 끈을 놓아야 한다. 어찌되었든 태양은 빛나고 있지 않은가! 햇빛을 즐기고 연인을 사랑하는 것으로 충분한 것이다.

자연이란 무엇인가? <산중답속인>에서 자연은 그냥 그대로 있는 산이다. 인간의 손길이 가해지지 않은, 저절로 생겨나고 스스로 존재하는 산이다. 해와 달도 산처럼 스스로 존재하는 자연이다. 측정되거나 파헤쳐지지 않은 산, 고도를 알 수 없는 산, 정복할 수 없는 그냥 그대로 있는 산이다. "어쩌겠나 그냥 그 아득하면 되리라"는 말은 이러한 자연에 대한 시인의 신뢰와 고마움을 표현하고 있다. 자연이 아득해도 된다면 그러한 자연의 품에서 살아가는 인간도 자연의 순리를 따르면서 근심 걱정 없이 행복하게 살 수 있다. 굳이 거리를 재고 산을 파헤칠 필요가 없다. 이때 자연에 개입하거나 관여하지 않겠다는 시인의 태도는 능동적이라기보다는 수동적이다. 그러나 그것은 적극적인 의미의 수동성이다. 있는 그대로 긍정하며 받아들이는 태도이다. 자로 재지 않겠다는 것, 사랑의 깊이를 헤아리지 않겠다는 것, 설령 그녀가 자기를 사랑하지 않아도 개의치 않는 자세인 것이다.

이와 같이 그냥 아득해도 좋은 공간이 무엇일까? 그것은 인간이 개입해서 수량화하거나 정복하지 않는 공간, 인간이 더불어 살아가는 자연 공간이다. 이 공간은 신화와 전통, 역사, 경험 등의 의미가 깃든 공간이다. 시골에 가서 길을 물어보면 우리는 이러한 공간과 만나게 된다. 마을 사람들은 '잠시 걸어가면 된다'는 식으로 막연하게 대답한다. 수량화된 공간 개념에 익숙한 사람에게 이러한 대답은 매우 무책임하고 무성의하며 시큰둥한 반응으로 들린다. 그러나 박재삼도 '아득하면 되리라'고 하지 않았던가. 시골 사람들이 함께 어울려 살아가는 마을에서는 '잠시'라고 말하는 것으로 충분하다. 그들이 영위하는 생활이 정확한 거리나 시간을 요구하지 않는다. 도시처럼 복잡하지 않고 군데군데 거리를 두고 군락을 이루고 있기 때문에 잠시 걸어가면 자기가 찾는 다음 동네가 나타나게 된다. 이역만리라거나 천릿길과 같은 관용어도 그러한 맥락에서 이해될 수 있다. 천릿길은 400km의 거리가 아니라 갈 수 없이 먼 거리에 대한 우회적 표현이었다. "천리만리라도 머다 하지 않고 달려가겠다"는 말이 진짜로 그 거리를 가겠다는 것을 의미하지는 않는다. 천리만리는 측정이 가능한 거리를 가리키지 않는다. 그것은 어느 누구도 그렇게 먼 거리를 걸어서 갈 수는 없다는 사람들의 공통된 생각을 반영하고 있다. 이러한 이해가 없었더라면 이역만리와 같은 관용어도 생겨날 수 없었을 것이다.

실존적 공간이나 공동체적 공간은 자로 측정되고 계량화되지 않는다. 그것은 나와 우리의 시선에 담긴 삶의 공간, 동시에 서로 믿고 신뢰하는 공간이다. 하늘이 무너져 내리지 않을 것이라는 믿음, 갑자기 길이 쩍 갈라지지는 않을 것이라는 믿음이 있다. "하늘이 무너져도 솟아날 구멍이 있다"는 속담도 그러한 믿음의 존재를 말해 준다. 하늘이 무너지지 않을 것이라는 믿음이 있기 때문에 "소이부답심자한"의 여유를 가질 수가 있다.

이와 같이 삶의 의미가 스며든 공간에서 의미가 제거되면 빈 공간, 측정 가능한 물리적 공간이 된다. 그것은 인간 주체가 없어도 존재하는 비인칭의 공간이다. 아득하게 느껴지는 태양의 거리에는 시인의 실존적 경험이 묻어 있다. 그렇지만 전파를 통해 측정해서 얻어진 지구와 태양의 거리 1억 5천만km에는 그러한 인간적 경험이 배제되어 있다. 그러한 거리를 측정하는 주체는 인간이 아니라 전파이다. 줄자로 잰 500m의 거리도 마찬가지이다. 천천히 걸어가면 10분 걸리는 거리가 아니다. 한때 피트feet처럼 인간의 발의 크기나 발걸음이 거리의 기준이었던 적이 있었다. 이제 거리의 기준은 발걸음이 아니라 표준화된 자이다. 태양의 거리에는 전파가 사용된다. 우리가 1억 5천만km라는 거리를 상상할 수 있을까? 없다. 정확한 500m도 상상할 수 없다. 정확한 500m를 생각하기 위해서 우리는 자신을 거리 측정용 자와 동일시하지 않으면 안 된다.

정복되는 공간

사랑하는 사람과의 거리도 아득하면 되리라고 박재삼은 말했지만 원한다면 재어

볼 수 있다. 물리적 공간에서 그녀는 바로 지척에 있을 수도 있고, 10미터 전방에 있을 수도, 400킬로 멀리 부산에 있을 수도 있다. 그렇다면 사랑의 강도는? 연인과의 심리적 거리는? 눈에 보이지 않는 그러한 거리를 잴 수가 있을까? 그렇다. 잴 수 있다. 최근에 급속도로 발전한 뇌과학은 사랑의 비밀을 어느 정도 밝혀 놓았다. 사랑의 호르몬이 페닐에틸아민과 옥시토닌이다. 혈액에 포함된 옥시토닌의 농도나 뇌 사진을 가지고 사랑의 강도를 짐작할 수 있다. 다른 방법도 있다. 자신을 바라보는 그녀의 몸에 전극을 붙이고서 땀이 분비되는 양을 측정하는 것이다. 사랑의 강도가 생화학적으로 측정되는 것이다.

이와 같은 측정이 가능하기 위해서는 누구나 보편적으로 사용할 수 있는 측정 기구와 기준이 있어야 한다. 이러한 기구가 없었더라면 파라미드도 만리장성도 축조될 수 없었을 것이다. 소양댐과 소양호수도 생길 수가 없었을 것이다. 그러한 측정을 가능하게 하는 기준이 무엇일까? 자는 거리의 측정을 가능하게 만들어 주지만 그 자신은 측정되지 않는다. 옥시토닌의 분비량이 사랑의 강도를 말해 주기는 하지만 정작 사랑이 무엇인지는 전혀 알려 주지 않는다. 자가 있다고 해서 모든 공간을 잴 수 있는 것은 아니다. 먼저 공간의 성격이 측정 가능한 대상으로 바뀌지 않으면 안 된다. 호르몬도 예외가 아니다. 호르몬으로 사랑을 측정하기 이전에 우리는 먼저 사랑이 객관적으로 측정될 수 있다고, 사랑이 수량화될 수 있다고 합의하지 않으면 안 된다.

과학자들은 모든 공간을 측정할 수 있다고 생각하고 있다. 이때 측정되어야 하는 공간은 대한민국이든 중국이든 똑같이 균질적인 공간이다. 과연 공간이 그렇게 균일한 것일까? 우리가 당연하게 여기는 이러한 공간관이 과거에도 그랬던 것은 아니었다. 고대 희랍에서 올림포스 산은 인간이 범접할 수 없는 초월적 공간이었다. 우리나라에도 인간이 감히 넘볼 수 없는 영산이 있었고, 거기에는 산신령과 산군山君도 살았다. 2016년에 개봉된 영화 <대호>에서 호랑이는 그냥 호랑이가 아니라 신령한 산군이었다. 이와 같이 신령한 산은 인간의 출입이 금지된, 측정 불가능한 공간이었다. 그러나 이제 접근 불가능하고 성스러운 공간은 존재하지 않는다. 올림포스 산의 높이는 2,917미터, 에베레스트 산은 8,848미터, 지리산은 1,916미터이다. 에베레스트 산과 비교한다면 올림포스 산의 높이는 1/3에 지나지 않는다.

공간이 측량되기 위한 조건은 균질화와 표준화이다. 성과 속의 차이와 경계도 제거하지 않으면 안 된다. 공동체적 경험과 전통의 흔적도 지워져야 한다. 공간이 측정되기 위해서는 먼저 그것의 의미가 먼저 배제되어야 한다.

인공지능

모든 것이 가능한 세상에서는 '아득하면 되리라'는 태도는 시도를 해 보지도 않고서 너무 빨리 체념하는 패배주의가 된다. 모든 것이 가능하다면 사랑하는 사람과의 거리도 측정할 수 있어야 한다. 1994년에 발간된 최영미의 ≪서른 잔치는 끝났다≫에서 우리는 그와 같이 측정 가능한 사랑의 모습을 찾을 수 있다. 이 시의 기본적 정서는 박재삼과 대척점에 있다. 무엇보다도 연인을 바라보는 태도의 차이가 단적으로 말해 준다. 박재삼의 연인이 최영미에게서는 퍼스널 컴퓨터이다. 박재삼에게 사랑하는 연인은 미지의 공간에 있다. 보고 싶다고 아무 때나 그녀를 만날 수 있는 것도 아니며, 그녀의 가슴을 헤아릴 수도 없다. 그러한 불투명성이 그에게는 사랑의 본질이다. 그러나 박재삼보다 30년 후에 태어난 최영미에게 그렇게 아득한 사랑은 이상적인 사랑이 아니다. 그와 같이 정체가 불분명하고 속을 알 수 없는 타자는 그녀의 스타일이 아니다. 그녀에게 사랑은 욕망의 충족이자 연인의 절대적인 헌신과 복종을 의미한다. 〈퍼스널 컴퓨터〉는 다음과 같은 구절로 끝을 맺는다.

> 필요할 때 늘 곁에서 깜박거리는 친구보다도 낫다
> 애인보다도 낫다 말은 없어도 알아서 챙겨주는
> 그 앞에서 한없이 착해지고픈 이게 사랑이라면
> 아아 컴—퓨—터와 씹할 수만 있다면!

_ 최영미, 〈퍼스널 컴퓨터〉 중에서

이 마지막 연에 이르기 전에 화자는 컴퓨터가 가진 장점을 하나하나 열거한다. 얼마나 관대하고 정중한지, 얼마나 자신의 마음을 잘 파악하는지 칭찬을 아끼지 않는다. 금상첨화라고 했던가. 컴퓨터는 화자가 기억하고 싶지 않은 과거까지도 지워 준다. 과거의 잘못에 대해 죄책감과 후회감에 시달릴 필요도 없다. 그것은 언제나 옆에서 도움의 손길을 내밀고 있다는 점에서 불확실한 친구나 애인보다도 낫다. 친구나 애인은 정작 필요할 때는 옆에 없다가 혼자 있고 싶을 때 나타나서 괴롭힐 수도 있다. 그리고 컴퓨터라면 스위치를 켜고 끌 수가 있겠지만 친구는 그렇게 할 수가 없다. 더구나 컴퓨터는 미리 알아서 그녀가 원하는 모든 것을 챙겨 주지 않은가. 그녀에게 이보다 더욱 바람직한 사랑이 있을 수가 없다. 만약 1990년대 초반이 아니라 알파고가 세상을 떠들썩하게 만들었던 2016년에 최영미가 다시 사랑의 시를 썼다면 제목을 AI라고 붙였을지 모른다.

앞서 박재삼과 최영미 사이에는 30년의 차이가 있다고 말했다. 30년이란 세상을 바꿔 놓을 정도로 긴 기간이 아니다. 그렇지만 컴퓨터 세대와 그 이전 세대라는 점을 생각하면 격차가 크게 벌어진다. 아날로그와 디지털의 차이, 물리적 공간과 가상적 공간의 차이이다. 박재삼이 펜으로, 최영미는 컴퓨터로 시를 썼다. 펜과 컴퓨터 사이에는 질적 차이가 있다. 한편에 물리적 종이와 고정된 공간이 있다면, 다른 한편에는 모니터와 가상공간이 있다. 박재삼은 마음대로 종이의 크기를 줄이거나 키우지 못한다. 그리고 글씨를 잘못 쓴 종이는 구깃구깃 구겨서 쓰레기통에 던져진다. 그러나 최영미는 모니터의 글씨를 확대하거나 축소하고, 글의 스타일을 바꾸거나 수정하고 지우는 작업을 손쉽게 할 수가 있다. 타이핑을 잘못하면 컴퓨터가 알아서 교정을 해 주기까지 한다. 최영미가 퍼스널 컴퓨터와 사랑에 빠질 수밖에 없는 것이다.

컴퓨터만큼 공간의 정복과 인간의 승리를 잘 보여주는 사건이 또 있을까? 종이의 공간과 달리 모니터의 공간은 그 자체의 물질성을 갖고 있지 않다. 내 의지에 저항하는 종이와 달리 모니터의 공간은 전적으로 나의 명령과 욕망에 복종한다. 줄이고 늘리며 좁히고 넓히는 등 공간은 전적으로 내 손끝에서 움직인다.

최영미는 〈퍼스널 컴퓨터〉에서 컴퓨터가 친구나 애인보다 낫다고 말하였다. 박재삼이 연인에 대해 말하였듯이 인간의 마음속은 알 수가 없다. 그 헤아릴 수 없는 마음의 깊이에 무엇이 숨겨 있는지 모른다. 최악의 경우에는 금방이라도 터질 수 있는 폭탄이 될 수 있다. 그럼에도 박재삼은 무조건적으로 연인을 신뢰한다. 이러한 연인과 반대로 컴퓨터는 투명하다. 자신의 의지와 고집이 없고 비밀이 없으며 완벽하게 주인의 명령에 복종한다. "말은 없어도 알아서 챙겨 주는" 고마운 컴퓨터이다.

최영미의 소망이 현실이 될 날도 멀지 않은 듯이 보인다. 예를 들어, 록시Roxxxy라는 이름의 섹스 로봇이 2010년에 출시되었다. 벨연구소에서 인공지능 기술자로 일했던 하인즈Douglas Hines가 사용자와 상호작용이 가능하도록 고안한 획기적인 로봇이다. 언뜻 보면 사람과 구별할 수 없을 외모를 가지고 있고, 거기다가 연예인이 부끄러워할 정도로 아름다운 얼굴과 멋진 몸매를 가지고 있다. 특히 매력적인 것은, 구매자가 자기의 성격과 취향에 맞는 제품을 선택할 수 있으며, 웃돈을 얹어 주면 맞춤식 제작 주문도 가능하다. 키와 가슴 사이즈, 헤어스타일, 피부색의 선택은 물론이고 성격도 자기가 원하는 스타일로 맞출 수가 있다. 친구가 없어서 고독한 남자도 더 이상 외로움에 밤잠을 설칠 필요가 없게 된 것이다.

아득한 거리의 연인에 비하면 애인 로봇이 가진 장점과 효율성은 엄청나다. 자기 마음에 들지 않는다고 해서 우리는 애인의 외모나 성격을 고칠 수 없다. 자신에게 불편한 연인의 결함이나 단점도 품어 주어야 한다. 세상에 완벽한 애인이 있을 수 있겠는가. 그리스 신화의 조각가 피그말리온은 이 사실을 잘 알고 있었다. 미적 감식안이 뛰어난 그는 자신의 이상에 맞는 여성을 찾기 위해서 온 세상을 헤매며 돌아다녔다. 그렇지만 그에게 남은 것은 쓰디쓴 회한과 실망밖에 없었다. 그렇지만 절망하지 않았다. 하인즈가 록시를 제작하였듯이 그는 갈라테아를 만들었기 때문이다. 자연의 품에서 태어난 여성이 아니라 인공적으로 제작된 여성만이 가장 이상적이고 완벽한 여성일 수 있다.

퍼스널 컴퓨터의 공간은 완벽하게 측량된 기하학적 공간, 인간의 편의를 위해 자유로운 조작과 변경이 가능한 공간이다. 퍼스널 컴퓨터는 단지 하나의 전자 제품이 아니라 정복된 공간의 상징이다. 여기에서 공간은 인간의 편의와 행복을 위한 공간, 모든 것이 오로지 인간을 위한 수단과 사용가치로서만

의미를 갖는 인간중심주의적 공간이다. 바로 그러한 이유로 그것은 현실의 공간이 아니라 꿈의 공간에 가깝다. 인간의 행복을 방해하는 어떠한 사건도 발생하지 않기 때문이다. 아무리 자원을 낭비해도 자연은 결코 고갈되지 않으며 생태계도 파괴되지 않는다. 물은 인간이 마시기 위해서 존재하고, 소와 돼지는 인간의 식욕을 만족시켜 주기 위해 존재하며 나무와 꽃은 인간에게 기쁨을 주기 위해 존재한다. 인간과 똑같은 로봇이나 복제 인간이 생겨난다면 오로지 인간의 행복을 위해 봉사해야 한다. 이러한 꿈의 공간에서는 인공지능의 반란이나 역습과 같이 인간의 행복과 안녕을 위협하는 사건은 절대로 일어나지 않아야 한다. 만약 외계인이 있다면 〈에일리언〉의 끔찍한 식인 괴물이 아니라 스티븐 스필버그의 영화 〈E.T.〉처럼 귀엽고 친화적이어야 한다. 이런 세계가 가능하다면 지상의 천국이라 할 수 있을 것이다. 얼마나 좋은가! 단 하나의 문제가 있다면, 이것이 실현 불가능한 꿈이라는 사실이다.

포스트휴먼적 공간

과연 컴퓨터는 모든 것을 알아서 챙겨 주는 것일까? 과학이 정복한 공간은 오로지 인간의 행복만을 위한 공간일까? 그렇지 않다. 앞에서 우리는 자연기술이 공간을 정복하기 위해서는 무엇보다도 먼저 공간이 탈신비화되어야 한다고 말했다. 과거에 인간중심적이었던 공간이 측정되고 수량화될 수 있는 물리적 공간으로 바뀌는 것이다. 과학은 인간과 컴퓨터를 구별하지 않는다. 언뜻 생각하면 컴퓨터는 충실한 하인처럼 인간의 명령에 완벽하게 복종하는 듯이 보인다. 그러나 양자의 관계는 그렇게 일방적이지 않다. 컴퓨터가 인간의 욕망을 채워 주기도 하지만 그러기 위해서 먼저 인간은 컴퓨터를 잘 다루는 법을 배워야 한다. 이와 같이 컴퓨터라는 새로운 환경에 적응하기 위해서 인간도 컴퓨터처럼 바뀌어야 한다. 자의 관점에서 길이를 바라보듯이 컴퓨터의 관점에서 세상을 바라봐야 하는 것이다.

아폴로가 달에 착륙한 역사적인 날, 1969년 7월 20일을 생각해 보자. 이 사건은 지금까지 우리가 지구에서 바라보았던 달이 역으로 지구를 바라볼 수 있다는 사실을 일깨워 주었다. 달에 도착하자마자 아폴로는 그 쾌거를 증명하기 위해서 달에서 찍은 지구 사진을 전송하였다. 세계의 모든 신문과 방송이 앞을 다투어 그 사진을 우리에게 보여주었다. 그것은 한편으로 경이로우면서도 다른 한편으로는 충격적이었다. 위성사진에 찍힌 지구는, 우리가 생각하고 있었던 거대하고 위엄 있는 지구가 아니었다. 캄캄한 우주에 고아처럼 내던져져 있는, 자칫하면 깨지기 쉬운 유리구슬처럼 생긴 지구였다. 우리에게 가장 널리 알려진 위성사진이 1972년에 찍힌 "푸른 구슬blue marble"이라는 사진이다. 달의 눈에 지구는 하나의 작은 구슬로 보이는 것이다.

이와 같이 우주가 지구를 바라보았던 시선은 최근에 영화와 같은 대중예술의 중요한 모티브로 등장하였다. 그것은 외계인과 인공지능의 시선으로 체화되어 있다. 외계인과 인공지능이 주체로서 인간이라는 타자를 바라보는 것이다. 만물의 영장으로서 일방적으로 세상을 보고 지배한다고 생각했던 인간이 그들에 의해 보이고 지배를 당할 수도 있는 것이다. 영화 <터미네이터>(1984)에 놀라운 장면이 있다. 세계가 인공지능의 눈에 비친 모습으로 표상되는 것이다. 그것의 눈에는 인간이라는 타자가 숫자와 선분들의 집합에 지나지 않는다. 이 인간이 숫자와 선분으로 해체되는 것이다. 공간을 정보화했던 인간이 역으로 정보화되는 것이다. 1979년에 첫선을 보였던 〈에일리언〉 시리즈는 여기에서 한 발자국 더 나갔다. 외계 생물체에게 인간은 허기를 채우는 먹잇감이다.

이러한 공간 정복의 사건을 생각하면 근대 소설이 친숙한 생활공간, 고향을 떠나는 장면으로 시작했던 것은 우연이 아니라는 것을 알 수 있다. ≪로빈슨 크루소≫와 ≪걸리버 여행기≫, ≪톰 존스≫, ≪제인 에어≫, ≪폭풍의 언덕≫을 비롯해서 근대문학은 집과 고향을 등지고 떠나는 주인공과 함께 시작하였다. 자발적이건 타율적이건 주인공은 고향을 등지고 미지의 세계를 향해 떠나 미아가 된다. 길을 잃었다는 것은, 단순히 부모와 일가친척도 없다는 것을 의미할 뿐 아니라 기존의 전통과 관습이 무효화되는 공간에 있다는 사실도 가리키고 있다. 주인공의 앞에 펼쳐진 공간은 이전의 생활세계와 단절된 낯선 타자의 공간이다. 그것은 의미 있게 구획된 공간도 아니며 편안하게 그를 감싸 주는 어머니 같은 공간도 아니다.

미지의 공간과 미지의 존재와의 조우는 근대 소설의 출발점이었다. 미지의 무인도에 혼자 남겨진 로빈슨 크루소는 무엇을 하였던가? 그는 새로운 도시를 설계하는 도시공학자나 건축가, 혹은 지도제작자를 방불케 한다. 그가 처음에 착수한 일은, 관찰하며 측정하고 기록하고 구획하는 것이었다. 자연으로서 섬은 너무 넓고 울퉁불퉁하며 모습이 일정하지 않기 때문에 무엇이 무엇인지 알 수가 없다. 그래서 그는 섬의 축약도를 만들기 시작한다. 지형과 높낮이, 지세를 종이에 기록함으로써 일목요연하게 한눈으로 볼 수 있는 섬의 이미지를 확보하는 것이다. 이와 같은 측정과 기록의 행위는 곧 정복과 소유의 행위가 된다. 그는 섬을 자기의 사적 소유로 삼는 것이다. 이제 그냥 섬이 아니라 로빈슨의 섬이고, 그냥 나무와 꽃이 아니라 그의 정원의 나무와 꽃이 된다. 우연히 그 섬에 상륙한 토착인 프라이데이도 노예로 삼는다. 외딴섬을 자신의 소유로 만들었던 정복자 크루소는 그것으로 만족하지 않는다. 그는 우연히 섬에 발을 디딘 사람도 자신의 것으로 소유한다. 굳이 섬에 대한 소유권을 따진다면 멀리 타지에서 온 로빈슨이 아니라 그 근처 지역의 토착민 프라이데이가 더 많은 권리를 가지고 있다. 그러나 원주민은 박재삼처럼 섬을 바라본다. 섬을 소유할 생각을 하지 않는다. 그것은 가당치 않은 욕심이다. 하늘이나 바다를 소유할 수 없듯이 섬도 소유될 수 없는 자연이기 때문이다. 오히려 그는 섬을 자기 것이라 주장하는 크루소를 이해하지 못한다.

이와 같이 프라이데이가 아니라 로빈슨 크루소의 관점에 서면 공간은 정복과 소유의 문제로 전환된다. 누가 보고 누가 보이는가? 누가 먼저 미지의 공간을 자기의 소유로 전유하는가? 크루소가 정복자였다면 조나단 스위프트의 ≪걸리버 여행기≫는 그와 같이 정복하고 정복당하는 관계가 역전될 수 있음을 보여준다. 난쟁이의 나라에서 거인으로 군림했던 걸리버는 거인의 나라 브로브딩낙에서는 난쟁이 장난감 취급을 받는다. 그가 아무리 고함을 쳐도 거인의 귀에는 모기소리처럼 들릴 따름이다. 신경림은 〈거인의 나라〉에서 그와 같이 난쟁이가 된 걸리버의 처지를 다음과 같이 서술했다. "작은 것 작은 소리는 싹 쓸어 없어져 버린 아아 우리들의 나라 거인들의 나라." 그렇지만 브로브딩낙은 말의 나라에 비하면 약과다. 그는 말의 나라에서 최고의 수모를 당한다. 말이 덕과 지혜를 갖춘 철학자라면 인간은 더럽고 불결하며 무지하고 탐욕스런 늑대와 같은 존재 야후이다.

최영미의 〈퍼스널 컴퓨터〉에서 컴퓨터는 프라이데이처럼 인간에게 소유되어 인간에게 복종하기 좋아하는 기계적 타자이다. 그렇지만 컴퓨터와 인간의 관계는 ≪걸리버 여행기≫의 거인과 말의 나라처럼 주객이 전도될 수 있다. 인간이 정복했거나 하려고 하였던 공간이 외계의 타자에게 정복될 수 있다. 1968년에 개봉된 영화 〈혹성 탈출〉이 그러하다. 우주를 여행하던 지구의 우주선이 한 행성을 발견하고 착륙한다. 그런데 여기에는 인간보다 지능이 뛰어난 원숭이 외계인들이 거주하고 있다. 결과는 끔찍하다. 인간이 원숭이들의 노예로 전락하는 것이다. 로빈슨 크루소가 프라이데이의 노예가 되는 시나리오이다. 새로운 항성을 정복하려던 인간이 오히려 그 항성에 의해 정복당하는 것이다.

결론

위에서 나는 두 개의 공간을 이야기하였다. 하나가 휴머니즘적 공간이라면 다른 하나는 포스트휴머니즘적 공간이다. 전자의 공간에서는 몸이 길이를 어림하는 기준이었다. 손가락, 발, 손가락에서 팔꿈치까지의 거리, 보폭 등을 통해서 거리의 길고 짧음이 이해되었다. 몸은 거리와 무게는 물론이고 여기와 저기와 같은 위치를 파악하도록 만들어 주는 기준이었다. 그러나 포스트휴먼적 공간에서는 우리의 몸이 아니라 자나 저울, 거리측정기, 음파, 빛과 같은 제3의 물질들이 측량의 기준이 된다. 거리를 생각하기 위해서 우리는 자신의 몸이 아니라 자나 저울과 동일시해야 하는 것이다. 자신을 자나 저울로 타자화하는 것이다. 자와 저울은 대상을 가리지 않는다. 인간인지 강아지인지 돌덩어리인지 따지지 않는다. 모두 똑같이 길고 짧거나 혹은 무겁거나 가벼운 물질, 즉 측정 가능하고 조작이 가능한 물질에 지나지 않는다.

자로 길이를 재고 저울로 무게를 달면서 우리는 자와 저울의 관점에서 세계를 경험하기 시작한다. 우리도 자처럼, 저울처럼 변해야 하는 것이다. 우리는 자기가 원하는 대로, 자기 기분에 따라 이러한 도구를 이용하지 못한다. 자와 저울의 사용법을 익히고 또 그것에 적응해야 한다. 이러한 과정을 거치면서 우리는 그러한 도구에 적합한 몸으로 변형되기 시작한다. 박재삼도 종이에 글쓰기 적합한 몸을, 최영미는 키보드 사용에 적합한 몸을 가지고 있다. 도구를 사용하기 전의 인간과 사용한 다음의 인간은 동일하지 않다.

인간은 과학기술로 공간을 정복한다. 인간은 일방적으로 정복하고 공간은 일방적으로 정복을 당하는 것일까? 그렇지 않다. 우리 몸도 공간의 일부이며 또 몸 자체가 공간이다. 다시 말해 공간을 정복하면서 인간은 자기 자신도 정복의 대상으로 삼게 되었다. 인간은 측정 불가능한 신비한 존재가 아니라 측정하고 계량화되고 정보화될 수 있는 존재가 된다. 이러한 인간의 계량화와 정보화가 없었더라면 인공지능과 로봇도 출현하지 못했을 것이다.

인지과학은 인간의 지능이 작동하는 방식과 원리를 연구하는 학문, 뇌에서 일어나는 사유와 추론의 과정을 연구하는 학문이다. 인공지능을 연구하는 학자들과 똑같은 작업에 매달리고 있는 것이다. 인간의 마음을 전산화하고 코드화함으로써 인공지능을 개발할 수 있는 자료로 활용한다. 영화 <매트릭스>에서 오프닝 장면을 생각해 보라. 빗방울처럼 떨어지면서 화면을 가득히 채우는 것은 숫자들의 나열이다. 각각 3개로 짝을 이룬 숫자들의 무리들이다. 이것이 단순한 숫자의 나열이 아님은 물론이다. 그것은 정보화된 인간의 유전자, 혹은 정보화된 세계의 모습이다. 인공지능은 그러한 디지털 코드를 통해서 세계를 바라보고 인지하며 주어진 상황에 알맞은 행동을 보인다. 여기에서는 아무리 복잡한 정보라고 할지라도

1과 0이라는 두 바이트의 배합으로 환원된다. 슬픔의 감정이 00011100이라면 기쁨은 11100011이라는 식이다. 마찬가지로 사랑도 호르몬의 양으로 계량화될 수 있다.

자신의 몸을 먼저 측정과 정복의 대상으로 삼지 않았다면 우리는 공간을 측정하고 정복할 수 없었을 것이다. 정복의 꿈을 이루기 위해 인간은 자신의 몸을 공간에 내주어야 했다. 세상을 바라보는 기준이 우리 몸이 아니라 표준화된 정보와 과학기술이 되었다. 그 결과 우리는 자신을 자와 저울, 컴퓨터와 동일시하고 있다.

측정되고 정복된 몸은 측정되고 정복된 공간이다. 나나 너, 우리의 공간이 아니라 익명적이고 비인격적 공간, 즉 "그것들"의 공간이다. 최영미가 사랑에 빠진 컴퓨터, 섹스 로봇 록시, <매트릭스>의 강화된 인간 네오, <엑스 마키나>의 인공지능이 똑같은 자격으로 공존하는 포스트휴먼적 공간이다.

우리가 살아가는 우주 공간은 고대 희랍의 철학자들이 생각했던 우주의 모습으로 회귀하는 듯이 보인다. 우주의 기본적인 원소가 무엇인지를 탐구하였던 그들은 우주가 물과 불, 공기, 흙과 같은 원소로 이루어졌다고 상상했다. 데모크리토스는 기본 원소가 원자라고 생각하였다. 그의 사상을 계승한 철학자는 쾌락주의자 에피쿠로스였다. 그가 바라본 우주는 인간중심주의적인 우주가 아니었다. 인간도 동물이나 식물, 광물질과 마찬가지로 원자로 이루어진 생명체이다. 모든 존재하는 것들은 기본 원소들이 모이고 흩어지면서 계속해서 변화하는 유동적 과정이다. 원자가 희박하게 흩어지면 공기가 되고 결합하면 물이 되었다가 더욱 결합이 단단해지면 흙이나 바위가 된다. 이와 같이 해체하고 결합하는 무한한 과정의 우주에서 인간도 다른 모든 것들과 마찬가지로 흙에서 나와서 흙으로 돌아간다. 이처럼 변화무쌍한 존재의 하나인 인간은 외계인이나 인공지능보다 더욱 우월한 존재자가 아니다. 에피쿠로스는 우주에는 수많은 항성이 있으며, 그 가운데는 인간과 같은 지적 생명체가 사는 행성도 적지 않다고 보았다. 비록 그는 미래의 어느 날 그와 같은 우주에서 외계인이 지구를 방문하거나 지구에서 인공지능이 출현하리라고 생각하지 못했지만, 만약 그랬다고 해도 인간에게 예외적인 특권을 부여하지는 않았을 것이다. 인간이 컴퓨터와 사랑에 빠져도 이상하게 생각하지 않았을 것이다. 이 점에서 그의 우주는 포스트휴먼적 우주라고 할 수 있다.

과학적 공간에는 우주의 섭리와 질서를 보장해 주는 신이 존재하지 않는다. 있다면 원자들이 서로 뭉치거나 흩어지고 서로 밀어내거나 끌어당기는 자연법칙이 있다. 최근에 과학자들은 현재의 우주는 우발적인 빅뱅의 결과라고 생각하고 있다. 이러한 우주에서 우리는 박재삼처럼 태양과 별이 영원하게 빛날 것이라는 믿음을 가지지 못한다.

이러한 공간은 포스트휴먼적 공간이다. 인간중심주의적으로 의미화되었던 공간에서 그러한 인간적 가치가 물러나면 우주의 공간은 중립적인 공간이 된다. 그것은 새로운 의미와 가치를 기대하는 공간이기도 하다. 한때 인간적으로 의미화되었던 공간의 시대는 이제 저물고 있다. 과학자들은 호모사피엔스의 뒤를 이어 슈퍼지능의 시대가 올 것이라는 전망을 내놓고 있다. 30년 내에 인간을 능가하는 로봇이 거리를 활보할 것이라는, 더욱 불길하게는 과거에 공룡이 그러했듯이 인류도 머지않아 전멸할 것이라는 예측도 나오고 있다. 그렇지만 아직은 누구도 미래가 어떻게 펼쳐질지 확실하게 전망하지 못한다. 미래의 공간이 어떤 새로운 의미와 가치로 채워지게 될 것인지 짐작할 수가 없다. 그렇지만 분명히 말할 수 있는 것이 하나 있다. 지금 우리가 만들어 가는 세계의 성격에 따라서 미래의 향방이 결정될 것이라는 사실이다.

대항 공간으로서의 포스트휴먼 신체성[1]

2015년 6월 프랑스 ≪피가로≫지에 실린 머리 이식을 둘러싼 지성계 내의 치열한 논쟁은 21세기 새로운 몸 담론의 장을 연다. 왜냐하면 머리 이식이란 전신마비 환자의 머리에 뇌사자의 몸통을 접합하는 것이며 이것은 다음과 같은 질문들을 우리에게 던지기 때문이다. 재구성된 이 몸은 과연 누구의 몸이라 할 수 있는가, 이 몸은 새로운 정체성의 구성을 의미하는가, 새로운 몸은 인간의 몸이라 할 수 있는가 등의 질문들이 열리기 때문이다. 즉 머리 이식이라는 논쟁적 사안을 도입해 옴으로써 새로운 공간 개념과 새로운 주체화 양식을 고안하는 글이 될 것이다.

윤지영

최근 이탈리아 토리노 대학 연구진에서 밝힌 머리 이식 수술의 가능성에 대한 예고만으로도 세상을 들썩였다. 전신마비 환자들의 머리에 뇌사자의 몸통을 기증받아 이식하는 대수술은 프랑켄슈타인 박사가 만든 이름 없는 괴물의 몸을 연상시킨다. 그렇다면 우리는 왜 이 이름 없는 괴물의 누더기 같은 몸 앞에서 경악하는가? 봉합의 흔적을 그대로 실은 누더기같이 재조합된 몸은 기존의 매끈하고도 완결된 몸 개념의 빈틈없음에 파열을 일으키기 때문이다. 이를 통해 기워진 몸은 몸의 근원적 열림 구조를 우리에게 융기시켜 버릴 뿐만 아니라 기존 몸 개념의 장을 새로이 개편하는 지진처럼 작동하기 때문이다. 이러한 봉합의 장으로서의 몸은 더 이상 꽉 찬 공간으로 이루어진 하나의 온전성과 통일성, 정합성의 장으로 접근될 수 없다. 즉 봉합 작용을 통한 덧대기와 깁기의 산출물로서의 몸은 꽉 찬 공간이 아닌 구멍을 엮어 나가는 틈의 공간으로 우리 앞에 솟구쳐 오르고 만다. 다시 말해, 봉합은 구멍과 틈을 전제할 때에만 비로소 존재 가능한 것이다. 이와 같이 틈에 의해 조건화되는 것이 봉합이라는 작업이며 이러한 관점에서 봉합은 열린 몸-공간이 운동하는 방식일 따름이다. 이러한 맥락에서, 포스트휴먼적 신체 역시 봉합적 몸-공간의 교직물로서 조망될 수 있는 것은 아닌가.

그렇다면 우리의 몸-공간 위로 봉합점이 맺히는 방식은 과연 무엇이었는가? 그것은 몸 안에 정신과 육체의 이분법을 기입하여 몸의 내부성에 외부성을 도입하는 방식이었으며 이를 통해 머리는 몸이면서 몸 그 이상인 역설적 위상을 갖게 되었다. 이와 같이, 인간의 몸을 엮어 나가는 봉합의 궤적은 주로 인간 신체를 머리와 그 나머지의 몸으로 나누는 이중 분절화된 공간화 전략을 통해 그려 내어진다. 여기서 머리는 동물의 대가리와 구별되는 것으로 정신과 이성, 영혼의 심급으로 여겨진다. 왜냐하면 머리는 몸의 표면에 쉬이 기입되지 않지만 그렇다고 몸의 지형학 바깥으로 온전히 내쳐지지도 않는 이중적 공간이기 때문이다.

첫 번째로 필자는 머리 이식이라는 포스트휴먼적 신체성[2]을 본격적으로 분석하기 전에, 몸의 위상학에서 머리가 탈육화되는 과정을 면밀히 추적할 것이다. 몸에 포함되지만 온전히 몸으로 축소되지 않는 모순적 위상을 들뢰즈와 데카르트의 사상 축 안에서 철학적으로 다뤄 볼 것이다. 두 번째로, 포스트휴먼 신체성이 실어 나르는 새로운 몸 개념을 들여다보는 과정 속에서, 공백의 몸, 다공성multiporosité으로서의 몸이 어떠한 맥락에서 들뢰즈의 "탐색하는 머리"tête chercheuse라는 개념과 연동되는지를 분석할 것이다. 마지막으로 라캉의 주이상스의 정치학에서 몸-공간이 개편되는 방식과 포스트휴먼 신체성이 공간화되는 방식의 밀접성을 드러낼 것이다. 이를 통해 새로운 몸-공간의 개편방식이 어떻게 새로운 주체화 방식의 창출로 이어지는 것인가를 모색하고자 한다.

머리의 역설적 위상 — 머리의 첫 번째 층위, 얼굴

머리 이식이라는 미래의 몸이 구성되는 방식에서 몸-공간이 새로이 개편되는 방식을 논하기 위해서는 머리가 차지하는 위상부터 언급해야 할 것이다. 왜냐하면 머리의 복합적 층위를 면밀히 들여다볼 때에야 비로소 머리가 몸-공간이자 탈육화의 장으로 구성되는 이유를 알 수 있기 때문이다. 머리는 얼굴과 두뇌라는 두 요소로 구성되어 있으며 이를 통해 머리는 온전히 몸 안에 기입될 수 없게 된다.

여기서 머리의 첫 번째 층위인 얼굴은 인간화된 정체성이 각인되는 장이라 할 수 있다. 그렇다면 인간화된 정체성이란 무엇인가. 그것은 정상과 비정상, 인간과 비인간, 정신과 몸이라는 이분법적 위계의 선들에 의해 구성되는 것이다. 이러한 이중 분할선들은 얼굴을 구성하는 것이며 이를 통해 얼굴은 동물의 대가리나 머리통과 구분된다. 즉 이분법적 위계선들이 각인된 표면으로서의 얼굴에 대한 고찰은 들뢰즈와 가타리의 ≪천개의 고원≫에서도 잘 드러난다. 왜냐하면 우리는 얼굴을 통해 한 사람이 남성인지 여성인지, 어른인지 아이인지, 백인인지 황인종인지 등을 즉각적으로 판별해 내기 때문이다. 다시 말해, 얼굴은 상징계라는 아버지의 법질서 속 주어진 위치성을 확보하고 재인하는 길이며 이것은 정상화의 기제에 포섭되는 방식이라 할 수 있다. 이러한 맥락에서 얼굴은 몸의 물질성이 폐기되고 배제되는 영역인 것이다. 여기서 몸은 이분법적 위계선들에 의해 코드화, 정형화될 수 없는 흐름들로서 의미의 질서와 주체의 구조를 뒤집어엎는 것이다. 이러한 관점에서, 필자는 들뢰즈-가타리의 안면성을 라캉의 상징계적 원리들과 엮어 보고 나아가 들뢰즈-가타리의 몸 개념을 라캉의 실재 개념과 교차시킴으로써 얼굴의 경직성이 어디서 기인하며 몸이 왜 영토화라는 코드화, 정형화 작업의 주요 타깃이 되는지를 규명하고자 한다.

얼굴은 정상화의 기제이자 이중 분할선이 관통하는 지점으로 규범의 장인 상징계가 강화되는 표면이라 할 수 있다. 왜냐하면 상징계 역시 정상과 비정상, 인간과 비인간, 어른과 아이 등이라는 이분법적 질서에 의해 결정되는 자리와 이름의 질서이며 이러한 구조에 의해 얼굴이라는 조직화된 표면이 도출되기 때문이다. 이러한 조직화된 표면을 강화해 나가기 위해서는 실재라는 비예측적 흐름들을 미리 차단하여야만 한다. 실재라는 상징계의 불가능성, 한계지점들을 몰아내는 방식을 통해서 안면성의 안정성이 확보되기 때문이다. 즉 얼굴의 경직성은 상징계의 유효성이 유지, 보존될 때에만 가능한 효과인 것이다. 이러한 관점에서, 몸은 이중 분할선이 아로새겨진 규범의 장으로부터 탈주하는 흐름이자 실재적 국면이라 할 수 있다. 바로 몸에 대한 규제와 포섭이 상징계의 권력성이 발휘되고 얼굴 표면이 확장되는 방식인 것이다. 이러한 맥락에서, 얼굴은 상징계의 구성 원리인 순응적 주체화의 장이자 남근적 의미질서가 정초되는 전략이자 몸을 적출해 내는 공간인 것이다.

즉 얼굴은 상징계적 마스크이다. 얼굴 이면에는 어떠한 것도 전제되어 있지 않다. 얼굴과 마스크는 상호 호환성을 갖는 것으로 "마스크가 얼굴 그 자체인 것이다."[3] 상징계적 마스크로서의 얼굴은 몸의 비예측성과 다각적 흐름을 차단함으로써 생산되는 것이기에 안면성은 그 자체로 탈육화라는 몸의 폐기와 배제를 촉진한다. 이를 통해 머리의 첫 번째 층위인 얼굴은 몸-공간을 철저히 조직화하여 이것의 물질성을 덜어 내어 버리는 전략지대로 접근될 수 있다. 다시 말해, 얼굴이 기입된 머리는 이미 기표화된 것으로서 육체성을 상실해 버린 몸 너머의 것으로 탈육화되고 마는 것이다.

머리의 두 번째 층위
— 정신의 연장 공간이자 몸의 부분으로서의 두뇌

이제 우리는 머리의 두 번째 층위인 두뇌에 대한 사유로 이행해 보고자 한다. 왜냐하면 두뇌는 몸의 일부이자 사유의 장소라는 이중 공간의 특성을 지니기 때문이다. 이러한 두뇌의 역설적 측면은 데카르트의 ≪성찰≫에서 효과적으로 드러난다. 정신과 육체의 이중적 실체성을 주장하는 데카르트에게 있어, 정신은 두뇌와 직접적으로 연결되어 있다면 이에 반해 정신은 그 나머지의 몸과 매개된 관계, 즉 우회로적 거리를 통해 작동하는 것이라 할 수 있다. 이러한 맥락에서, 데카르트는 "정신은 몸의 모든 부분들의 인상을 즉각적으로 받아들이지 않지만 오직 두뇌의 인상만을 즉각적으로 받아들인다"[4]고 6번째 성찰에서 주장하는 것이다. 두뇌는 정신의 직접적인 표면으로 작동하는데, 이것이 의미하는 바는 다음과 같다. 정신은 몸을 거치지 않은 채 몸에 영향을 미치는 작용을 두뇌라는 공간 속에서 비로소 실현하는 것이다. 이처럼 두뇌는 무매개성과 즉각성, 밀접성이라는 특성들을 통해 정신과 직접적 관계를 맺기에 정신의 실질적 작용이 일어나는 공간으로 정의될 수 있다. 이에 반해 나머지 몸은 두뇌에 의해 매개된 방식으로만 정신과 간접적으로 관계를 맺을 뿐이다.

그렇다면 두뇌의 무매개성과 직접성은 어디에서 기인하는가. 데카르트는 ≪방법서설≫에서 두뇌를 정신의 거처이자 사유의 장소로 규정한다. 특히 두뇌에서 "송과선이라는 영역은 영혼의 주된 장소이자 우리의 모든 사유가 일어나는 공간"[5]으로 명시된다. 송과선은 두뇌의 중심부에 위치한 것으로 정신이 자신의 기능들을 수행하고 스스로를 드러내는 매우 국지적 부분으로 그려진다. 여기서 필자는 데카르트가 두뇌를 정의하는 방식에서 두뇌를 정신이 차지하는 연장체로 그려 내는 점에 주목하게 된다. 왜냐하면 정신은 육체와 달리 연장적이지 않은 것이 아니라, 송과선이라는 특정 공간을 차지하는 것으로 규정되고 있기 때문이다. 즉 정신이 거하는 장소로서의 송과선은 정신이 더 이상 비연장적인 것으로만 정의될 수 없는 역설적 특성을 지님을 문제적으로 드러낸다.

또한 두뇌, 특히 송과선은 한 쌍으로 이뤄진 귀와 눈과는 다르게 단 하나뿐이며 이러한 일자성은 나머지의 몸에 비해 두뇌가 갖는 특권으로 묘사된다. 왜냐하면 두뇌의 일자성은 정신의 나누어질 수 없음, 분절 불가능성을 반영하는 것이자 정신의 비물질성과 친연성을 가짐을 증명하는 것이기 때문이다. 나아가 송과선은 정신과 육체의 결합이 이루어지는 장소로 그려짐으로써 두뇌가 단순히 비물질적이기만 한 것도 아니며 그렇다고 물질적이기만 한 영역도 아님을 드러낸다.

이러한 관점에서 두뇌는 몸의 일부분이자 나머지 몸의 위상을 초과해 버리는 것으로 데카르트에게 접근된다. 다시 말해, 머리의 두 번째 층위인 두뇌, 더 세밀히 말하자면 송과선은 몸의 일부이자 정신의 담지소로서 연장적 실체이자 비연장적 실체인 정신과 직접적으로 맞닿은 역설적 이중 공간이 된다. 바로 이를 통해 두뇌가 자리한 머리는 몸이면서 몸 그 이상인 탈육화된 위상을 갖게 되는 것이다. 우리는 위의 논의를 통해, 머리 이식이 그토록 논쟁적으로 부상할 수밖에 없던 이유가 철학사적으로 머리가 전유한 초월적 위상에서 기인함을 밝혔다. 그렇다면 이제 본격적으로 머리 이식이라는 미래의 몸-공간에 대한 논의로 넘어가 보도록 하자.

포스트휴먼의 재구성된 몸과 들뢰즈-가타리의 탐색하는 머리의 밀접성

머리 이식이라는 용어의 선택은 그 자체로 전략적이다. 왜냐하면 몸 이식이라는 용어가 여전히 몸-공간에서 머리의 특권적 위상에 종속된 나머지 몸의 부차성과 주변성을 강조하는 것이라면, 머리 이식이라는 용어는 얼굴과 두뇌로 구성된 머리 역시 몸이라는 비예측성과 산발성, 유동성의 장임을 드러내기 때문이다. 다시 말해, 우리는 머리 이식이라는 용어를 통해 몸 안에서 강력하게 작동해 왔던 이중 분할선 — 몸 내부를 가로지르는 정신과 육체의 이분법을 넘어설 수 있게 된다. 즉 탈육화된 심급으로서의 머리의 특권적 위상은 몸 내부에 정신이 자리하는 방식이자 몸의 소란들에 질서를 부여하고 완결성을 덧입히는 방식이었다면 바로 이러한 이중 분할의 전략이 문제적인 것으로 대두되게 하는 것이 머리 이식인 것이다. 더 이상 머리가 움직여질 수 없는 부동의 장이자 불변의 장, 영원성과 절대성이 각인되는 공간이 아니라, 머리 역시 이식이라는 이접의 지대일 수 있음을 드러냄으로써 머리가 전유해 오던 초월적 위상이 파기되어 버리기 때문이다.

이와 같이 전신마비 환자의 머리에 뇌사자의 몸통을 기증받아 이식하는 몸-공간의 접합 방식은 기존의 몸-공간 개념의 지각변동을 야기하였다. 데카르트에게 있어 몸-공간은 연장된 실체로서 꽉 들어찬 것, 연속적인 것이었다면 이제 포스트휴먼적 신체성이 배치되는 방식은 이러한 꽉 들어찬 공간의 허구성을 폭로하며 몸-공간의 불연속성과 틈을 우리에게 펼쳐 내어 보이고 만다. 왜냐하면 포스트휴먼 신체성은 숱한 물음다발들의 공명대를 진동시키며 우리의 몸 봉합점들을 들뜨게 하고 마는 것이기 때문이다.

그렇다면 재접합된 몸은 과연 누구의 몸인가? 이식된 머리가 몸의 주인인가? 아니면 이 몸은 몸통의 것으로 귀속될 수 있는가? 과연 몸은 하나의 정체성이 담기는 그릇으로 묘사될 수 있는가? 단일한 몸이나 동질적 표면으로 집적화될 수 없는 재구성된 몸인 이접된 머리는 단순히 잘려진 머리로만 국한되는 것이 아니다. 왜냐하면 재구성된 몸은 다음과 같은 과정을 거치게 되기 때문이다. 그것은 급속도로 냉각된 후, 잘려지고 융합되는 세 단계를 거쳐 삶과 죽음, 인간과 시체, 인간과 비인간의 이분법적 경계를 넘나드는 실험적 장이 된다. 그렇다면 필자는 다음과 같은 사고실험의 극한작업을 감히 한 번 더 열어젖혀 보고자 한다. 만약 여자의 머리에 남자의 몸, 젊은이의 몸통에 늙은이의 머리, 흑인의 머리에 백인의 몸통이 접합된다면 이 몸은 과연 누구의 몸이며 누구의 정체성이 결정되는 장이라 할 수 있는가? 이러한 부적절하고 뜬금없어 보이는 봉합의 방식은 이미 그 자체로 탈봉합의 방식이라 할 수 있다. 왜냐하면 이는 하나의 정체성이 하나의 몸에 담기는 관점 자체를 찢어 내어 버리는 것이기 때문이다. 이러한 때아닌 봉합/접합의 사고실험은 들뢰즈와 가타리가 말하는 얼굴형상의 탈구 방식과 맞닿아 버린다.

기존의 얼굴형상의 부착이 이분법적 질서에서 한 항으로 명확히 귀속되는 것— 남성의 몸 또는 여성의 몸, 늙은이의 몸 또는 젊은이의 몸, 백인의 몸 또는 흑인의 몸—이었다면 이러한 접합의 방식은 A항으로도 not a로서의 b항으로도 판명될 수 없는 식별 불가능성으로서 우리의 인식틀을 넘어서 버리는 흉물스러움과 낯섦으로 도래하기 때문이다. 왜냐하면 새로운 몸-공간의 접합점은 기존의 주체화 방식과 의미화 방식에 포섭되지 않는 것으로, 얼굴형상이 붕괴되는 방식이자 탈인간화되는 방식이며 나아가 아직까지 탐험되지 못한 새로운 되기의 장으로 도약하는 방식인 것이다.

이러한 관점에서, 이식된 몸은 들뢰즈-가타리가 말하는 탐색하는 머리에 가깝다. 탐색하는 머리는 상징적 마스크인 얼굴과 대비되는 것으로, "탈영토화의 선들 또는 창조적 탈주의 선들"[6]이기 때문이다. 이러한 탈주의 선으로 구성된 탐색하는 머리는 기존의 두뇌와 얼굴로 구성된 머리가 결코 아니다. 오히려 이러한 위계적 배치법으로서의 머리의 조직들을 해체해 조각내 버리는 것이 탐색하는 머리인 것이다. 탐색하는 머리가 기존의 머리와 다른 이유는 다음과 같다. 두뇌와 얼굴로 구성된 기존의 머리가 탈육화의 방식이었다면, 탐색하는 머리는 몸의 만개이지 몸의 분출이기 때문이다. 이러한 맥락에서 탐색하는 머리는 얼굴형상을 탈구하는 전략이자 몸의 다공성을 드러내는 것이다. 즉 재접합된 몸은 새로운 되기의 소용돌이 속으로 돌진하는 몸이지 공백으로서의 몸이기에 일원화된 모델이나 근원적 토대를 설정하지 않는다. 재접합된 몸은 꽉 찬 공간이라는 기존의 의미화와 주체화 질서가 온전히 들어맞게 메꾸어진 공간이 아니라, 이 두 구조가 일그러지고 숭숭숭 구멍나 버린 틈의 공간이다. 왜냐하면 재접합된 몸은 기원과 근원으로의 귀환이나 복원의지로 점철되어 있지 않기에 어떠한 온전성, 완벽성, 전체성, 통일성에의 강박에도 갇혀 있지 않기 때문이다. 그러하기에 재접합된 몸은 "선사 시대의 머리나 태초의 머리로의 복원이 아니라 한 번도 가보지 못한 전혀 새로운 비인간성의 삶을 창조"[7]하는 과정이자 새로운 몸-공간을 열어젖히는 탐색 과정일 뿐이다. 그렇다면 이렇게 재구성된 공백의 몸은 탈존의 공간 정치학과 어떻게 맞닿을 수 있는가.

라캉의 향유의 공간 정치학과 포스트휴먼적 신체성

이제 필자는 얼굴형상의 탈구 전략으로서의 재접합된 몸이 라캉의 탈존ex-sistence과 어떻게 연동되며 어떠한 방식으로 새로운 공간을 열어젖히는 것인가를 모색하고자 한다. 라캉에게 있어 실존existence은 기존의 상징계라는 아버지의 법질서에 편입되어 명확한 식별점과 위치점을 부여받는 정주적 공간화 방식이라면 이것은 얼굴형상의 부착 방식과 연동된다고 할 수 있다. 이에 반해 탈존은 정박점을 거두어들여 상징계라는 남근적 장을 넘어서는 탈주적 공간화 방식이며 이러한 관점에서 이것은 얼굴 형상을 뜯어내고 헝클어뜨리는 방식인 것이다.

나아가 들뢰즈-가타리에게 있어서 "얼굴이 이미 정치라면 얼굴을 부수는 행위 역시 정치의 일환이며 이러한 얼굴탈구의 정치는 실재적 되기와 불법체류적 되기를 이끄는 정치이기 때문이다."[8] 라캉의 탈존은 기존의 주어진 자리와 이름의 표면으로서의 안면성을 잃는 일이며 유동의 정치, 이탈의 정치를 실행하는 것이다. 또한 안주적, 정주적 뿌리를 뒤흔들어 어디에도 정박할 수 없는 새로운 공간을 창조하는 행위이기도 하다. 라캉의 탈존에서 이것은 여성적 향유의 공간화 방식과 매우 밀접한 것이다. 왜냐하면 여성적 구조는 남근적 구조에 대한 이탈이기 때문이다. 나아가 여성적 구조는 더 이상 결핍manque이 아닌 잉여en plus라는 경계의 범람성으로 넘실대고 마는 것이기 때문이다. 다시 말해, 여성적 구조는 "비-전체"[9]로서 남근 질서가 지향하는 일자성과 전체성을 파기하며 특이성과 유일무이성의 장을 여는 것이다.

필자에게 있어 포스트휴먼적 신체성은 이러한 특이성과 유일무이성의 몸-공간이 직조되는 방식이자 비-전체로서의 탈존의 구조가 공간화되는 방식이기도 하다. 여기서 우리가 유의해야 할 것은, 보편성이 동일성의 논리를 확산시키고 표준화하는 전략이라면, 특이성은 어떠한 표준형도 설정할 수 없는 비교 불가능한 유일무이성이 강화되고 증폭되는 전략이라 할 수 있다. 머리 이식을 통한 재구성된 몸은 그 자체로 죽은 자와 산 자, 시체와 생명체, 여성과 남성, 젊은이와 늙은이, 흑인과 백인 등의 이분법적 실존 방식에 의해 획득된 동일성과 보편성의 규준틀을 붕괴시킨다. 이러한 맥락에서, 포스트휴먼적 신체성은 주이상스라는 죽음 본능과 생의 본능, 불쾌와 유쾌, 비정상과 정상 등의 경계가 뒤엉켜 버리는 향유의 정치학과 맞닿아 버리는 것이다. 왜냐하면 주이상스는 쾌락의 원리에 의해 보존되어온 이분법적 경계면들을 파기하는 것이자 새로운 공간화 방식을 우리에게 요구하는 것이기 때문이다. 그렇다면 이러한 새로운 공간은 어떻게 상상될 수 있는가.

라캉에 의한 삼차원적 공간화 방식의 비판

라캉은 기존의 삼차원적 공간화 방식이 점·선·면으로 이루어진다고 보며, 선은 점에 의해 잘려지고 면은 선에 의해 잘려지는 것으로 정의내린다.[10] 다시 말해,

라캉은 ≪세미나 20≫에서 절단의 방식에 의해 삼차원의 공간이 구성된다고 본 것이다. 나아가 라캉은 ≪세미나 23≫에서 이러한 절단의 구성법이 삼차원적 공간을 구성함은 물론 기존의 상상계, 상징계, 실재가 각각의 경계선 안에서 머물며 분리 구획[11] 되는 방식에도 영향을 미침을 비판한다.

나아가 필자는 상상계-상징계-실재라는 세 가지 원이 분리 구획되어 구성되는 방식을 다음과 같이 보고자 한다. 즉 필자는 이것을 트리니티라는 삼위일체의 삼각형 구조와 원이라는 닫힌 완결성과 완전성의 구조가 복합적으로 겹쳐져 구성된 것이라고 해석해 본다. 왜냐하면 브루스 핑크는 중심축이 설정된 수렴적 원을 일자의 논리를 따르는 닫힌 집합으로서의 남성적 구조로 정의하고 있다.[12] 또한 서구 사상사에서 아버지와 아들, 성령이 이루는 삼각형 구조는 세 가지 요소들의 일관성과 절대적 완전성을 뜻한다. 이를 통해 세 개의 수렴적 원들은 꽉 찬 공간에 대한 표상이자 완전성과 통일성, 전체성의 공간을 나타내는 것이다. 그렇다면 과연 이러한 꽉 찬 공간에 대한 해체는 어떻게 가능한가.

라캉이 제안하는 탈존의 방식은 상징계, 상상계, 실재가 새로운 네 번째 매듭에 의해 서로 엮이고 엉키는 재접합의 지점을 재구성하는 데 있으며 이것은 트리니티와 원의 이중 구조를 분쇄하는 데에 있다고 필자는 해석한다. 이것은 생톰-증환sinthome이라는 탈봉합의 고리를 직조함으로써 가능해진다. 필자는 이러한 생톰이라는 네 번째 고리가 생성되는 방식이 기존의 삼차원적 공간의 절연선, 분리 구획선, 경계선들을 넘어서 버리는 것이라고 본다. 또한 이것이 기존의 일관성consistance의 장을 담지하는 것이 아닌, 탈존이라는 다면성multi-dimension(삼차원으로의 축소 불가능성), 다공성polyporosity(구멍지어지고 틈 지어짐)이 만개하는 장을 도입하는 작업이라고 해석한다. 다면성과 다공성의 장으로서의 새로운 차원이 상상되고 실천되는 것이 바로 기존의 대타자의 장으로부터 벗어난 순수욕망과 충동을 접합시키는 방식이자 새로운 주체화 방식과 의미화 방식의 개화를 뜻하는 것이기도 하다.

브루스 핑크는 이러한 새로운 공간을 크로스 캡으로서 제시한다. 크로스 캡은 뫼비우스의 띠처럼 상상되거나 구성될 수 있는 것이 아니다. 왜냐하면 크로스 캡은 시각화의 장에 의해 표상될 수 없는 공간화 방식이자 단순히 외부와 내부의 중간 혹은 이 둘의 오가기라는 이차원적 추 운동이 아닌 아직까지 우리가 알지 못하는 공간으로의 모험을 의미하기 때문이다. 즉 크로스 캡은 "상징계 너머의 어떤 것을 보는 능력"[13]이며 이를 통해 상징계의 공간화 방식의 이중 분할선— 외부와 내부, 안과 밖이라는 한계선들을 넘어서는 것이다.

유출과 파동의 공간 모색과 새로운 주체화 양태

그렇다면 필자는 브루스 핑크가 제안한 크로스 캡을 넘어서는 새로운 공간을 감히 상상해 보고자 한다. 이러한 지적 야심 속에서, 필자는 새로운 공간을 유출과 파동의 공간으로 접근해 보고자 한다. 더 이상 공간이 응고와 견고화의 장으로만 한정되지 않고 유체적 공간임을 착상하기 위해 필자는 양자역학에서 주장하는 물질의 이중성에 주목해 본다. 왜냐하면 물질로서의 몸-공간은 고체적 입자의 성질도 갖지만 유체적 파동의 성질도 동시적으로 갖는 것이기 때문이다. 이러한 유출로서의 흘러내림과 번짐을 내포한 공간적 이지러짐이 가능한 장이 바로 포스트휴먼적 신체라고 필자는 분석한다. 이것이 바로 라캉이 말하는 비-전체로서의 여성적 구조, 그것이 가진 변칙적 틈들이며 경계나 한계를 포함하지 않은 열린 집합이 작동하는 방식이기도 할 것이다. 이러한 관점에서 새로운 몸-공간은 단단히 여문 응집의 정박소나 수용체로서의 용기-공간이 아니다. 그러하기에 밀폐된 경계면에 의해 절단, 분절될 수 있는 것이 아닌 것이다. 오히려 새로운 몸-공간은 무르고 흐물거리며 스며드는 유출의 흐름 속에 놓여 있기에 이미 공간 자체가 항시적으로 변형되는 장인 것이다. 즉 고체적 용기-공간에서 유체적 공명-공간의 일렁임으로 이행할 때에 비로소 포스트휴먼 신체성의 새로운 지형도가 그려질 것이라고 필자는 생각하는 바이다.

그렇다면 이러한 유출의 공간에서 과연 어떠한 주체화 방식이 가능한가. 새로운 공간에서는 더 이상 상징계에 기입된 순응적 주체로만 주체화 양태가 구성되지 않기 때문이다. 인간이라는 순응적 주체화 양식은 정주적 공간화 방식에 갇히는 것이자 고체적 응집과 견고화의 장에 유착되는 방식이라 할 수 있다. 다시 말해 특정한 양식의 주체화는 특정한 공간화 방식으로부터 도출된다고 할 수 있다. 주체subject는 라틴어 subjectum에서 기인하는 것으로 '아래로 내던져진 것'이라는 의미를 갖는다.[14] 즉 주체는 팔루스라는 전방위적 시점을 가진 초월적 기표 아래에 내깔린 것으로 여전히 위와 아래라는 이분법적 공간 분할선을 따른다고 할 수 있다. 팔루스라는 남근 질서의 중심축에 의해 예속되는 배치 방식으로서의 주체 개념은 새로운 공간에 대한 시점 속에서 탈구되어야 한다.

그러하기에 필자는 유출의 공간이 생산해 내는 새로운 주체화 양태를 모색하고자 메타모르포젝트metamorphoject-변이체 개념을 제안하는 것이다. 여기서 메타모르포젝트는 변신이라는 metamorphosis와 라틴어로 내던져짐이라는 jectio의 합성어로서, 생성과 변이를 향한 기투를 의미한다. 그렇다면 필자는 변이체 개념의 풍부성과 창조성의 층위를 효과적으로 드러내기 위해 빌렘 플루서가 제안하는 새로운 주체화 양태와 필자의 개념을 비교, 분석해 보고자 한다.

메타모르포젝트라는 변이체 개념은 빌렘 플루서가 제안하는 project—'앞을 향해 내던져짐'이라는 주체화 양태와 구분된다. 왜냐하면 프로젝트 개념은 여전히 후면과 대립되는 앞이라는 이차원적 공간 분할선 속에 기입되는 것으로 일방향적 기투에 그치는 것이기 때문이다. 그러나 메타모르포젝트는 앞과 뒤, 위와 아래 등의 이차원적 공간화 방식에 기입되지 않는 다방향적, 다면적 역동체라 할 수 있다. 즉 메타모르포젝트는 정면과 측면, 상부와 하부 등의 한 점에 의해 표식될 수 있는 것이 아니라, 다층적 면들이 한꺼번에 동시적으로 겹쳐지고 포개져 버리는 두터움의 공간인 것이다. 나아가 어느 한 각도에 의해 명확히 그려지고 분류될 수 없는 중층성과 비결정성의 장인 것이다. 다시 말해, 메타모르포젝트 개념은 몸-공간을 메꾸어짐으로써의 연장체가 아닌, 공백으로 솟구쳐 오르게 하는 유출의 장임을 효과적으로 드러낸다.

이러한 사상의 궤적 속에서, 재접합된 포스트휴먼적 신체는 메타모르포젝트라는 변이체의 도래 방식이기도 하다. 기존의 남근 중심적, 인간 중심적 주체화 방식이 미리 주어진 공간화 방식의 경직성에 머물렀기에 머리 이식을 통해 재구성된 몸은 흉물스런 몸 이상의 의미를 갖지 못한 채, 판단과 척결의 대상으로만 한정되어온 것이다. 그러나 이러한 주체화와 공간화 방식은 더 이상 테크놀로지 시대에 유효하지 않는 순혈주의와 복원주의에만 사로잡혀 있다. 왜냐하면 포스트휴먼적 몸-공간은 안정된 정체성의 경계면들에 의존해 있지 않는 것이자 끊임없는 되기의 장에서 진동과 파동을 일으키는 지대이기 때문이다. 이렇게 재접합된 몸의 다공성은 인간 개념의 한계를 가시화하며 새로운 주체화 방식을 촉구하고 새로운 공간으로 우리를 초대하고 만다.

결론

머리 이식을 통해 재구성된 몸은 기존의 몸 지형도에 지진을 일으키며 몸-공간의 재편을 요구한다. 기존의 순혈주의적 몸-공간의 폐쇄성은 몸을 하나의 정체성이 담기는 용기-공간으로만 한정해 왔으며 이를 통해 몸-공간은 위계적으로 조직되어 왔다. 이러한 관점은 몸 내부에 정신적 심급으로서의 머리의 위상을 특권화하는 데에 기여하였으며 머리 이식을 정신적 심급의 적출 또는 인간 정체성에의 위협으로만 보는 협소한 시점에 머물게 하였다. 왜냐하면 머리는 부동의 공간, 불변의 공간으로 어떠한 조작이나 유동성도 개입되지 말아야 할 것으로 여겨졌기 때문이다. 즉 머리의 탈육화된 위상은 입자로서의 공간, 고체로서의 공간으로만 몸-공간을 한정할 때에 비롯된 전제인 것이다.

그러나 필자는 포스트휴먼적 몸-공간을 새로이 조망하기 위해, 물질로서의 몸-공간이 갖는 유체적 국면에 주목해 보고자 한다. 정체성과 순수성의 장이 아닌, 이지러짐과 변형의 장으로서의 몸-공간은 유출과 파동의 장으로서의 공간 개념을 통해 보다 효과적으로 드러나기 때문이다. 나아가 이러한 번짐과 흐물거림, 녹아듦과 흘러내림의 유출 공간은 더 이상 온전성과 통일성, 전체성에의 강박에 얽매이지 않는 새로운 주체화의 양태를 생산해 낸다. 즉 새로운 공간 개념이 새로운 주체화 양태를 도출하는 것이다. 이러한 관점에서 필자는 기존의 주체 개념이 정주적 공간화 방식의 위계성과 경직성에 매몰당해 왔음을 비판하며, 새로운 주체화 양태로서의 메타모르포젝트를 제시해 보고자 한다. 변이체라는 개념은 기존의 주체 개념의 위/아래라는 공간적 이중 분할선을 넘어서는 것이다. 나아가 변이체 개념의 비판적 분석틀은 빌렘 플루서가 제시하는 project — '앞으로 내던져진 기투 양식'으로서의 새로운 주체 개념 역시 여전히 앞/뒤라는 이분법적 공간 분할선에 의존하고 있는 한계를 드러낸다. 기존의 삼차원적 공간 표상 체계에서 명확한 위치성을 갖는 상부와 하부, 앞과 뒤, 옆과 정면 등의 공간화 방식에 갇히지 않는 다면적이고 산발적 생성의 장을 구성해 내는 변이체 개념을 통해 새로운 공간 개념의 창조적 함의 역시 증폭될 수 있다고 필자는 해석해 본다.

2부

세계와 공간

지구는 둥그니까

칸트의 주체철학에 따르면, 이방인에 대한 환대는 자유주의적 상호성의 원칙에 근거하여 원주민의 공동체를 위협하지 않는 범위 내에서 허용되는 권리로 이해된다. 그에 반해 데리다와 같이 타자철학에 따르면, 환대란 나를 찾아온 타자의 자격을 따지지 않고 무조건 받아들이고 호의를 베풀며, 타자를 그 자체로서 충만한 완전한 인격체로 받아들이는 타자 지향적 윤리로 이해된다. 주체와 타자의 관계에서 전자가 주체의 입장을 강하게 주장하고 있다면, 후자는 타자의 입장을 강하게 주장하고 있다. 전자가 조건적 환대 개념을 주장하고 있다면, 후자는 무조건적 환대 개념을 주장하고 있다. 환대를 둘러싼 현재의 논의는 이 지점에서 멈추고 있다. 그러나 이것으로 끝인가? 그 사이에 제3의 입장이 들어설 가능성은 없는가? 상호 인정의 철학적 기초 위에서 이주사회에서의 환대권을 재구성할 수 있는 가능성은 없는가?

서윤호

시간적 사유가 지배하던 시대에서 이제는 새로운 공간의 재발견이 강조되는 '공간의 시대'로 접어들었다. 이른바 '공간적 전회'가 유행어가 되고 있다.[1] 공간은 끝없이 변화한다. 공간은 끝없이 확장되고 또 축소된다. 새롭게 시작된 '공간적 사유'는 우리에게 어떤 인식의 전환을 요구하는가?[2] 오늘날 공간 개념을 둘러싼 논의는 기존의 절대적 공간 개념 외에 상대적 공간 개념의 가능성을 열어 둘 것을 우리에게 요구한다. 그 속에 무언가를 수용하고 채울 수 있는 텅 빈 '용기'로서 파악되던 기존의 공간 개념 외에 다양한 측면에서 그 의미를 드러내는 새로운 지평으로서 공간 개념의 확장이 요구된다.[3] 이는 곧 기존 경계의 무너짐과 넘나듦이 이전보다 느슨해짐을 뜻한다. 그렇다고 경계가 느슨해지기만 하는 것은 아니다. 오히려 경계가 더 분명해지는 경우도 있다. 영토화 · 탈영토화 · 재영토화 등의 여러 현상들을 살펴보면, 우리가 서 있는 공간적 지점이 어디인지 과거와 같이 분명하지 않는 일이 생기기도 한다. 우리가 처한 공간적 지평이 변화 속에 놓인 까닭이다.

먼 데가 가까워지고 가까운 데가 멀어지는 게 요즘 세상이다. 이주사회와 이주공간은 이러한 현상을 잘 보여준다. 세계화의 영향으로 우리 사회는 급속하게 이주공간으로 바뀌고 있다. 이주와는 무관해 보이던 우리의 과거 정주공간도 세밀한 눈으로 자세히 들여다보면 이주의 공간이 아니었던 적은 없을 것이다. 그렇지만, 최근 우리 눈앞에 펼쳐지고 있는 이주공간화는 그 전례가 없을 정도로 규모가 크다. 오늘날의 시대를 규정하는 '이주의 시대'라는 말은 결코 과장이 아니다.[4] '전 지구적 노마드화'라는 말을 우리 사회도 실감하고 있는 셈이다. 이주공간에서는 많은 것이 경계를 넘게 된다. 이른바 '탈경계'의 사유와 시대가 열리게 된다. 주체와 객체의 이분법도 크게 흔들린다. '공간적 전회'에 따라 펼쳐지는 새로운 공간적 사유의 장으로서 이주공간은 종래와는 다른 새로운 문제를 낳는다. 그 문제 중 하나가 '환대'의 문제이다.

여기에서 다루고자 하는 것은 '이주공간'에서의 '환대'의 문제이다. 그것도 '권리'로서의 환대의 문제를 다루고자 한다. 이는 '타자의 권리'와 관련된 문제이다.[5] 지금 우리 사회에서 나타나고 있는 초국적 이주자들에 대한 관심의 증대는 우리 사회가 이들을 어떻게 받아들일 것인가 하는 주인의 관점에서 손님과 객으로서 이주자에 대한 '환대'의 문제를 다루고 있다. 이런 입장에서 묻고 있는 물음의 지평은 이렇다. 우리 사회에 타자로서 새롭게 나타난 이들을 우리는 어떻게 대해야 하는가? 우리 앞에 닥친 새로운 이주사회에서 요구되는 환대의 규범은 어떠한 형태를 갖춰야 하는가? 이러한 질문은 지금까지 경계를 잘 유지해 온 정주자의 관점에서 이주자에 대한 환대의 문제를 논의하는 것이다.

그러나 여기에서는 다른 방식으로 묻는다. '타자의 권리'로서 이주자의 관점에서 당당하게 주장할 수 있는 '환대의 권리'는 불가능한가? 환대는 '윤리'의 차원을 넘어 과연 '권리'의 차원에서도 주장될 수 있는가? 그러나 여기에서 '권리'로서의 환대란 무엇을 말하는가? 상대방의 호의와 윤리에 기초를 둔 불완전한 권리가 아니라, 강한 주장으로서 온전히 자신을 보호할 수 있는 완전한 권리로서 환대를 다룰 수 있는가? 환대의 권리는 사회구성원의 자격과 관련된 '성원권'과는 어떠한 관계에 있는가? 만약 이러한 물음에 긍정적인 대답이 가능하다면, 이주인권의 보호라는 우리 사회가 마주하고 있는 현실 문제는 지금보다 훨씬 강한 법적 장치를 가지게 될 것이다.

성원권의 문제

≪사람, 장소, 환대≫에서 김현경은 '환대'의 개념을 '성원권'과 관련하여 검토하고 있다.[6] 문화인류학적 관점에서 김현경은 환대의 개념을 성원권의 전제조건으로서

파악한다. 그 경우 성원권은 보편적 인권의 개념 자체와 크게 구분되지 않는다. 사람이 사람으로서 인정받을 수 있는 보편적인 '권리를 가질 권리'로서 '성원권'을 이해하고 있는 것이다. 이는 실상 보편적 '인권' 개념과 큰 차이가 없는 개념이 된다. 따라서 환대의 개념도 사람의 형상을 하고 있으면 사람으로서 무조건적이고 절대적인 환대가 이루어져야 사회 속에서 하나의 인격으로서 성원권을 제대로 가질 수 있다는 것이 그 주장의 핵심이라 할 수 있다.

하지만 김현경과 같이 보편적 인권 개념과 커다란 차이가 없는 매우 넓은 의미의 성원권 개념은 우리 사회의 현실 문제를 분석하고 해결하기에는 너무 추상적이다. 그것은 기껏해야 도덕적 요청의 차원에서만 그 유효성을 주장할 수 있을 뿐이다. 보편적 인권 개념에 기초한 성원권보다는 좀 더 현실적이고 구체적인 정치적 및 사회적 성원권 개념으로 그 개념을 더 구체화해야만 우리 사회가 당면하고 있는 현실의 문제를 해명할 수 있는 이론적 개념틀을 제공하는 것이 가능하다. 오늘날 이 문제는 이주자의 '정치적 성원권'의 문제로 주로 다뤄지고 있다.

정치적 성원권의 문제는 오늘날 이주사회에서 핵심적인 쟁점을 이루는 주제 가운데 하나이다. 지구화와 정보화를 통해 지구촌이 점점 가까워지고 국경을 넘어서는 인적 교류가 매우 활발해짐에 따라, 이제 국경은 예전과 같이 커다란 의미를 갖기 힘든 여러 가지 상황이 조성되고 있다. 이로 인해 서구 근대의 여명기에 국가주권을 천명한 베스트팔렌 조약과 근대 민주주의 제도의 정립 이래 전통적인 국가의 고유권한으로 인정되던 정치적 성원권의 문제도 새로운 지평에서 재검토가 필요하게 되었다.

근대 민족국가 체제는 성원권을 전통적으로 국적 또는 시민권이라는 법적 범주를 통해 관리해 왔다. 그러나 급격하게 이주사회로 변화하고 있는 오늘날의 상황에서 이들 개념은 점차 낡은 개념으로 전락하고 다양한 요소들로 해체되는 과정에 놓이게 된다. 성원권의 새로운 양상들이 나타남으로써 민족국가 체제에 의해 규정되었던 정치적 공동체의 경계가 더 이상 새로운 성원권을 관리하기에 적합하지 않는 상황이 발생하게 된다. 국민의 자기입법 개념에 기초한 민주주의 아래에서는 이방인의 정치적 성원권에 대한 제한 역시 당연한 것으로 여겨졌지만, 이러한 과거의 입장이 새로운 이주의 공간에서도 여전히 유효한지는 진지하게 다시 묻지 않으면 안 되는 정치적 상황이 전개되고 있는 것이다. 벤하비브와 왈저는 서로 다른 관점에서 성원권의 문제를 다루고 있다. 벤하비브는 자유주의적 입장에서, 그리고 왈저는 공동체주의적 입장에서 각각 성원권을 새롭게 구성하고 있다.

벤하비브는 정치적 성원권의 문제를 보편인권의 핵심주제로 파악하면서, 성원권과 민주주의 사이에 모종의 긴장과 갈등 그리고 역설이 나타나고 있다고 주장한다. 민주주의는 항상 자기입법의 주체로 나설 수 없는 사람들에 대한 배제를 함축할 수밖에 없는데, 이는 바로 민주주의의 이념 자체 속에 자기입법에 참여하는 사람들만으로 제도의 효력을 제한하고자 하는 논리가 담겨 있기 때문이다. 벤하비브는 이런 질서에 근본적인 변화가 오늘날 지식정보사회의 가속화와 경제적 세계화, 그리고 국제인권체제의 발전에 의해 초래되고 있다고 지적하고, 그 구체적인 가능성을 유럽연합에서의 시민권 개념의 변화에서 찾고자 한다.

국제적으로 초국가적인 자본과 금융, 그리고 노동시장에서의 유동성을 강화하는 경제적 세계화와 더불어 하위국가적이자 초국가적인 정치행위자들도 성장함으로써 종래의 민족국가나 영토 개념을 그대로 유지하는 것은 시대착오적인 것으로 바뀌어 가고 있다. 그러나 이주사회의 이러한 특징적 현상에도 불구하고 섣불리 국가체제의 종말이라는 주장을 펼치는 것도 쉽지 않다. 현대정치의 아이러니는 국가주권이 경제 · 군사 · 기술 부문에서 심각하게 와해되고 있지만, 그럼에도 불구하고 외국인과 불청객을 막아 내기 위해 국경이 더 수용적인 형태로나마 꼭 필요하다고 강력히 주장하고 있는 데에서 잘 나타난다.[7] 이는 낡은 정치구조가 현재 지속적으로 소멸되고는 있지만, 지구화에 부응하는 새로운 정치형태가 아직 현실 속에서 구체화되고 있지 않기 때문에 나타나는 현상으로 파악된다. 벤하비브는 바로 이러한 변화의 틈새에서 요동치는 정치적 성원권을 둘러싼 보편인권과 민주주의 사이의 간격을 단지 규범적인 차원에서가 아니라 현실적 차원에서 좀 더 개방적이고 진취적인 자세로 넘어설 수 있는 가능성을 찾고자 한다. 이때 벤하비브는 하버마스의 담론윤리학과 심의민주주의에 관한 규범이론의 관점을 그 이론적 기초로서 적극적으로 활용하고 있다.[8]

벤하비브는 인권에 내재한 팽창적이고 포괄적인 도덕적 · 정치적 보편주의와 주권에 본질적인 개별적이고 배제적인 민주적 제한이라는 두 요소 사이의 간극을 담론이론을 통해 서로 타협하고 상호 규정하며 재의미화함으로써 현대 입헌주의에 새로운 가능성을 찾고자 한다. 맥락초월적인 입헌적 국제규범들을 만드는 것이 민주적 다수의 의지와 어떻게 매개될 수 있는지 보여주기 위해 벤하비브는 데리다로부터 빌려온 반추iteration 개념을 토대로 민주적 반추를 제안한다. 벤하비브는 비록 배제되는 자가 배제와 포함의 규칙을 정하는 데 참여할 수 없다는 역설을 없앨 수는 없지만, 지속적이며 다중적인 민주적 반추과정을 통해 이러한 차이를 유연하고 협상 가능한 것으로 만들 수 있을 것이라고 한다.[9]

민주적 반추과정은 공적인 토론과 숙고 그리고 학습으로 이어지는 복잡한 과정들이다. 벤하비브는 이러한 과정을 통해 보편적 인권에 대한 요구가 법적 · 정치적 제도들에서뿐만 아니라 자유민주주의의 공적 영역에서 논의되고 맥락화되며 가감삭제될 수 있다고 한다. 또 벤하비브는 이러한 민주적 반추가 전 세계적 맥락에서 이루어져야 한다고 주장한다. 시민권에 관한 정책들은 일방적 자기규정이어서는 안 되며, 지구촌의 다른 나라들에도 영향을 미칠 수밖에 없는 다국 간의 결정으로 이해되어야 하기 때문이다. 이런 차원에서 현대사회는 주권을 자기지시적인 개념이 아니라 상대적이고 책임 있는 주권 개념으로 이해하고, 민주적 국민의 정체성을 입헌적 자기창조의 지속적 과정으로 파악하여 민주적 반추를 통해 시민과 외국인, 우리와 타자 사이의 구분을 유동적이고 협상 가능하게 만들 때 탈형이상학적이고 탈민족국가적인 세계시민적 연대로 나아갈 수 있을 것이라고 주장한다. 벤하비브는 이러한 세계시민적 연대 아래에서 오직 인간이라는 바로 그 이유 하나만으로 모든 인류가 보편적 권리의 보호망 아래 귀속되며, 성원권이라는 배제적 특권이 사라질 것이라고 한다.

이러한 벤하비브의 주장은 주의 깊게 경청할 만한 내용이 상당히 많다.[10] 벤하비브는 기본적으로 성원권의 문제를 보편인권으로 이해하고 있다. 그러나 벤하비브가 주장하는 보편인권으로서의 성원권의 이론적 기초가 얼마만큼 튼튼하게 마련되어 있는지는 그다지 분명하지 않다. 이는 그가 철학적 기초로 삼고 있는 하버마스의 입장에 대한 일반적인 비판이 고스란히 그에게도 다당하기 때문이기도 하다. 벤하비브는 소통적 자유에 기초한 기본적 인권은 인권으로서의 성원권을 정당화할 수 있을 뿐만 아니라 성원권 박탈이나 시민권 박탈의 금지도 정당화할 수 있다고 한다.[11] 벤하비브 스스로도 인정하고 있듯이 성원권 문제를 이런 방식으로 다루는 것은 고도로 개인주의적인 전제를 깔고 있는 사회계약론적 관점을 취하는 것이다.[12]

그러나 사회계약론적 관점에 대해 비판적인 입장을 취하는 사람이라면 이러한 이론적 기초에 대해서 쉽게 동의를 하기 어려울 것이다. 그럼에도 불구하고 벤하비브의 이론적 논의는 몇몇 부분에서 두드러지게 나타나는 근본적인 입장의 차이를 제외한다면 전반적으로 공감할 만하다. 벤하비브는 국경을 허물자는 것이 아니라 수용적으로 만들 것을 옹호한다. 난민과 망명객에 대해 임시 입국권을 허용해야 한다고 보지만, 임시 입국에서부터 정회원이 되는 과정을 규정하는 민주주의의 권리를 인정하고, 귀화에 관한 법이 인권규범에 맞아야 하며, 주권을 가진 국민이 함께 사는 외국인들의 귀화를 허용하지 않거나 종국적으로 시민권을 얻지 못하게 막아서는 안 된다고 한다.

이러한 벤하비브의 주장은 기본적으로 보편인권의 관점에서 구체적 현실성을 확보하는 방식으로 진행되고 있다. 즉 보편에서 특수로의 변증법적 과정을 거치고 있다고 이해할 수 있다. 이와는 반대로 특수에서 보편으로의 변증법적 과정이라는 방법론을 취하는 공동체주의적 입장은 실제 그 현실적인 결과에서는 벤하비브와 별다른 차이가 없을지는 몰라도, 이론적인 접근방식에서는 커다란 차이를 보이고 있다. 공동체주의자 왈저의 특수주의적 방법론에 입각한 논의를 잠시 살펴보자.

왈저는 롤즈의 ≪정의론≫에 대한 비판을 통해 다원적 정의를 주장하고,[13] 이러한 다원적 정의의 관점에서 '성원권'의 문제를 분석하고 있다. 그는 ≪정의의 영역들≫ 제2장에서 성원권의 문제를 분배적 정의의 문제로 접근하고 있다.[14] 왈저는 인간이란 고정된 존재가 아니라 유동적인 존재로서 많은 사람들이 마음에 맞지 않는 환경에서 자신의 마음에 맞는 환경으로 옮기면서 주기적으로 거주지나 시민권을 변경하고자 한다는 사실을 지적한다. 풍요롭고 자유로운 국가들은 이주 희망자들로 북적인다. 이것이 바로 오늘날의 우리 사회가 이주사회로 변화하게 된 까닭이다. 그 경우 국가의 시민들로서 우리는 다음과 같은 문제들을 결정해야 한다. 우리는 누구를 선택할 것인가? 우리는 누구에게나 가입을 허용해야 하는가? 지원자들 중에서 선별하는 것이 가능한가? 성원권을 분배하는 적절한 기준은 무엇인가? 이러한 성원권을 둘러싼 문제에 접근하는 왈저의 기본적인 문제의식은 방법론적 특수주의라는 방식으로 이루어진다.

왈저에 따르면 성원권은 기본적으로 내부 구성원의 결정에 따르는 내적 원칙에 의존하고 있지만, 상호부조라는 외적 원칙의 제약을 받기도 한다. 상호부조의 외적 원칙에 따라 이방인은 일반적으로 환대와 지원을 받을 권리를 가진다. 이러한 상호부조의 원칙은 인간 일반에 대한 의무이기 때문에 공동체의 경계를 넘어 이방인에게까지 확장되어 적용된다. 그렇지만 그 의무는 공동의 삶을 진정으로 공유하고 있는 내부 구성원에 대한 의무만큼 강하지는 않다. 따라서 왈저는 상호부조라는 외적 원칙에 입각하여 이방인에게 성원권을 부여할 수도 있지만, 그것은 아주 제한적으로 이루어진다고 한다.[15] 그러나 합법적인 방식으로 입국하여 장기간 거주하고 있는 이방인들의 경우에는 성원이 될 자격을 상당히 갖추고 있다. 왈저는 그 나라에 합법적으로 입국한 모든 거주자들을 시민 혹은 적어도 잠재적 시민으로 바라본다. 그렇기 때문에 입국 이민의 경우는 열악한 업종의 노동력 부족 문제를 해결하여 자국 시민들이 힘들고 불쾌한 노동으로부터 벗어나도록 하기 위한 목적으로 허용되는 경우가 많은데, 그들에게 성원권을 부여하지 않는 것은 그들을 마치 종처럼 취급하는 것과 같다고 왈저는 비판한다.[16]

자신들의 필요에 의해 입국을 승인한 외국인 거주자들에게 법의 지배를 받을 것을 요구하고 법적 의무를 부과하면서도 그들에게 성원권을 부여하지 않는 것은 고대 그리스에서 외국인 거주자인 메틱metics을 대하는 태도와 같다는 것이다. 이들에 대한 이러한 비승인의 태도는 정치적 정의로서 주장하기 어렵다. 외국인 노동자들은 현재 머물고 있는 국가에서 사회적으로 필요한 노동을 하며, 또한 그 나라의 법률체계에 깊이 관여되어 있다. 따라서 정치적 정의의 원칙에 따라 이들도 구성원으로서의 권리를 평등하게 보장받아야 한다. 외국인 노동자들의 입국을 승인하면서도 그들에게 시민권을 부여하지 않는 조치는 그들을 이방인의 지위에 묶어 두어 억압과 착취를 지속하려는 것으로 이방인들에 대한 압제에 지나지 않으며, 따라서 정치적 정의에도 부합되지 않는다.[17]

여기에서 요구되는 정치적 정의의 기본 원칙을 왈저는 다음과 같이 표현하고 있다. "민주주의 국가에서 그 내부의 삶을 형성하는 자치의 과정들은 그 영토 안에 살면서 그 지역경제에서 일하고 있을 뿐만 아니라 그 지역의 법률의 지배를 받는 모든 이들에게 평등하게 개방되어야 한다."[18] 이러한 정치적 정의는 특정 개인들 혹은 특정 계급을 영원히 국외자로 만드는 것을 금지하는 보호장치다. 민주주의 국가 중 어떤 국가도 시민들과 외국인들에게 각각 상이한 지위를 고정시키는 것은 용납될 수 없다. 민주주의 시민들은 그들이 새로운 외국인 노동자를 데려오고자 한다면, 자신들의 성원권을 확장할 태세를 반드시 갖추고 있어야 한다. 만일 그들을 새로운 구성원으로 받아들이고 싶지 않다면, 자국의 노동시장의 한계 안에서 그 사회에서 사회적으로 필요한 노동을 해결할 수 있는 길을 찾아야만 한다.

앞에서 살펴본 벤하비브는 인권과 주권이라는 두 항에서 보편인권을 중심으로 구체적인 현실성을 확보하고자 하는 전략을 취하고 있다. 이러한 입장은 보편적이고 규범적인 차원을 확보하는 점에서는 매우 유리하지만, 실제로 구체적 타당성을 확보하는 것은 쉬운 일이 아니다. 이에 반해 왈저는 특수로부터 보편으로 접근하는 방식을 선호한다. 구체적인 현실의 조건으로부터 서로 받아들일 수 있고 현실화할 수 있는 보편성을 확보하는 방식이 합리적이라고 생각하기 때문이다. 이와 같이 특수로부터 보편으로의 접근방식을 취할 경우 민주적 주권 결정에서 실현 가능한 보편성을 어떻게 확보할 것인가 하는 것이 관심의 대상이 된다. 이 문제는 현대 민주주의의 논의에서 핵심을 이루는 문제이기도 하다. 특수적 주권의 결정에서 구체적인 보편인권을 얼마만큼 내재화할 수 있는가? 다시 말해 민주적 방식으로 이루어지는 주권 결정이 특수의 차원에만 머물지 않고 보편적인 인권의 차원을 내재화할 수 있다면, 이 방식이 훨씬 현실적이고 합리적이라고 할 수 있다. 이 문제를 왈저의 성원권 논의에 국한해서 살펴본다면, 왈저가 취하고 있는 방법론적 특수주의에서 보편성의 문제를 어떻게 확보할 것인가 하는 문제로 이해할 수 있을 것이다.

보편으로부터 특수로 내려오는 벤하비브의 접근방식보다는 특수로부터 보편으로 접근하는 방식이 현재의 이주사회의 현실적 상황에 더 적합하다고 할 수 있다. 그 까닭은 국제인권규범에서 제시하는 보편인권의 관점이 물론 오늘날의 이주사회에서는 분명히 과거보다 더 구체적인 현실로 다가오기는 하지만, 아직 많은 점에서 개별 주권국가의 현실 조건에서 충분한 구체성을 확보하지 못하고 있기 때문이다. 따라서 개별 국가의 구체적 현실 속에서 민주적 주권 결정을 통해 국제인권규범에서 제시하는 보편인권에 접근하는 것이 합리적이다. 이때 특수로부터 보편으로 접근하지 못하고 특수에 여전히 머물러 버린다면 발전의 가능성을 잃어버리는 문제가 있다. 이런 관점에서 왈저의 방법론적 특수주의를 다시 검토할 필요가 있다.[19] 왈저의 특수주의적 방법론에서 나타나는 상대주의적 요소를 어떻게 극복할 것인가? 이것은 인권과 주권의 두 항의 긴장관계를 미리 주어진 것으로 받아들이고, 보편의 입장에서 특수를 비판하는 벤하비브에게 좋은 비판의 기회를 제공해 주는 것이기도 하다. 벤하비브는 공동체주의자들이 정치적 성원권의 문제에서 민주적 반추의 힘을 과소평가하거나 현실정치에서의 배제와 차별을 무시한다고 비판하고 있다. 그렇지만 이러한 비판은 상당히 넓은 스펙트럼을 갖고 있는 공동체주의의 입장을 세밀하게 포착한 것으로 보기 어렵다.[20] 벤하비브의 비판을 한마디로 요약하자면 공동체주의자들은 특수의 관점에 사로잡혀 보편의 관점을 놓치고 있다는 것으로 정리할 수 있다. 그렇기 때문에 공동체주의의 이론적 논의에서 보편성을 확보하는 가능성을 살펴보는 것이 필요하다. 그 하나의 가능성으로서 찰스 테일러의 인정이론적 공동체주의를 제시할 수 있을 것이다. 테일러의 인정이론은 자아의 정체성 형성에 타자가 언제나 전제된다는 사회적 자아에 관한 논의에서 잘 나타난다. 이로부터 이주자의 정치적 성원권에 대해 왈저나 벤하비브와 같이 정의의 문제로서 성원권의 문제를 바라보는 차원을 넘어 인권과 인정이론의 차원에서 성원권의 문제를 바라보는 가능성을 찾을 수 있을 것이다.[21]

환대의 문제

환대의 문제는 사회구성원의 자격을 다루는 '성원권'과 밀접하게 관련되어 있다. 상호 인정, 성원권, 환대의 문제는 서로 맞물려 있다. 이제 성원권의 문제를 떠나 '환대'의 문제와 '이주공간에서의 환대의 권리'를 살펴보기로 하겠다. 김현경이 우리 사회의 척박한 조건 속에서 어렵사리 열어 놓은 '환대'의 문제를 이주의 공간 지평에서 '권리'의 문제로서 재구성할 필요가 있다는 것이 이 글의 문제의식이기 때문이다.

일반적으로 환대란 나의 거주지에 찾아온 타자를 어떻게 받아들일 것인가 하는 문제와 관련된다. 환대는 타인의 호소에 응답하여 자신의 문을 열고 타인을 나의 손님으로 대접하고 선행을 베푸는 것을 의미한다. 김현경은 다음과 같이 환대를 말하고 있다. "환대란 타자에게 자리를 주는 행위 혹은 사회 안에 있는 그의 자리를 인정하는 행위이다. 자리를 인정한다는 것은 그 자리에 딸린 권리들을 인정한다는 뜻이다. 또는 권리들을 주장할 권리를 인정한다는 것이다. 환대받음에 의해 우리는 사회의 구성원이 되고, 권리에 대한 권리를 갖게 된다."

이러한 환대에 대한 일반적인 설명은 구체적인 각론 부분에 들어가면 사뭇 다른 양상으로 나타난다. 실제 환대의 개념에 대한 기본적인 이해는 각각의 철학적 입장마다 커다란 차이를 보이고 있다. 그 경우 크게 칸트와 데리다로 대표되는 두 입장이 눈에 띈다. 환대의 문제와 관련하여 전통적인 칸트 철학의 입장에서는 계약론적 상호성에 바탕을 둔 조건적 환대를 주장하고, 그에 반해 타자철학에 기초를 두고 있는 데리다는 무조건적 환대의 개념을 주장한다. 칸트가 18세기 말의 근대적 입장에서 상대적이고 조건적인 환대를 주장하고 있다면, 데리다는 오늘날의 탈근대적 입장에서 칸트를 비판적으로 검토하면서 타자에 대한 절대적이고 무조건적인 환대를 주장한다. 좀 더 자세한 내용은 뒤에서 살펴보겠지만, 우선은 이와 같은 간략한 대조만으로도 칸트와 데리다라는 서로 대립하는 두 철학의 기본 입장이 무엇인지는 어느 정도 알 수 있을 것이다.[22]

이와 관련하여 여기에서 살펴볼 만한 문제목록을 정리하면 다음과 같다. 칸트의 환대의 권리는 오늘날에도 여전히 유효한가? 또 데리다의 무조건적 환대 개념은 아무 문제가 없는가? 만약 두 입장 모두 한계를 가지고 있다면, 오늘날의 이주사회에서 합리적으로 받아들일 수 있는 새로운 철학적 입장은 무엇이고, 그에 기초한 환대의 권리는 어떻게 재구성될 수 있는가? 그러나 여기에서 이 문제목록들을 전부 다 상세하게 다룰 수는 없다. 이주공간에서의 환대의 권리를 논의하는 데 필요한 범위에서 제한적으로 환대의 문제를 살펴볼 수밖에 없다.

먼저 환대의 권리에 대한 칸트의 철학적 논증을 살펴보는 것이 요구된다. 여기에서 집중적으로 검토되는 텍스트는 칸트의 ≪영구평화론≫이다. 칸트의 영구평화론은 환대권에 대한 철학적 논의의 시발점을 이루고 있을 뿐만 아니라 오늘날에도 여전히 커다란 영향을 미치고 있기 때문에 그에 대한 면밀한 검토가 필요하다. 여기에서는 환대의 권리가 등장하는 칸트의 영구평화론의 기본 구상이 무엇인지, 그리고 세계시민적 권리에 대한 칸트의 이해가 무엇인지 개괄적으로 살펴볼 필요가 있다. 이는 오늘날에도 자유주의적 세계시민권 논의에서도 기준점으로 기능하고 있기 때문에 그에 대한 기본적인 이해와 비판이 필요하다. 또 환대의 권리에 대한 칸트의 정당화 논거를 검토하면서 영주권과 임시 체류권의 구별에 대한 칸트의 논의에 관심을 집중하여, 보편적 환대와 정치적 시민권 사이의 긴장이 그 배후에 자리 잡고 있음을 살펴볼 필요가 있다. 이 문제에서도 오늘날 여전히 칸트의 영향력이 남아 있기 때문이다. 그 밖에도 환대권에 대한 칸트 철학의 의미와 한계가 무엇인지 데리다의 환대의 윤리와 관련하여 살펴보고, 양자의 비교를 통해 환대의 권리를 재구성할 수 있는 새로운 가능성이 무엇인지 짧게 살펴볼 필요가 있다.

칸트가 말하는 환대의 권리는 ≪영구평화론≫에 나온다.[23] 칸트는 1795년 ≪영구평화론≫에서 세계시민주의에 근거한 세계연방제를 제시함으로써 세계가 어떻게 영구평화를 이룰 수 있는가를 보여주고자 했다. 칸트는 여기에서 공동체의 경계를 넘나드는 개인들에 적용되는 도덕적, 법적 관계에 주목하면서 세계시민적 권리에 관하여 논의하고 있다. 칸트가 파악하는 '세계시민권'은 모든 사람들이 자유의지를 가진 인격체이며 또한 동시에 한정된 지표면을 공유하는 공통적 인류임을 전제로 하여 한 국가의 구성원이 어떤 문화나 종교, 인종의 장벽이나 제약을 넘어 자유롭게 여행하고 다른 국가의 영토를 방문하여 환대를 받으면서 임시로 체류할 수 있는 권리를 의미한다.

칸트의 주장은 이후 세계시민주의의 철학적 기초로 많은 사람들이 받아들이고 있다. 그러나 그 이론 구상의 추상성에 대해서는 그때나 지금이나 마찬가지로 비판의 목소리가 높다. 헤겔은 칸트의 영구평화에 대한 철학적 주장은 당시의 국제적 현실을 제대로 반영하지 못하고, 단순히 자연상태로부터 시민상태로 이행하는 사회계약설의 이론적 구상을 그대로 국제관계에 적용하고 있을 뿐이라고 비판하고 있다.[24] 한마디로 칸트의 영구평화론은 국제관계에 적용된 사회계약론에 지나지 않는다는 헤겔의 주장도 나름대로 설득력을 가진다. 그러나 200년이 훨씬 더 지난 오늘날 칸트의 주장은 전 지구적 차원의 세계화와 더불어 다른 맥락에서 높은 현실성을 가지게 되었다.

칸트는 '환대의 권리'를 도대체 어떻게 파악하고 있는가? 칸트는 ≪영구평화론≫에서 국가들 사이의 영구평화에 관한 명문 조항 세 가지를 제안한다. 첫째, "모든 국가의 시민 헌법은 공화주의적이어야 한다." 둘째, "민족국가들의 법은 자유국가들의 연방 위에서 정초되어야 한다." 셋째, "세계시민권은 보편적 환대의 조건에 한정되어야 한다." 마지막 세 번째 조항에서 칸트는 환대의 권리에 대한 논의를 전개하고 있다. 칸트는 여기에서 환대에 대해 "이것은 인류애의 문제가 아니라 권리의 문제다"라고 강조하고 있다. 환대에 대한 칸트의 이와 같은 주장은 '이주공간에서의 환대의 권리'를 다루고자 하는 우리의 문제에서 매우 중요한 의미를 가지는 부분이고, 또 환대를 '인류애'의 문제가 아니라 '권리'의 문제로 파악하고 있다는 점에서 칸트의 탁월한 통찰력을 충분히 인정할 만하다. 그러나 안타깝게도 칸트는 자신의 입장을 마지막 지점까지 일관되게 관철하고 있지는 못하는 문제를 안고 있다.

칸트가 말하는 권리로서의 환대를 좀 더 살펴보면 다음과 같다. 그는 환대가 단순히 내국인이 그 나라를 찾아온 이방인이나 자연적 · 역사적 환경으로 말미암아 그 내국인의 친절에 몸을 맡길 수밖에 없는 사람들에게 표할 수 있는 사교적 덕목이나 친절, 관용으로 이해되어서는 안 된다고 한다. 세계공화국의 잠재적 참여자라는 관점에서 바라보면, 환대는 모든 인류가 가져야 할 권리인 것이다. 이 환대의 권리는 각기 다른 시민결사체에 속하면서, 그 경계 지어진 공동체의 변경에서 조우하는 개인들 사이의 상호작용을 규정한다. 환대권은 정치체제의 경계에서 나타나는 것이다. 그것은 구성원과 이방인 사이의 관계를 규제함으로써 시민적 공간을 경계 짓는다. 그러므로 환대권은 인권과 시민권 사이의 공간, 즉 인격에 기초한 인간의 권리와 우리가 특정한 공화국의 구성원으로서 갖는 권리 사이에 위치한다. 이 점에서 칸트는 철저하게 주권국가와 국가주의적 관점이라는 시대적 한계 속에 갇혀 있다. 분명 칸트는 우리가 처한 '이주의 시대'와는 다른 시간과 공간 속에 있다. 그렇지만 칸트의 주장은 오늘날에도 여전히 우리에게 강력한 영향력을 행사하고 있다.

칸트는 ≪영구평화론≫에서 이렇게 말한다. "환대란 다른 나라의 땅에 도착한 이방인이 적으로 간주되지 않을 권리를 뜻한다. 그를 몰락에 처하게 하지 않는 한에서 받아들이지 않을 수도 있을 것이다. 그러나 그가 평화적으로 머물러 있는 한, 굳이 그를 적대적으로 대할 이유가 없다. 이것은 영영 머물고자 하는 영주권이 아니다. 즉 본국민들과 동일한 권리를 일정한 기간 동안 이방인에게도 부여하기 위해서는 선의에 기초한 특별한 계약이 필요하겠지만, 이것은 그런 것이 아니다. 그것은 모든 사람들이 가져야 하는 임시 체류권 내지 친교권이다. 지구를 한 사람이 다 가질 수 없기에 우리는 타자의 존재를 결국 받아들이지 않을 수 없으며, 따라서 모든 사람이 지구 표면에 대한 공동 소유권을 갖기 때문에 이런 권리를 갖는다."

칸트의 주장을 조금 단순화해서 말한다면, 우리가 환대의 권리를 갖는 것은 공처럼 둥근 지구 표면을 우리 모두가 함께 공동으로 소유하고 있기 때문이라는 것이다. 지구는 둥그니까! 우리가 어렸을 때 즐겨 불렀던 이 동요는 어쩌면 이와 같이 전 지구적 공간을 이미 예견한 선구적인 칸트의 사상을 반영하고 있는 것일까? 이 둥근 지구에 대한 철학적 사유가 칸트에게서는 '환대의 권리'를 정당화하는 중요한 기초를 이룬다. 그러나 칸트의 환대의 권리는 결정적인 약점을 지니고 있다. 그것은 둥근 지구 표면에 대한 공동의 소유권이라는 물리공간적인 근거를 넘어서 더 적극적으로 환대권의 근거를 밝히고자 하지 않은 점에 그 이유가 있다. 칸트는 그의 철학적 기본 입장이라고 할 수 있는 개인주의와 자유주의에 기초하여 끝없는 경쟁과정에서 마지막 벼랑 끝에서 서로의 몰락을 피하기 위해 어쩔 수 없이 상대방을 받아들이는 관용의 원리로서 환대의 권리를 바라보고 있기 때문이다. 적극적 상호 인정의 결여가 칸트가 주장하는 환대의 권리에서 약한 고리를 이룬다.

환대의 권리와 관련하여 칸트는 구체적으로 영주권과 임시 체류권을 나누어 고찰하고 있다. 이는 오늘날 이주자의 정치적 성원권과 관련해서도 여전히 그 영향력을 행사하고 있는 개념 구별이기도 하다. 영주권은 도덕적인 면에서나

법적인 면에서 타자에게 마땅히 부여되어야 하는 것 이상이 자유롭게 선택된 특별한 동의에 의해 주어지는 것이다. 따라서 칸트는 이를 '선의에 기초한 계약'이라 부른다. 그것은 공화적인 주권이 자신의 영토 내에 거주하고 활동하면서 제각각의 정치적 실체를 반영하며 오랜 기간 상업에 종사하는 그런 특정한 외국인들에게 부여하는 특전이다. 환대권은 만약 이를 거부할 시 타자의 몰락을 초래할 수 있는 경우, 거부당하지 않을 임시 거주권에 대한 요청을 수반한다. 종교전쟁의 피해자, 해적이나 난파선의 피해자들에게 임시 체류를 거부하고, 또한 그런 거부가 그들의 몰락을 초래할 수 있다면, 이런 거부는 정당할 수 없다는 것이 칸트의 주장이다.

하지만 환대의 권리를 주장하는 이러한 칸트의 논의에는 불확실한 부분도 있다. 즉 사람들과 국가 사이에 발생하는 이와 같은 관계들이 도덕적 의무의 요청을 넘어서는 적선 행위까지 수반해야 하는지, 또는 이들 관계들이 '타자의 인격에 기초한 인간의 권리'에 대한 인정이라는 특정한 종류의 도덕적 요청을 수반하는지 그다지 분명하지 않다. 우리는 망명권이나 피난권에 관한 오늘날의 논의들에 영향을 미치는 법률적·도덕적 모호성을 여기서 찾을 수 있다. 망명권이나 피난권이 우리가 함께 인류라는 데 기초한 상호적인 도덕적 의무라는 의미에서 '권리'인가? 아니면 이들 권리들이 법적 의미에서, 특히 개인이나 집단들이 주권적 민족국가들로 하여금 준수하도록 강제하고자 하는 행위규범적 요청인가? 칸트는 이 점에 관해 명백한 답변을 제시하지 않고 있다. 칸트의 환대권에 대한 논의가 어떤 법이론적 문제를 야기하고 있으며, 그에 대해서 어떠한 비판이 가해질 수 있는지 앞으로도 좀 더 면밀히 분석할 필요가 있다. 또 오늘날 전 세계적으로 문제되고 있는 '난민' 문제의 해결에 있어서도 현재의 난민법이 이와 같은 칸트의 자유주의적 입장에 기초하고 있다는 점에서도 주목하지 않으면 안 된다.

물론 칸트가 ≪영구평화론≫을 저술했던 시기는 오늘날의 이주사회와는 큰 차이가 있다. 칸트가 염두에 두고 있는 18세기 말은 유럽 열강의 제국주의적 영토 팽창이 치열하게 전개되었던 시기이다. 칸트는 서구 열강의 제국주의적 팽창 야욕에 반대하여 세계시민적 환대의 권리를 주장하고 영구평화를 위한 세계연방의 사고를 제시하였다. 세계시민권에 관한 칸트의 논의는 비록 결함이 없는 것은 아니지만, 환대의 권리에 관한 새로운 영역을 개척한 통찰력만큼은 탁월한 것으로 평가된다. 뿐만 아니라 칸트의 세계시민주의는 오늘날 신자유주의적 정치경제전략으로 자본주의의 세계화를 추동하고 있는 상황에서 새로운 지구적 윤리를 찾는 많은 자유주의 진영의 학자들에게 커다란 이론적 관심의 대상이 되고 있다. 그러나 또한 다른 한편으로는 동시에 이러한 칸트의 자유주의적 경향은 반대의 정치적 입장을 가진 학자들에게는 꾸준한 비판의 대상이 되고 있기도 하다. 칸트의 환대의 권리를 보다 적극적으로 구성할 수 있는 가능성을 모색해야 할 과제가 우리에게 주어져 있다.

환대권의 재구성 가능성

개인들의 상호 권리를 전제로 한 칸트의 환대 개념과는 달리, 데리다의 무조건적 환대의 개념은 타자에 대한 아무런 물음 없이 순수하게 맞아들임과 동시에 자신의 주체의 장소, '자기-집'의 경계를 허물고 열어 놓음을 요구한다.[25] 절대적 환대의 법은 어떤 의미에서 보편적 윤리라는 점에서, 특정 공동체의 권리에 바탕을 둔 조건적 환대의 법 및 권리와 구분된다. 조건적 환대 또는 '초대'의 환대는 타자가 우리의 규칙을, 삶에 대한 규범을 나아가 우리 언어, 우리 문화, 우리 정치체계 등등을 준수한다는 조건을 내걸고 환대를 제의하는 것이다. 이러한 조건부 환대는 내 영토에서의 순응을 조건으로 이방인을 나의 공간으로 '초대'하는 것이다.

이러한 조건적 환대는 데리다에 따르면 결국 스스로를 배반하게 되는 환대이다. 왜냐하면, 첫째, 조건적 환대의 경우 환대의 주인은 '나의 영역'에 대한 강한 집착을 버리지 못하기 때문에, 자기-집을 보호하기 위해 명시적 또는 잠재적으로 이방인을 거부하거나 심지어 이방인 혐오자가 될 수 있다. 둘째, 조건적 환대는 내가 누구라고 말할 수 없고 상대방의 물음에 답할 언어나 표현방식을 알지 못하는 이방인이나 보이지 않는 타자, 즉 공동체를 위한 계약적 권리의 주체가 될 수 없는 타자를 배제할 것을 전제로 하고 있다. 셋째, 조건부 환대는 공동체 내에 들어온 이방인에게 결국 주인의 관습과 법률과 규약을 강요하면서, 자신의 문화와 정체성과 언어를 포기하도록 요구하게 된다.

이러한 조건적 환대는 공동체 내 또는 공동체 간 권력의 불평등을 전제로 한 '관용'에 불과하다. 데리다에 의하면, 관용은 권력자의 양보와 자비, 시혜에 기댈 수밖에 없으며, 이러한 관용은 이방인의 권리를 마련해 줄 수는 있지만, 그 자체가 이방인과의 평화로운 공존의 원리가 될 수는 없다. 왜냐하면, 관용의 정도, 즉 '관용의 한계선' 설정이 권력을 가진 자의 '자의성'에 의존할 수밖에 없고, 관용에 기대는 소수자 또는 이방인 집단은 불평등한 수혜적 관계를 감수해야 하기 때문이다. 이러한 점에서 데리다는 무조건적 환대, 즉 '방문'의 환대를 주장한다. 즉 데리다는 이방인에 대한 진정한 환대를 위해서는 관용만으로는 불충분하고, 이를 뒷받침해 줄 더 근본적인 윤리적 이념이 필요하다고 생각한다. 이러한 보다 근본적인 윤리적 이념이 바로 무조건적 환대로 나타난다.

한마디로 말하면 데리다가 말하는 무조건적이고 절대적인 환대는 신원을 묻지 않고, 보답을 요구하지 않으며, 상대방의 적대에도 불구하고 지속되는 환대를 말한다. 신원을 묻지 않는 환대, 보답을 요구하지 않는 환대, 복수하지 않는 환대, 이 세 가지의 요소가 바로 데리다의 무조건적 환대를 특징짓는 핵심이다. 그러나 이러한 무조건적 환대가 현실 사회 속에서 실천적으로 실현 가능한가에 대해서는 많은 의문이 제기될 수밖에 없다. 보편적 윤리로서 무조건적 환대가 특정 공동체의 법으로 제도화 또는 법제화될 수 없다면, 이는 아무런 실효성이 없는 추상적인 논의에 그치는 것이 아닌가 하는 비판이 자연스레 가해질 수밖에 없다. 칸트의 조건적 환대에 대한 반대의 대척점에서 데리다의 무조건적 환대의 개념은 비판에 내맡겨지게 된다. 물론 절대적 환대의 불가능성이 그렇다고 해서 전적으로 무의미하다고 볼 수는 없다. 현실적인 환대는 이러한 불가능한 절대적 환대의 그림자 속에서 일어나며, 이 불가능성과 관계 맺음으로써 스스로를 변형의 가능성 앞에 개방하는 의미를 가질 수 있기 때문이다.[26]

세계경제의 글로벌화가 본격적으로 진행되면서 바야흐로 도처에서 국경을 넘는 국제이주의 증가가 가히 폭발적인 수준에 이르렀고, 새로운 '이주의 시대'에 진입했다고 해도 과언이 아닌 상황이 되었다. 이와 같이 가속화되는 국제이주의 시대에 이주자의 권리보호와 환대의 문제가 중요해지는 까닭은 이들 이주자들이 일반적으로 소수자의 지위에 놓여 인권보장이 취약한 집단으로 분류되고 있기 때문이다. 이주자들은 그들이 현재 거주하고 있는 나라의 시민이 아니어서 거주국의 법률적 보호를 받기 어려울 뿐더러 이주사회의 이방인으로서 낯선 언어, 법률, 사회적 관습에 적응하며 살아가야 한다.

또한 이주자들은 직장을 비롯한 일상생활에서 차별과 부당한 대우를 받기 쉽고, 특히 미등록 이주자의 경우는 훨씬 더 열악한 상황에 처해 있다. 또 근래에 와서는 난민과 관련된 문제도 지속적으로 제기되고 있다. 이와 같이 지구화와 세계화의 시대적 추세에 따라 자본과 노동이 국경 없이 넘나드는 오늘날의 이주사회의 현실에서 이주인권과 환대권의 문제는 우리 사회에서도 중요한 의제로 떠오르고 있다. 이미 이주사회로 진입한 우리 사회에서 이주자의 권리에 대한 논의는 이제 더 이상 일시적 현상으로서가 아니라 우리 사회의 구성과 관련해서도 진지한 논의가 필요하다.

타자윤리와 타자철학에 기초한 환대 개념이 오늘날 각광을 받고 있는 것은 아마도 소수자와 약자의 지위에 놓인 타자로서의 이주자에 대한 관심과 배려 때문일 것이다. 그러나 이주사회에서 이주인권의 문제는 해당 국가의 주권적 시민권과 관련하여 다양한 긴장관계를 낳는다. 여기에서는 일반적으로 보편적 인권과 특수적 주권의 충돌관계로 파악되는 문제가 발생하게 된다. 이 문제는 인권과 주권의 문제 이외에도, 주체와 타자의 문제, 포함과 배제의 문제, 권리와 의무의 대칭성과 비대칭성의 문제 등과도 결부되어 있다. 이러한 문제는 '이주공간에서의 환대의 권리'를 다루고 있는 이 고찰에서도 여전히 논의의 배경에 자리를 차지하고 있다.

이주자의 사회구성원 자격을 둘러싼 '성원권' 문제는 어떻게 구성되어야 할까? 이주자의 환대의 권리도 이와 맞물려 있다. 이론적인 접근방식에서는 근본적인 입장의 차이가 있다고는 해도, 벤하비브의 다음과 같은 주장은 우리에게도 많은 시사점을 주고 있다. "정의로운 성원권은 이런 것들을 지켜야 한다. 즉, 난민과 망명자들의 임시 입국에 대한 도덕적 요청을 인정하고, 이민자들에 대해 수용적 국경 정책이 마련되어야 하며, 국적 박탈과 시민권의 강제적 몰수를 금해야 하고,

또한 모든 사람들이 '권리를 가질 권리'가 있음을 보장해야 한다. 즉, 어떤 지위의 정치적 성원인가와는 무관하게, 인간으로서 양도할 수 없는 확실한 권리를 소지하는 법적 인격임을 보장하여야 한다. 외국인이라는 신분이 기본권 가운데 하나를 박탈하는 이유가 되어서는 안 된다. 더 나아가서 정의로운 성원권은 또한 일정한 조건을 충족시키는 외국인의 경우 시민권을 인정해 줄 것을 요청한다. 일생 동안 외국인으로 처우하는 것은 인류 공동체에 대한 자유민주주의적 이해와 양립할 수 없을 뿐만 아니라 또한 인간의 기본권을 침해하는 처사다. 정치적 성원권의 관행은, 그 관점에서는 비차별적으로 적용되어야 하고, 구성과 실행 면에서는 투명해야 하며, 국가나 여타 준국가적 기관들에 의해 침해될 경우 정정 가능하여야 한다."[27] 이 문제를 제대로 다루기 위해서는 책임 있는 주권국가를 전제로 하는 국제관계에서의 인정이론의 철학적 기초가 필요하다. 오늘날의 국제관계에서 개별 국가는 과거와 같이 고립된 주권국가를 고집할 수 없다. 이주자에 대한 성원권과 환대의 문제에 있어서도 근본적으로 상호 인정 관계에 기초한 '타자의 권리'가 적극적으로 고려되지 않으면 안 된다.

'환대의 권리'와 관련하여 여기에서 다루고 있는 기본적인 문제의식과 내용 요약은 다음과 같다. 칸트와 같이 근대의 개인주의적 주체철학에 따르면 이방인에 대한 환대는 자유주의적 상호성의 원칙에 근거하여 원주민의 공동체를 위협하지 않는 범위 내에서 허용되는 권리로 이해된다. 그에 반해 데리다와 같이 현대의 절대적인 타자철학에 따르면 환대란 나를 찾아온 타자의 자격을 따지지 않고 무조건 받아들이고 호의를 베푸는 의식과 행동을 말하며, 이러한 의미에서 환대는 타자를 그 자체로서 충만한 완전한 인격체로 받아들이는 타자 지향적 윤리로 이해된다. 전자가 주체와 타자의 관계에서 주체의 입장을 강하게 주장하는 것이라고 한다면, 후자는 타자의 입장을 강하게 주장하는 것이라고 할 수 있다. 전자가 조건적 환대 개념을 주장하는 것이라면, 후자는 무조건적 환대 개념을 주장하는 것이라 할 수 있다. 환대를 둘러싼 현재의 논의는 이 지점에서 멈추고 있다. 그러나 이것으로 끝인가? 그 사이에 제3의 입장이 틈새를 비집고 들어설 수 있는 가능성은 없는가? 주체와 타자의 관계에서 어느 편에 기울어지지 않으면서도 균형 잡힌 상호 주관성의 철학적 기초를 제공하는 것이 가능한가? 그러한 철학적 기초 위에서 이주사회에서의 환대권을 재구성할 수 있는 가능성은 없는가? 앞으로의 과제는 그 하나의 가능성으로서 호네트와 테일러의 인정이론 속에서 환대권을 어떻게 재구성할 수 있는가 하는 것이다.[28] 또 그와 같이 재구성된 환대의 권리가 이주공간에서 이주인권의 보호에 현실적으로 유용한 도구로서 어떻게 기능할 수 있는지 다듬는 일이다.

난민 공간과 시적 상상력[1]

시리아 난민 사태와 더불어 세계의 불편함을 드러내게 한 난민은 전쟁뿐만 아니라, 가까운 미래에 도래할 기후변화, 식량난, 신종바이러스, 경제위기 등으로 인해 언제든지 주거를 박탈당할 수 있게 된 우리 모두의 정체성이기도 하다. 각 국가들이 내세우는 국적우선제, 반이민정책과 같은 경계긋기 식 정치행정으로는 날로 증가하고 유입되는 난민 인구 비율을 막을 수가 없다. 이들이야말로 국가 · 국민 · 영토의 낡은 삼위일체를 파괴하는 형상들인 것이다. 따라서 기존의 '경계긋기' 식 세계 공간의 배열은 변화를 일으킬 수밖에 없으며 일으켜야만 한다. 국경과 영토는 분리된 것이 아니라 연결되어, 서로가 서로의 안이자 밖인 두 영역의 상호 개조 가능성을 전망할 수 있어야만, 그리고 시민이 스스로를 난민으로 인정할 수 있는 땅에서만, 인류의 정치적 생존이 사유될 수 있다. 이 글은 이와 같은 사유를 위해 공간의 고정된 가치를 이지러뜨리는 난민 공간의 생성, 발전을 조망한다.

최은주, 정흥문

2016년 퓰리처상 사진 부문의 대상은 시리아 난민 사태를 담은 로이터 통신과 뉴욕타임스가 공동 수상하였다. 사진들 속에 도드라지는 것은 '얼굴'이다. 물에 빠진 아이를 구하려고 필사의 노력을 기울이는 아버지의 얼굴, 아이와 아내를 지키려는 남편의 얼굴, 철조망이 쳐진 국경을 몰래 통과하는 가족의 얼굴들이다. 얼굴은 개인이 정치적인 것을 향해 열려 있다는, 즉 공동체를 보여주는 장소로 언어 자체의 드러냄이며, 따라서 아감벤Giorgio Agamben이 지적한 "소통 가능성"[2] 자체이다. 보도사진에는 얼굴들과 더불어 국경에 마련된 임시 난민 캠프와 컨테이너 박스가 자주 등장한다. 임시난민캠프와 컨테이너 박스는 난민들의 거주, 쉴 곳으로서의 장소성을 비쳐 준다. 특히 이 장소가 영구하지 않은, 언제든지 철거될 수 있는 임시 장소임을 쉽게 알 수 있게 해 주는 것은 텐트와 방수천 같은 셸터shelters의 재료이다. 장소를 이동하고, 통과해 내는 것과는 다르게 한 장소에 머무는 모습에서 드러나는 이들의 얼굴은 본국 송환이나, 또 다른 장소로의 피난을 암시한다. 이처럼 얼굴을 보여주는 보도사진들은 단지 인지되고, 수신되는 것이 아니라, 바르트Roland Barthes의 주장대로 "읽혀지는 것이며, 그것을 소비하는 대중들에 의해 다소간 의식적으로 기호들의 전통적인 저장소에 연결된다."[3] 그런데 손택Susan Sontag은 사진에 찍힌 사건에 대해 반복적으로 노출되다보면 결국 점점 덜 현실적인 것처럼 보일 수밖에 없다고 지적하였다.[4] 재앙과 여론에 사람들의 이목을 쏠리게 하는 사진의 결정적 영향과 반대로 사방팔방이 이미지로 뒤덮인 세계에서 중요한 그 무언가의 영향력이 떨어져 나간다는 것이다. 따라서 보도사진이 전해 주는 어떤 윤리의식마저도 절대적인 것이기보다는 개별적인 것이 되었다. 사진 속의 얼굴은 '우리'가 아니라 '그들'이다. 따라서 '우리'로 하여금 "우리가 안전지대에 있다는 귀중한 기적 같은 현실을 소유하게 할 뿐이다."[5] 게다가 모든 자리와 지위가 불안정하게 느껴지고 더 이상 믿음직하지 않은 시점에 보도사진에서 보던 지구 먼 곳으로부터 온 '그들'이 현실세계에 존재한다면 "소름끼치는 낯선"[6] 이웃으로 여겨질 것이다.

이렇게 된 데는 위험에 따른 불안감에서 기인한 것이 커서, 현대에 안전지대의 개념은 개인을 최소의 단위, 즉 가족과 집으로 축소되었다. 뉴스미디어에서 노출되는 문밖의 상황은 집의 공간을 더욱 사적이고 내밀한 것으로, 그리고 불가능하다는 사실을 알고 있음에도 불구하고 철통같은 보안장치로 내부를 꽁꽁 차단해 버린다. 따라서 집은 강한 가족주의적인 반응을 보이게 하는 장소가 되기도 한다. 데리다Jaques Derrida는 결국 이것이 민족 중심적이고 국가주의적인 것이 되며, 잠재적으로 외국인 혐오증이 된다고 내다보았다.[7] 지젝Slavoj Žižek조차 민족주의는 우리가 아닌 '그들', 예컨대 '그들의' 음식냄새, '그들의' 요란한 춤과 노래, '그들의' 이상한 습관, '그들의' 일하는 태도와 같이 타자가 향유를 조직하는 방식에 대해 성가시게 느낀다고 지적하였다.[8] 민족주의는 '우리의 것'이라고 하는 것이 타자에게 접근 불가능한 어떤 것으로서 간주되는 동시에 타자에 의해 위협당하는 어떤 것으로 간주되는 역설에 놓여 있다는 것이다.

'우리'에게 있어 '그들'에 해당하는, 이 글에서 다루게 될 '난민'에 대한 정의는 유엔난민기구UNHCR에서 발행한 <난민의 지위에 관한 협약>(1951) 제1조에 명시되어 있다. 그 골자는 다음과 같다.

> 난민은 인종, 종교, 국적, 특정사회집단의 구성원 신분 또는 정치적 의견을 이유로 박해를 받을 우려가 있다는 충분한 근거가 있는 공포로 인하여, 자신의 국적국 밖에 있는 자로서, 국적국의 보호를 받을 수 없거나 또는 그러한 공포로 인하여 국적국의 보호를 받는 것을 원하지 아니하는 자, 또는 그러한 사건의 결과로 인하여 종전의 상주국 밖에 있는 무국적자로서, 상주국에 돌아갈 수 없거나, 또는 그러한 공포로 인하여 상주국으로 돌아가는 것을 원하지 아니하는 자이다.

그러나 협약이 나온 기구나 국제연맹, 각종 국제위원회의 활동은 그 지위상 결코 정치적인 성격을 띠지 않았으며, '인도적이고 사회적인' 성격만을 띠고 있었다.[9] 난민이 된 사람들은 어느 공동체에도 속하지 않는다. 그들의 곤경은 아렌트Hanha Arendt의 지적대로 "그들이 법 앞에서 평등하지 않아서가 아니라 그들을 위한 어떤 법도 존재하지 않기 때문이고, 그들이 탄압을 받아서가 아니라 아무도 그들을 탄압하려 하지 않는다는 데 있다."[10] 중요한 것은 난민이 개별적인 사례가 아니라, 대규모 현상을 띨 때마다 국제기구나 조직들이 절대적으로 해결할 수도 적합하게 처리할 수도 없었다는 것이다. 그리하여 모든 물음이 경찰의 수중으로, 그리고 휴머니즘(인도주의)을 표방하는 단체의 수중으로 넘어가야만 했다.[11] 웹사이트를 통한 독일 베를린 청년들의 프로젝트가 그 예이다.[12] 독일 베를린 청년들의 프로젝트는 미디어를 통해 위험과 불안의 국제정세를 경험한 사람들의 둔감해진 반응과는 차별적으로 호네트Axel Honneth의 주장을 상기시킨다. 그는 대중매체로 중개되는 전쟁 장면을 보통의 감성적 시청자가 끊임없이 시청하는 경우, 항상 다시 새로운 동정심이나 분노의 감정을 일으켜서 직접적이고 개인적인 실천을 요구하게 된다고 했다.[13] 오래전 울프Virginia Woolf도 말했듯이, 참사나 대량학살을 가져온 전쟁의 현실을 마음 깊이 담아 두지 않는다면, 그것은 상상력의 실패, 공감의 실패일 것이다.[14]

〈난민의 지위에 관한 협약〉에서 주목해야 할 것은 난민법이 구체적이지 않다는 것이며, 따라서 주인국이 난민을 수용할 때 적용할 범위가 매우 모호하다는 점이다. 호네트의 지적처럼 사회적 실천의 전제를 이루는 인정認定이 뒤늦게 난민법 실행 중에 시야에서 사라질 수 있는 것이다.[15] 즉 자국의 이득을 위해서 혹은 고정관념 때문에 난민법 제정의 근원적인 발생 맥락이나 목적에 대한 주의력 상실로 인정이 차후에 부정되고 말 수도 있는 것이다. 이 글은 이처럼 우리의 실천에 영향을 미치는 사고 도식이 사회 현실에 대한 선택적 해석에 의해 정말 중요한 것들에 대한 주의를 잃을 수밖에 없는 증오와 둔감함의 시대라는 점에 주목하여 비인간적인 제도적 구조와 임시 난민 공간에 대한 대안을 시적 상상력으로 탐색하고자 한다.

난민 공간에 대한 사유

영화 〈터미널〉(2004)은 뉴욕까지 비행하는 사이에 자국에서 일어난 반란으로 인해 정권이 바뀌면서 전前정부가 발행한 여권이 정지되어 미국 입국도 자국 귀환도 불가능해진 한 남자에 관한 이야기이다. 빅터 나보르스키는 뉴욕에 도착하지만, 입국이 불허되고 자국 크라코지아Krakozhia로도 돌아갈 수 없게 되자 JFK 공항의 67번 게이트에서 9개월 동안 살게 된다. 그는 망명자나 난민 신분도 아니고 한시적 보호 대상자나 인도적 차원의 입국허가 대상자도 아닌 그 어디에도 해당사항이 없는 존재이다. 즉, 순식간에 고향도 없어지고, 그 어디의 시민도 아닌 신세가 된다. 공항 출입관리국 측은 빅터가 입국할 자격도 없지만, 그렇다고 빅터를 잡아둘 권한도 없으므로 문제가 해결될 때까지 그를 환승 라운지에 자유롭게 머물도록 조치를 해 준다. 이때까지도 일방적으로 자기 말만 하는 출입관리국 이사 프랭크 딕슨과 알아듣지 못하는 빅터 사이에는 불통은 있으나 불화는 없다. 프랭크는 국무부가 곧 빅터의 문제를 해결해 줄 것이라고 믿었기 때문에 빅터에게 관용을 베푼다. 크라코지아의 화폐가 통용되지 않게 되었으므로 식권과 공중전화카드까지 건넨다. 그러나 이런 것들은 무용지물이 되고 만다. 빅터는 식권을 잃어버리고, 공중전화카드의 사용방법을 아무도 알려 주려고 하지 않아 결국 집에 전화도 할 수 없다. 그에게 소용되는 것은 출입관리국이 언제든지 호출할 수 있도록 24시간 켜 두어야 하는 호출기, 심사대 방문용 신분증뿐이다. 공항 창밖의 미국 땅은 그에게 닫혀 있다는 사실을 환기시킬 뿐이다.

빅터가 머무는 공항 터미널의 국제선 환승 라운지는 마크 오제Marc Augé의 용어로 쇼핑만이 가능한 '비장소Non-places'이다. 출입국 사무소 직원조차도 환승 라운지에서 "내가 뭘 하지요?"라는 빅터의 질문에 "나보르스키 씨, 당신이 할 수 있는 유일한 일은 쇼핑입니다"라고 답한다. '비장소'는 실재는 장소에 근거를 두지 않고 이동하는 속성을 갖거나, 잠시 편의를 위해 비치되는 특성을 가지고 있다. 개별적으로 존재하면서도 장소적인 특수성을 완전히 상실한 공간이다. 호화롭든 그렇지 않든 인간미 없는 조건하에 확산되는 곳으로, 호텔 체인, 휴양지 클럽과 난민 캠프가 그 예이다. 오제에 의하면 사람들이 태어나고 죽는 병원은 환승장소이며, 파괴의 운명에 처한 판자촌 지역은 임시 거주지이다. 그 외 슈퍼마켓, 현금지급기 등은 사람들이 편의를 위해 거쳐 가는 공간들이다.[16] 사람들은 이런 장소에 대해 별다른 애착이나 정체성, 안전감을 부여하지 않기 때문에 장소와 결부된 어떠한 정체성도, 인연도, 역사도 존재하지 않는 여행자의 공간으로 전형적인 '비장소'이다. 오제는 그저 오가는 장소에 불과한 비장소와 대별시키기 위해 '인간학적 장소lieu anthropologique'를 거론하는데, 이것은 언어, 역사, 지역적 특성, 생활 방식에 기반을 둔 개개인의 확고한 정체성에 의해 형성된다. '비장소'가 단독의 계약을 주된 원칙으로 삼는다면, '인간학적 장소'는 유기체적 결속에 기반을 둔다.

그러나 비장소인 터미널에서 빅터는 영어를 배우고, 친구를 사귀고,

일자리를 얻고, 생활을 하면서 비장소를 다른 가치의 장소로 전환시킨다. 그는 목욕가운을 입고 돌아다니고 공중화장실에서 면도를 하거나 몸을 씻는가 하면, 공사를 위해 바리케이드를 쳐둔 공간의 부서진 의자들을 붙여 잠자리를 마련하며 식비를 마련하기 위하여 여기저기 흩어져 있는 카트를 제자리에 가져다놓고 25센트씩 돈을 번다. 그러다가 공항 한쪽의 공사구역에서 일자리를 얻는다. 그리고 뉴욕에 들어가기 위해 비자를 얻고자 날마다 심사관에게 찾아간다. 빅터는 공항을 '지나가는' 임시 장소에서 '기거하면서 쉬는' 거처居處로 전환시킨 것이다. 그는 공항 라운지에서 알게 된 승무원 아멜리아 워렌을 위하여 나폴레옹이 바바리아 정복 후 조세핀에게 준 선물 1천 개의 샘에서 착안하여 벽에 설치되어 있는 식수대를 뜯어내고 밤샘작업을 하여 분수대를 만들기도 한다. 그저 오가는 '비장소'의 기능을 가진 터미널을 그가 헤테로토피아Heterotopia로 바꾸어 놓는다. 헤테로토피아는 정상성을 벗어나는 공간 배치의 현실적 실현으로, '없던' 것과 '아닌' 것을 살려 내는 상상력의 장소이다.[17]

민주적 사회를 '하나의 완전하며 닫힌 사회체계'로 간주하는 롤즈John Rawls는 이 체계가 완전한 이유가 "모든 사람이 삶의 목표를 가지고 살 수 있는 그 자체로 자족적인 사회"이기 때문이며, 그것이 닫힌 이유는 "가입 탈퇴가 오직 출생과 사망에 의해 이루어지기 때문"이라고 주장한다.[18] 따라서 우리가 어떤 단체에 가입할 때 그런 것처럼 이성을 갖춘 나이에 이르러서야 한 사회에 가입하는 것이 아니라, 우리의 전체 삶을 영위하게 될 바로 그 사회에서 우리는 태어난다는 것이다. 그의 주장에서 보자면, 가입 탈퇴가 오직 출생과 사망에 의해 이루어지는 '하나의 완전하며 닫힌 사회체계'인 민주적 사회에 산다는 것은 '우리'와 '타자'의 경계를 공간적으로 내재화하게끔 한다. '우리'와 '타자'라는 두 입장, 소름끼치는 낯선 이웃을 바라보는 '우리'라는 주인과 소름끼치는 낯선 이웃 당사자인 손님 사이의 간극은 언어에서 찾아볼 수 있다. 아벨Karl Abel에 의하면 "원초적 상태의 언어는 상반된 의미를 같이 갖고 있는데, 인간의 합리적 이성이 발달하면서 이 상반된 의미는 각기 다른 독립적 단어로 떨어져 나왔다."[19] 그 예를 '환대'의 의미에서 찾아볼 수 있다.

프랑스어 Hôte에는 hospitalité를 베푸는 사람이자 동시에 hospitalité를 받는 사람을 의미하는 주객의 두 가지 뜻이 있다. 환대의 영어 hospitality 또한 hospes가 어원인 '손님'과 '주인'을 동시에 뜻한다. "hospes는 hosti-pet-s로 분할 가능한 합성어로, hosti-는 '타지사람' 일반이 아니라 이미 자신과 상호 관계가 있는 자기와 대등한 타자이다."[20] -pet-은 주인을 의미하며, hospitality는 '객'에 대한 '주'의 행위로, 이 말을 더 거슬러 올라가면 개인의 정체성을 의미했을 가능성이 높다는 것이다. 즉, "'가장', 혹은 '힘'이나 '능력'을 가진 주인인 주체, 주권적 권능으로의 길이 열린다."[21] 데리다는 마치 환대에 내재적인 주객전도의 상황을 매번 상기시키려는 듯이, 혹은 결정이 어려운 이 단어의 개념을 매번 지적하려는 듯이, 이 단어를 주인(접대인 · 환대자)과 손님(접대 대상), 양쪽에 다 사용하고 있다.[22] 이처럼 동일한 단어가 두 가지를 동시에 내포하는 단어가 한국어에는 없으므로 데리다의 ≪환대에 대하여≫를 번역하는 과정에서 번역자 남수인 씨는 "매번 맥락의 해석에 의존하여 손님, 또는 주인으로 옮긴다"[23]고 쓰고 있다. 동일한 단어가 두 가지를 동시에 내포하는 단어가 한국어에 없다는 사실은 언어가 단순한 생성배경이 아닌, 역사 문화적 변동의 배경을 담고 있다는 사실을 나타낸다. 환대의 사유를 묻는 두 가지 사항은 '손님'을 '낯선 사람'이자 '적'으로 본 역사적 변화와 관련된다. 또한 자신의 자기다움/정체성이 '주인', '힘', '주권'으로 확립되어야 했던 필연성과 연관된다. 주권이라는 것은 '객'에 대한 '주'인 것이다.

그러나 사토시鵜飼哲에 따르면, 단지 어떤 장소에 타자보다 먼저 있었다는 것만으로는 '객'에 대해 '주'가 될 수 없다.[24] 즉, 어떤 장소 어떤 집의 '주'는 바로 그 자신이 그 장소와 그 집의 최초의 '객'이며, 그것이 그에게 '객'을 받아들일 능력을 부여한다는 것이다. 땅의 입장에서 보면 땅의 주인행세를 하는 사람들이야말로 자신에게 도래한 첫 번째 손님이다. 몽골 초원에 있는 몽골인들의 집 게르Ger가 문을 잠그지 않는 것 또한 한번 주인이 영원한 주인일 수 없기 때문이다. 초원에서 길을 잃기란 십상이다. 오늘 길을 떠나 줄곧 남에게 의존하는 손님은 다름 아닌, 주인행세를 하곤 있지만 내일 당장 자신의 말馬을 잃어버리고 그것을 찾기 위해 길을 떠나야 할지 모르는 주인의 운명이기도 하다.[25] 즉 손님의 운명과 주인의 운명이라는 것이 한 가지로만 정해진 것이 아니라 공동의 운명 속에 놓여 있으므로 삶은 타인에게 의존적일 수밖에 없다는 것이다.

주인과 손님에게 장소는 무엇일까? 장소는 정체성을 구성하는 요소였다. 장소에 대한 투쟁은 존재에 대해 인정을 요구하는 투쟁이기도 하다.[26] 난민은 정확히 '외국인'이 아닌, '국'을 뺀 '외인外人'이며 이인異人의 '홈리스homeless'로서 "어떤 모멸스러움의 울림"[27]이라 할 수 있다. 영어 'foreigner'와 프랑스어 'étranger'에는 국민국가의 '국'의 뜻은 없으며, '타지사람'으로 번역된다. 이것은 '신체'에 가장 깊이 뿌리박힌 말이며, 어디로부터 온 것인지 알 수 없는 사람이라는 것이다 따라서 '우리'와 달리 집이 없고, 시민으로서의 여러 권리가 없는 사람들에 대한 환대가 '우리' 인간에게는 극히 곤란한 요구일 수 있다.[28] '환대'의 원의미는 '무조건적 법'을 갖는다는 것이며, 무조건적 법이란 결국 명령 없고 지시 없고 의무 없는 법으로, 한마디로 "법 없는 법"이자, "명령하지 않고 요청하는 호소"[29]일 것이다.

환대는 무상의 것이기 때문이다. 따라서 환대가 환대의 원의미와 달리 '우리'에게 극히 곤란한 요구라는 사실은 중요하다. 다음의 예는 난민에게 베푼 관용이 주인국의 국민들에게는 역차별의 두려움으로 변하는 상황을 보여준다.

> 난민 캠프가 있는 지역은 주로 시리아 국경 지역의 도시들에 형성되어 있다. 정부에서 세운 난민 캠프는 22개이며 이곳에 22만 명 정도가 살고 있다. 난민 캠프 외부에서 살고 있는 사람들은 친척집이나 친척들이 구해 준 셋집에서 지내기도 하지만 대부분은 건축 중지된 공사장 집이나 버려진 집에서 살고 있다. 대도시에 있는 난민들은 한 집에 수십 명이 살면서 어렵게 생계를 유지하고 있다. 이로 인해서 일부 도시에서는 집세와 물가가 올라갈 뿐만 아니라 싼 노동력의 난민들에게 일자리를 빼앗기고 있어서 주민들의 불만이 시위로 표출되기도 한다.[30]

이런 점에서 난민을 받아들인다는 것은 단지 장소를 내준다는 의미만이 아니다. 장소를 내준다는 것 자체가 살 권리를 부여하는 것이라면, 장소를 포함한 일자리, 교육, 의료 등이 제공되어야 한다. 따라서 난민의 문제는 환대의 주인국이 자국의 곤경에 대해 토론하는 동안 수백만 명으로 하여금 해결을 기다리며 몇 년을 불안정의 상태에 직면하게 한다. 사람들이 내놓는 대답은 일제히 '지구가 만원'이라는 것이다. 이 말은 심지어 '주인 없는 땅', 즉 국가주권이 미치지 않을 뿐만 아니라 비거주지역으로 규정되고 취급되어 마땅한 지역, 그리하여 식민화와 이주에 열려 있는 지역까지 사라져 가고 있음을 알려 주는 징표라고 할 수 있다.[31] 따라서 '우리'는 하나의 망상을 갖게 된다. 외국인의 위협으로부터 고향땅을 방어하자는 외국인 혐오자의 주장과 함께, 모든 인종그룹에 고유의 '네이티비아Nativia'[32]가 있다는 전제이다. 네이티비아는 글로벌화된 오늘날의 세계 혼란 속에서 '우리'에게 부담이 되는 사람이 돌아가야 할 장소이다. 그러나 네이티비아는 세상 어디에도 없는 '우리'의 망상에 지나지 않는 장소일 뿐이다. 그런데 이 망상은 남아공이 아파르트헤이트Apartheid 정책을 쓰던 시절 이른바 '반투스탄Bantustan'[33]으로 실제 구현되었다.

이처럼 가능성이 현실로 실현된 '반투스탄'과 같은 부정적인 결과를 난민에게 적용하자는 이야기가 나오고 있는 것은 앞에서 언급한 대로 난민을 개별 국가에 흡수하는 과정에서 파생되는 자국민의 문제 파생 때문만이 아니다. 평화 시에 인정 망각의 상태에서 지내고 있다가 자국의 손익을 계산하는 시점에 달했을 때 인정을 부정하는 '물화物化'가 발생하기 때문이다. 개별적인 특수상황에 맞게 적용해야 하는 난민법의 언어는 먼지 쌓인 법전 한 귀퉁이에 있거나 액자에 넣어져 벽에 걸릴 때처럼 눈길을 끌지 않을 때는, 다시 말해 어떤 인정 요구에 처하지 않을 때는 얼마든지 너그러운 얼굴을 할 수 있는 것이다. 그러나 난민수용에 대해 당장 '예스, 아니면 노'라는 즉석의 답을 내놓아야 할 때 데리다가 비유한 테세우스Theseus와 오이디푸스Oedipus의 관계, 즉 주인이 손님의 인질이 되는 상황에 꼭 같이 처하게 된다고 할 수 있다. 나아가 난민의 인정 요구와 주인국의 응답 여부는 오이디푸스가 테세우스로 하여금 다짐시킨 비밀의 맹세와 달리, 즉시 만천하에 드러날 수밖에 없다. 세계의 가장 먼 곳에 떨어져 있는 어느 주민 집단이 신체와 생명을 위협당하는 상황에 처했을 때, 그들의 구조요청은 단시간에 전 세계에 알려질 수 있기 때문이다. 그런데 난민들의 국경 개방 요구 문제에 처한 주인국들은 지구화라고 하는 비지도적 문법의 지평에서 아이러니하게도 자국 영토에 대해 포함-배제-차이의 문제를 새로이 각성하기 시작하였다. 문지방 또는 경계선의 엄밀한 확정 가능성에 비추어 가족적인 것과 비가족적인 것 사이의, 이방인과 비이방인 사이의, 시민과 비시민 사이의 경계를 재확인하면서 공간이 세계사회라는 명제와 곧바로 조화될 수 없는 문제라는 것이 밝혀진 것이다.[34]

포함과 배제

맹인 오이디푸스에게 그가 밟고 있는 땅이 발을 디뎌서는 안 될 곳이라고 이야기해 주는 사람은 오이디푸스와 마찬가지로 이방인이다. 그 이방인은 오이디푸스보다 먼저 와서 주인행세를 할 뿐이다. 테세우스도 마찬가지이다. 오이디푸스를 불쌍히 여긴 그는 자신도 "망명하여 이방인으로 자랐으며" "이국땅에서 생명을 걸고 살았다는 것을 잊지 않고 있다"고 말한다. 데리다는 이 두 사람이 교환하는 말이 후일에 맹세로 발휘되어 "두 이방인을 연합"[35]시킨 것으로 본다. 오이디푸스가 죽기 전에 자신이 죽을 장소에 대해 자신의 딸들을 포함하여 어느 누구에게도 말하지 못하게끔 테세우스를 인질 삼을 바로 그런 맹세였기 때문이다. 근원어 '환대'가 상반적인 주객의 의미를 동시에 가지고 있음이 확인되는 순간이다. 앞에서 언급한 네이티비아를 예로 들어 보자. 미국 토착민은 미국에 식민지를 개척한 이민자들에 의해 이미 주객이 전도된 상태에 놓여 있다. 토착민들이 주인이었고 이민자들은 손님이었다. 그러나 손님이었던 이민자들은 주인 위치를 차지하였고, 주인이었던 토착민들은 손님이 지정한 협소한 인디언보호구역으로 내몰렸다. 주인이 된 이민자들은 토착민들이 주인의 언어를 배우지 않는다고 불평한다. 지젝은 2015년 미국의 한 방송에서 미국 정치인이 토착민들을 향해 '네이티비아'로 돌아가라고 말한 일화,[36] 그리고 그 일화가 사실이 아닌 것으로 드러났다는 점과 나아가 사실이 아닌 그 사실이 하나의 의미심장한 이슈가 되었다는 점에 대해 지적하면서, 오늘날 글로벌화된 세계의 혼란 속에서 우리에게 부담되는 사람이 돌아가야 할 '네이티비아'가 있다는 망상을 여실히 드러냈다고 주장하였다.[37]

'네이티비아'의 사례는 시블리David Sibley가 제시한 '배제와 포함의 지리학'[38]의 개념과 함께 난민의 문제를 전 인류에게 하나의 고뇌로 가져온다. '배제와 포함의 지리학'은 호모섹슈얼리티 같은, 즉 불법에서 용인으로 전환되었지만 여전히 불편함을 내재한 문제라는 것이 지역적 배치에서 배제와 포함의 성격을 드러내는 데에서 확인된다. 다른 층위에 있기는 하나, 난민의 문제 또한 배제와 포함의 성격을 지니고 있다는 점은 유사하다. '우리'를 인질로 삼아 국경을 열어 달라는 난민의 요청과 절규에 주인국은 즉각적인 대답을 해 주어야 한다. 그야말로 난민은 골칫거리이다. 우리는 곤란에 처할 때 인간성을 시험 당한다. 유럽 국가들이, 그리고 2012년 아시아 최초로 난민법을 제정한 대한민국까지 그런 곤란한 상태에 놓여 있다.[39] 밖으로 발설한 말의 책임에 대해 곤란한 상태에 놓인 자체로 주인국은 난민을 방치할 수 없는 것이다. 어떤 해법도 전혀 마련되지 않은 상태에서 내린 추상적인 관용의 선언은 오이디푸스에게 했던 테세우스의 맹세처럼 현실적인 실천으로서의 책임에서 벗어날 수 없게 만든다. 그렇다 해도 주인국의 곤란함은 국경에 세워진 어중간한 셸터의 '임시적' 성격과 일맥상통한다. 이와 달리 국경 내부로 자신들을 들일 공간을 마련해 달라는 요구는 환대에서 나아간 '영구'한 성격의 인정, 인권의 문제를 부각시킨다. 난민이 전통적인 환대의 대상인 이방인이 될지, 배제의 대상인 타자가 될지는 주인국의 이익 여부에 따라 제도화된 규정과 규범도 얼마든지 바뀔 수 있다. 즉, 정치적인 문제들, 주권을 양도해야 하는 문제가 깊게 개입되는 것이다.

2016년 6월까지 인천공항의 송환대기실에는 시리아인 28명이 반구금되어 있었다.[40] 반구금시설로 관리되고 있는 송환대기실은 귀국 의사를 표시하면 그곳을 나설 수 있으므로, 신체의 자유 제한이 아니라는 것이 한국 재판부의 입장이었다. 한국 법무부는 정식 난민심사에 회부할 수 있는 기준으로서 "박해 위험으로부터 급박하게 탈출하여 대한민국에 곧바로 비호를 신청한 경우"를 제시하면서, 다른 안전한 나라를 거쳤으면서도 단지 "더 좋은 조건에서 체류"하기 위해 한국에 들어왔다는 이유로 난민심사를 거부했다.[41] 그러나 난민법에서 난민 개념은 경유지나 체류지를 묻지 않고 박해의 충분한 공포 여부만을 따져 판단하기 때문에 법무부가 경유 체류지를 두고 심사를 불허할 재량은 없다는 것이 변호인단의 입장이었다. 법무부는 그동안 정식 난민심사 불회부결정 사유에 대해 정책적·인도적 차원에서 완화하여 운영해 왔으나, 세계 각국의 테러와 남용되고 있는 난민신청 증가 등의 사유로 인하여 불회부결정 사유를 엄격하게 적용하기로 결정했다는 것이다. 이런 방식의 담론은 '아시아 최초 난민법 제정'이라는 진보된 의식구조를 내세운 것과 달리 구조적으로는 봉쇄된 진보를 드러낸 것이다.[42]

영화 <터미널>에서 공항 출입관리국 측은 빅터를 위한 통역관을 적극적으로 찾지 않는다. 프랭크는 "영어를 조금은 하겠지요?"라고 하면서 빅터가 "그렇다"고 대답한 것에만 의존하여, 자신의 말을 이해할 것이라고 생각한다. 프랭크의 말은 빅터에게 전혀 유효하지 않다. 빅터는 '보더스Borders', 즉 '국경', '가장자리'라고 하는 공항 내 서점에서 공교롭게도 자국어와 영어판 뉴욕 관광 가이드북을 구입한다. 물론 보더스는 창립자 루이스 보더스Luis Borders의 성이지만, 명백한 보통명사의 느낌을 지울 수가 없다. 빅터는 구입한 가이드북을 가지고 밤마다 두 나라의 언어를 상호 비교하면서 영어를 배운다. 서툴지만 그의 의사소통 방식은 영어가 되며, 그때부터 좀 더 나은 공항생활이 기대된다. 주인국에 입국허가를 받지 못하면서도 주인국의 채널에 맞춰 언어를 배우는 빅터의 노력은 그가 어떻게든 상황을 타개하려는 방법으로 비친다. 그러나 언어가 오히려 그의 상황을 어렵게 만든다. 즉 불통의 상황에서 소통의 상황으로 바뀌자 빅터 자신의 의견과 저항이 드러나면서 그의 인간성, 능력 등이 함께 부각되는데, 이것은 비장소인 터미널을 통과해 내는 사람들, 유령 같은 존재들과는 분명 다른 면모이다. 영화는 언어학습이 영화 전반의 소통 불편을 후반에서는 극복할 수 있을 하나의 장치로 끌고 가지만, 영어를 배워 의사전달이 가능할 때 빅터의 상황을 방해하는 요소로 드러난다. 다시 말해, 소통능력은 효과가 아닌 방해물로서 영화의 서사를 이어가게 할 소란스러움, 골칫거리를 생성해 내는 것이다.

입국심사대의 얼굴들마저 그런 비장소성을 강조하듯이 전혀 어떤 감정이나 표정조차 내비치지 않는다. 빅터든 누구든 심사대에서부터 테러리스트로서의 위험을 내재하고 있는 타자의 위치로 분류된다. 이와 달리 환대를 받았던 고전적 이방인은 사람들이 절대적이고 야생적이고 야만적인, 전前문화적이고 전前법적인 외부에 내밀어 버리는 극도의 타자, 가족과 공동체와 도시와 국민 또는 국가의 저쪽 외부로, 이쪽 외부로 추방해 버린 극도의 타자가 아닙니다.[43] 그러한 이방인은 사라졌으며 그들을 위한 장소 또한 사라져 버렸다. 한시적인 장소인 터미널에서 방문 목적에 대해 "업무 목적입니까, 여행 목적입니까?"의 단답식 질문에 답하면 통과되는 여행자들은 물론, 세수를 하고 잠을 자고 끼니를 해결해야 하는 일상의 장소로 터미널을 사용하는 빅터는 환대받았던 고전적인 이방인이

될 수 없다. 따라서 영화는 집요하다 싶을 만큼 'Borders'라는 서점간판을 자주 비춰 준다. 이쪽도 아니고 저쪽도 아닌 곳에 빅터가 있다는 사실을 상기시키는 것이다. 그럼에도 불구하고 빅터가 영어를 배우는 행위는 비장소에서 비존재가 되지 않기 위함이며, 비로소 목소리를 내는 주체로서의 위치는 가능하게 한다.

난민을 '이방인'으로 놓을지 '타자'로 놓을지의 문제가 애매해지는 것은 스스로도 충분히 불안한 상태에서 '그들(이웃)'로 자기매김한 사람들이 하나의 사물이며, 트라우마를 자극하는 어떤 침입자이자, '우리'를 훼방하며 '우리'의 익숙한 생활방식을 혼란에 빠뜨리는 다른 생활방식을 지닌다는 점에서 곤란하기만 한 단순한 문제가 아니기 때문이다. 지구 전체가 주인국을 지켜보고 있다는 점에서 하나의 잡념·잡음인 것이며, 잡념이자 잡음이 되는 순간에 시작되는 그들에 대한 환대의 사유와 실천이 '부인 불가능하게' 이루어질 수밖에 없기 때문이다. 사토시에 따르면, '타지 사람'이 우리들의 생활공간을 방문할 권리가 보편적으로 인정될 수 있는가, 그렇지 않은가를 음미해 보는 것이 환대에 대한 사유의 첫걸음이며, 나아가 보편적 환대의 틀 밖에 놓았던 체류권까지 받아들이는 사유라는 것이다.[44] 출생의 원리와 주권의 원리가 분리되어 있었던 1789년 이전의 구체제가 붕괴되고 새로운 국가질서로 들어오자 이 두 개는 하나가 되었다. 즉 태어나는 즉시 그 장소에 가입이 되었다. 이와 같은 체제 변화는 대거 난민발생이라는 현시대가 겪고 있는 변동의 물결에서 다시금 상상력이 가능해질 수 있는 단초이다. 난민은 "인간과 시민의 동일성, 출생과 국적의 동일성을 깨뜨림으로써 주권의 원초적인 허구/의제擬制를 위기에 빠뜨린다."[45] 그렇기 때문에 난민이라고 하는 주변적인 형상은 국가-국민-영토라는 낡은 삼위일체를 파괴하며, 우리 정치사의 중심 형상으로 간주될 가치로 등장한다. "'출생'을 의미하는 '나티오natio'의 어원에 따라 주권의 원리가 국민nazione과 밀접하게 연결"[46]되었던 것이 여전히 유효함에도 불구하고, 시대적 요구에 부응한 "거류민Denzen"[47]이 제시되는 것도 이러한 시대 상황에 부응한 상상력에 의한 것이다.

뒷마당의 확장을 위한 상상력

전 세계적으로 난민이 증가하는 추세는 세계가 극도의 위기적 현상에 처함을 보여준다. 그리고 이 현상들은 환대라는 단어를 더욱 자주 입 밖에 낼 수밖에 없는 상황을 빚어낸다. 환대라는 말이 요구되는 상황이 되면 될수록 환대의 불가능성이 증명될 수밖에 없기 때문이다. 데리다가 제기한 환대의 법, 그 언어에는 도래자에게 조건 없는 대접을 제공하도록 명령하는 환대의 법에도 불구하고 "한계들 · 권한들 · 권리들 · 의무들을 정해 놓음으로써" "환대의 법에 도전하고 이 법을 침범"[48]할 수밖에 없는 이율배반이 존재한다. 그러나 더 이상 나치의 유대인 절멸 계획이었던 '최종해결'이나 '네이티비아', 혹은 '반투스탄' 같은 괴상하고 과도한 해결책을 모색하는 것이 불가능해졌다. 바루 이 점, 불가능하다는 사실에 직면하면서 시적 상상력이 싹틀 수 있다. 환대는 기원적으로 자기의 모든 자유에 앞서 자기를 자기답게 하는 사건이다.[49]

자기를 자기답게 하는 것은 주객의 뜻을 동시에 가지고 있던 근원어 환대를 몸소 실천하게 만든다는 것이다. 칸트에 의하면 지구가 둥글고 인간이 무한히 분산해 퍼져 갈 수 없다는 사실에 기인하여 인간이 지구에서 공존하고 있다는 사실을 서로 견디어 만날 수밖에 없으며, 이것은 한 사람이 지상의 어떤 장소에 대해 타인보다 많은 권리를 갖고 있는 것이 아니다.[50] '지구화'의 구호를 외치는 이 시대에 칸트의 말은 더 절박하게 다가온다. 절박하다는 것은 "타인에 대해 증오와 둔감함이 희망보다 정치적으로 더욱 강력한 시대"[51]라는 말이다. 그만큼 공감과 동정의 시선으로 바라보는 것을 거부하는 분위기에 처해 있고, 이러한 거부로부터 어느 누구도 자유롭지 못하다. 따라서 상상력에만 호소하는 것으로 난민의 문제가 해결되지는 않을 것이다.

환대를 받은 전통적인 '이방인'이 사라지고 하나의 단어였던 '주객'이 상반된 의미의 언어로 각각 독립된 단어로 떨어져 나갔다는 아벨의 주장은 인간의 상상력과 결부된 의미가 있다. 바슐라르Gaston Bachelard가 시적 상상력에 의한 내밀성을 이야기하면서 집, 구석, 서랍, 장롱을 다뤘듯이, 인간의 상상력에 의해 조성된 여러 장소는 밖에도 있다. 푸코Michel Foucault가 지적한 열린 장소이지만 '당신을 계속해서 바깥에 놔두는 속성'의 기숙학교, 병영, 감옥과 같은 헤테로토피아는 우리가 사는 세계를 유토피아로 만들고자 한 인간의 상상력에서 기인한다. 정원, 다락방, 인디언 텐트 같은 장소는 헤테로토피아에 덧붙여진 어떤 장소이다.[52] 유토피아를 우리가 사는 세계에 건설하려고 꿈꾼 결과 중 하나는 부정적인 상상력에 의해 창안된 '네이티비아'였다. 이것은 원래 언어적 공간일 뿐, 현실 어디에도 없는 장소였다. 그러나 상상에만 그치지 않고 현실화되었다. 앞에서 이야기한 '반투스탄'이 그런 예이다. 이처럼 인간의 상상력은 없는 것을 가능하게 만든다. 집단종교의 상상력에서 신성한 공간, 금지된 공간이 생성되었으며, 의식儀式을 위해 마련된 공간이 존재해 왔다. 가장 큰 상상력의 변화를 겪었던 것은 묘지이다. 삶과 나란히 배치했던 죽음에 대한 해석이 변화함에 따라 교회 옆에 조성되었던 묘지는 18세기 이후 한구석으로, 마을 밖으로, 도시 밖으로 밀려났다.

난민이 머무는 국경지대는 테두리 어느 쪽에서 보느냐에 따라 '안'이라고 할 수도 있고 '밖'이라고 할 수도 있다. 집의 경우, 사람은 누구나 "참된 의미로 거주되는 일체의 공간"[53]으로서의 집에 대한 욕망이 있다. 그런 집마저 더 이상 '안'의 공간에만 관련되지 않는다. 이미 '안'의 개념을 버려야 할 만큼 네트워크가 관통하고 있는, 언제든지 감시될 가능성이 있는 열린 공간으로 전환되었으므로 더 이상 고립될 수 없다. 그렇다면 집은 다른 의미로 해석 가능할 것이다. 집의 의미는 앞에서 주객의 자리바꿈으로 설명하였다. 바슐라르에 따르면, 공간은 비유적이든 그렇지 않든 우리들로 하여금 안과 밖의 대립에서부터 출발하도록 강요한다.[54] 그러나 그 안과 밖을 강경하게 구분하는 문은 언제나 반쯤 열린 이미지를 가지고 있다. 국경도 마찬가지이다. 지도상에서 바라본 국경은 인접국가와의 경계에서 어느 쪽이 안이고 밖인지 단언하기 어렵다. 인간이란 반쯤 열린 존재이므로, 문이 갖는 이미지 또한 "고정되지 않은, 두 가지 강한 가능성, 때로 빗장으로, 자물쇠로 굳건히 닫혀 있지만, 때로는 활짝 열려 있다."[55] 이와 같은 이미지에 의해서만 안을 구체적인 것으로, 밖을 드넓은 것으로 만드는 것이 가능해진다. 이런 맥락에서 난민 캠프가 세워져 있는 국경이라는 장소의 '모호함'과 '임시성'이 난민문제에 대한 새로운 해법을 제시할 가능성이 있다.

앞에서 본 '환대'가 어원적으로 '주객'의 뜻을 동시에 가지고 있는 문화와 그렇지 못한 문화(한국)가 있듯이, 언어적인 상상력은 인간 정신성의 짜임새를 특징짓는다. 마찬가지로 환대의 어원에 나타난 주객의 동시적 의미는 단지 언어적인 것만이 아니다. 언어적인 것이 오히려 모든 것임을 드러내는 순간이다. 하나의 어휘였던 '주객'이 두 개의 독립된 단어가 된 배경은 나눠 줄 공간이 부족하다는 이유 — 이 자체가 인간의 상상력인데 — 로 난민을 향해 더욱 두꺼운 벽을

치고 국경을 막게 하는 시대변화와 맞닿는다. 그런데 난민이 모여든 국경의 이쪽과 저쪽의 경계를 가리면서 세워진 셸터의 공간 자체에 어떤 고정성, 다시 말해 주/객의 이분법마저 깨뜨릴 수 있는 가능성이 엿보인다. 이 가능성의 현실화는 상상력을 통해 정상 공간에 이의를 제기하는 반反공간counter-space으로서의 헤테로토피아이다. 헤테로토피아는 사라지고 다시 생겨나는 특징을 가지고 있으며, 고정된 맥락이 아닌 그 밖의 곳elsewhere이라는 특징을 가지고 있음에 주목해야 할 필요가 있다. 금지된 장소, 또는 신성한 장소, 소년이 성인이 되는 의식을 행하던 장소 등과 같이 사라지는 장소들이 있다. 그런데 사라지기만 하는 것이 아니라 새로이 생겨나기도 한다. 바로 상상력에 의하여 새롭게 조성될 수 있는 것이다. 아도르노 Theodor W. Adorno가 지적한 바, 인간조건의 핵심을 요약하고 있는 '오토포이에시스 autopoiesis', 즉 행위하고 창조하고 형태를 만들고 효과를 내는 '자기창조'야말로 시적 상상력과 역사에 담긴 인간의 잠재력인 것이다.[56]

앞에서 예시로 든 전쟁, 폭력에 따른 시리아 난민의 문제뿐만 아니라 가까운 미래에 생겨날 기후재난에 의한 난민 발생은 불가피하다. 비록 현대사회가 강박적이리만큼 정착성을 가졌음에도 불구하고, 유목적 성격의 효과는 나날이 확대되고 있는 것이다.[57] 따라서 난민의 문제는 딜레마로 인식될 수도 있지만, 딜레마라고 인식되는 그 지점에서 국경의 배치 형식에 맞서는 난민 거처의 발생이라는 역설적인 상상을 이끌어 냈다. 국경에 이리저리 흩어져 있는 난민 캠프는 '없는' 공간에 세워진 불가능한 장소이다. 따라서 '임시'라는 수식어가 언제든지 따라다닌다. 근래에는 이러한 1년 수명의 임시 거처의 이미지로부터 난민들을 보호하는 차원에서 새로운 형태의 주거 해법을 제시한 '베러 셸터Better Shelter'[58] 같은 '재난을 이겨 내는 디자인' 프로젝트가 세계 곳곳에서 이루어지고 있다. 이와 같은 프로젝트에서 볼 수 있는 디자인의 독창성은 '임시'적 거처이지만 온전한 일상생활을 지향하는 특징을 가진다. 예를 들면, 판지 튜브와 합판, 콘크리트 캔버스 등이 소재로 사용되고, 화장실, 침대, 작업공간 같이 주거의 다양한 기능을 제공하며 물탱크와 태양광발전시설을 갖춰 물과 전기, 인터넷까지 지원된다. 국경에 있을 수 없는 공간의 고정된 가치를 이지러뜨리면서 난민 공간은 생성, 발전되고 있는 것이다. 즉, 국경과 영토는 분리된 것이 아니라 연결되어, 서로가 서로의 안이자 밖인 두 영역의 상호 개조 가능성을 전망할 수도 있다.

이렇게 볼 때, '임시' 개념이 강조되는 난민 공간은 인간의 상상력에 의해 어떤 다른 가치로의 전환을 가져올 잠재적인 가능성을 띤다. 바슐라르는 "상상력은 하나의 상태가 아니라 인간 생존 그 자체"라는 블레이크William Blake의 말을 가져와, 상상력의 비결정적인 성격이야말로 바로 '인간 존재의 자유로운 변화 가능성'을 가리킨다고 하였다.[59] 인간의 자유란 '동인'이자 '동력'으로 구성될 수 있는 것이다. 여기에서 '가능성'은, 지젝이 이야기했듯이, 현실적인 것에 대립되는 한에서의 한낱 가능한 어떤 것만이 아니라, "스스로를 현실화할 수 있다는 의미에서 가능한 어떤 것"[60]으로 지칭될 수 있을 것이다.

전후 '런던' 경험과 코스모폴리탄 산책자[1]

이 글은 한국문학이 한국전쟁 이후 세계라는 지역, 유럽적 공간, 런던이라는 장소를 어떻게 경험하면서 한국의 로컬리티를 형성했는지를 살펴보고자 한다. 탁월한 영어와 불어 실력을 가졌던 시인 박태진은 1957년 영국으로 파견되어 5년 동안 유럽적 상황과 세계문학에 주목하면서 런던에서 후진국 지식인으로 살았다. 역사·문화적 맥락에 따라 복합적으로 경험된 박태진의 세계 경험을 통해 한국인(문학)이라는 자기정체성 구성방식에 대해 탐색한다.

임지연

한국인이 외국 혹은 세계 공간을 경험한다는 것은 시대적 맥락 속에서 이루어진다. 로컬리티는 지구적 과정 혹은 지역적 과정이어서 특정 지역의 전통이나 사회공간적 상호 교차를 통해 관계적으로 생산된다. 그러나 개인의 지구적 장소감은 로컬리티라는 지구적 과정을 넘어선다. 1950년대 한국인의 세계 경험은 한국의 후진성 극복과 선진성 지향을 목표로 하는 세계주의에 입각해 있었다. 시인 박태진은 이 시기 유럽에 진출하여 선진적 서구라는 특정 공간을 직접 경험하면서 세계를 경험했다. '세계'라는 용어 역시 역사적으로 달라진다. 이 글은 한국전쟁 이후 세계라는 지역, 유럽적 공간, 런던이라는 장소를 어떻게 경험하면서 한국이라는 로컬리티를 형성했는지 살펴보고자 한다. 역사·문화적 맥락에 따라 복합적으로 경험된 세계 경험을 통해 어떻게 한국인의 자기정체성 형성에 기여하였는지를 탐색할 것이다.

시인 박태진은 1940년 일본 립교대학에서 영문학을 전공하면서 영어와 불어를 익혔으며, 1949년 ≪연합신문≫에 〈신개지에서〉를 발표하면서 작품 활동을 시작하였고, 해방 후 문단 청년들 사이에서 '영어통'으로 통했다.[2] 박태진의 초기 문학적 삶[3]의 특징은 외국어 능력과 외국 경험, 세계문학에 대한 관심과 교류, 현대성에 대한 탐색으로 나타난다. 이 시기 박태진의 삶 자체는 마치 세계성이 각인된 텍스트와 같았다. 1950년대 이후 한국문학장의 핵심 키워드는 현대성이었다. 모더니스트뿐 아니라 전통주의자들도 문학의 현대성에 주목하고 한국문학의 새로운 방향을 모색하였다. 박태진은 문학의 현대성을 '세계world' 그 자체에서 모색하는 특이한 개성을 보여주었다. '세계'란 지구 단위의 차원에서 바라본 다른 국가들의 총합을 말하지만, 이 시기 한국이 바라본 '세계'는 유럽 및 미국 등의 선진 자본주의 국가들을 지시한다. 전후 형성된 탈후진성 담론의 핵심은 선진화된 자본주의 국가 시스템을 적극 참조하면서 전개되었기 때문이다. 문학의 탈후진성 담론은 세계문학,[4] 즉 서구 선진문학을 참조할 때 가능했다. 이와 같은 전후의 상황을 고려할 때 박태진의 런던 경험은 탈후진성의 방법으로 현대성을 추구한 경우였다.

한국전쟁 이후 한국 사회는 세계사의 무대에 편입되었다고 판단하고, 세계문학장에 참여하고자 하는 열망을 강하게 드러냈다. 한국 사회는 한국전쟁을 "우리 전쟁인 동시에 세계 전체의 전쟁이요, 인류공동의 전쟁"[5]으로 인식하였고,

러셀의 세계정부론과 같은 래디컬한 코스모폴리타니즘[6]을 참조하면서 스스로를 보편적 세계인으로 상상하고 있었다. 전쟁 발발과 분단 시스템 역시 냉전구도인 국제정치의 산물로 파악했기 때문에 이미 한국은 보편적 세계사에 편입되었다고 보았다. 문학장 역시 세계문학 참여에 대한 열망을 적극 드러냈다. 김동리는 "세계의 교양 있는 인류가 인정할 수 있는 문학"[7]으로 세계문학을 규정하고 세계적 차원의 천재들만의 문학으로 구성하면서 순수문학의 권위를 만들어 갔다. 백철은 국제펜클럽 활동을 통해 현실적 교류의 방식을 제안하면서 세계문학을 "후진성을 극복하는 일과 세계문학에 대결하는 것"[8]으로 규정하고 세계문학장에 참여하고자 하였다. 같은 시기 최일수는 '모나드 모델'을 제시하면서 평등하고 조화로운 이상적 세계문학을 상상하고, 동남아 문학의 윤리성과 세계문학[9]의 현대성을 주장하였다. 이후 1960년대가 되면 세계문학은 코드화의 양상을 띠면서 "세계의 문학가족",[10] 세계의 "문학공화국"[11]으로까지 확장되었다. 이처럼 1950년대 이후 세계와 세계문학에 참여하고자 한 열망이 들끓었던 것이 문단적 상황이었다.

당시 한국은 요동치는 국제질서의 변화들을 주시하면서 세계사에 편입해야 한다는 강박과 탈후진적 욕구를 드러냈고, 한국문학은 '세계'를 의식하면서 대응해 갔다. 그러나 이 시기 세계문학 구성은 신인적이고 당위적인 측면이 강했다. 1950년대 김동리, 백철, 최일수의 세계문학론은 전후 한국문학의 현대화를 지향한 개념이었기 때문에 절실함을 가지고는 있었지만, 국제적 현실감과 실물적 감각을 놓치고 있었다. 또한 이들은 한국문학 혹은 민족문학이 가야 할 현대적 방향에서 세계문학을 이정표로 삼았을 뿐이었다. 즉 세계문학 개념을 수사적이거나 선언적인 것으로 활용하였다.

이와 같은 정황 속에서 이질적이고 독특한 세계 및 현대성 개념을 제시한 시인이 박태진이었다. 이 글은 전후 박태진이 영국 런던에 거주하면서 이 장소를 어떻게 경험하고 사유했는지를 살펴보고자 한다. 선진 도시였던 런던 경험을 토대로 외국어 선택의 의미와 후진국 지식인 코스모폴리탄적 산책자 면모를 탐색하고, 유럽의 세계문학 텍스트 읽기의 특징은 어떤 것이었는지를 탐색하고자 한다. 이를 통해 시인 박태진이 런던이라는 장소 경험의 특징과 세계문학과의 관계성, 그리고 후진국 지식인의 자기 인식을 어떻게 했는지 재구성해 볼 것이다.

일본어 버리기와 '런던' 경험

현대의 에스프리를 강조하면서 난해시를 적극 옹호[12]했던 박태진의 모더니즘 시[13]는 외국어에 대한 특별한 자각을 바탕으로 형성되었다. 그는 1940년 릿교대학 영문과에 입학하면서 영어와 불어를 익히며 "외국어에 환장했던"[14] 시기를 보냈다. 그는 문단 청년 사이에서 영어통으로 통했으며, 불어 능력도 상당했다. 특히 불어 능력은 2차대전 중 일본 내 친불 분위기[15]와 관련이 깊었으며, 이는 박태진이 유럽 문화에 깊이 침잠하는 계기가 되었다.

박태진이 문학장에서 호출되는 경우는 외국어 및 외국 경험과 관련될 때였다. 그가 쓴 산문이나 회고록은 대체로 문학의 출발기였던 외국어 습득 과정과 이후 유럽 체류 기간에 집중되어 있으며, 그의 시론은 이 시기의 경험을 토대로 형성되었고, 이후 그것을 반복, 강화하는 방식이었다. 이는 박태진이 자기의 문학사적 위치를 구성하는 방식이기도 했다. 그는 "그 당시 나 같은 사람은 없었다", "박인환도 그렇고 김수영도 그렇고 나와 같은 체험을 하진 못했"[16]다고 말한 바 있는데, 외국 경험과 관련된 자기 정체성을 드러내는 발언이었다. 박태진은 외국어와 외국이론, 외국 경험에 대한 무수한 에피소드[17]를 산출하면서 초기 문학세계를 형성해 갔다. 이후 런던에 체류하면서 실시간으로 문학 텍스트를 읽고, 작가들을 만났던 이야기 등은 박태진의 삶 자체를 흥미로운 세계성 텍스트로 만들었다. 그는 자기 자신을 전후 세계성이 새겨진 텍스트로 만들었고, 그것을 자기정체성으로 구성했던 것이다.

그런데 문제는 박태진의 탁월한 외국어 능력이 일본어 버리기와 관련되어 있다는 사실이다. 그는 왜 능숙한 일본어를 버리고 영어와 불어를 적극적으로 선택한 것일까? 그것은 식민지 기억 버리기와 관련이 있다.

> 중국에서 해방을 맞고 패망한 일군에서 풀려났다. 갑자기 하고픈 말이 태산같고 양자강처럼 도도했다. 나는 사람다워야 했다. 우선 인간이 되어야 했고 그러기 위해서 내 머리와 피부에서 식민지의 자취를 씻어내는 것이었다. 이른바 식민지 문화성을 눈앞에서, 귀언저리에서 멀리 떼내버리는 것이었다. 그 뒤 나는 내 책꽂이에서, 머리맡에서 일어로 된 모든 책을 외국번역서를 포함해서 모두 없앴다. 새로운 나를 발견하는 데 온 힘을 다했다.[18]

박태진의 이 발언은 그의 문학세계를 이해할 때 중요한 시사점을 제공한다. 인용문에서처럼 박태진은 유학 도중 학병으로 끌려갔다가 거기에서 이광수・모윤숙・노천명이 황국신민이 될 것을 촉구하는 연설을 들으며 문학에 대해 비판적 태도를 갖게 되었고, 이후 일본어를 버리면서 새로운 문학을 발견하고자 하였다. 그는 학병시절에 어떤 일이 있었는지 침묵한다. "아무 반문도 하고 싶지 않은 공백기간"[19]으로 남긴 채 그 어떤 에피소드도 발설하지 않았고, 단지 해방 후 식민지의 자취를 씻어 내기 위해 일본어로 된 모든 책을 버렸으며, 그 이후 서너 권을 제외하고는 평생 소유하지 않았다고 강조하였다. 박태진은 친일 경력이 전혀 없었지만, 그는 "기억하기도 부끄럽다"고 고백하였다. 그리고 "한국문학은 보다 과감한 반성을 해야 했다"고 비판하면서, "외국어에 한층 열의를 올"리는 것으로 성찰의 방법을 택했다. 박태진은 이른바 이중 언어 세대였다. 해방 후 박태진은 영어와 불어를 적극 선택하는 방법으로 이중 언어 세대가 갖는 언어적 결핍을 보충하고자 하였을 것이다.

박태진의 일본어 버리기와 영·불어 택하기는 언어의 보충 문제뿐 아니라, 식민지 청산과 내적 연관이 있었다. 박태진의 경우 해방기 시단에서 광범위하게 전개되었던 자기비판과 고백 제의[20]를 개인적으로 수행한 경우였다고 볼 수 있다. 그는 학병으로 출병했던 식민지 기억을 지우고 "새로운 나"로 탄생하고자 하였다. 그가 선택한 방법은 일본어를 버리고, 영어 및 불어 능력을 갖추는 일이었다. 그것을 통해 개인의 윤리적 공백을 메우고자 했던 것으로 보인다. 박태진은 그 복잡한 사정을 "그건 조선어도 일본어도 영어도 아"닌 언어라고 하였다. 그것은 개인의 언어, "나라는 사람이 쓰는 말"이었다. 그는 언어를 민족어나 국가어로 접근하지 않았다. "나라는 사람이 쓰는 말"[21]이란 결국 조선어도 일본어도 영어도 아닌 박태진 개인어이자 '세계어'였다. 박태진이 과거 식민지 문학을 반성하고, 완전히 새로운 개인 언어, 세계어를 탄생시킬 수 있었던 것은 외국어 능력과 런던 체류 경험으로부터 현실화될 수 있었다.

눈 속/ 검음이 다사로워/ 눈을/ 감아버릴 것인가/ 그 후미진 곳에 이즈러진/

풍경을 다시 지우고/ 지지리 게으른 눈물을 걷우자// 고질같이 녹이 쓸은/ 못을 눈에서/ 뽑아 장벽을 헐어/ 태양이 의미하는 모든 것을 담아/ 오늘의 벽화를 마련한다/ 눈 속은 끝없는 바램이기에// 그 안에 부서져/ 길이 막힌 도시를/ 강이 어데로 흐를 것이냐 오히려/ 눈에서 폭포를 쏟아 열해를 이루는데/ 죽은 어군이 기억을 밀물져 오고/ 별은 차게 비쳐들고// 다시 한 줌의 부서진 유리를 주우며/ 그 눈은 차기를 원하였다/ 뜨거운 낙루를 바랬던/ 벽화는 필시/ 안개를 쓰고 마는 풍경였기에/ 눈은 크게 크게 시름을 편다// 이 눈 속에 지구를 생각하며/ 가을이 오듯이/ 그 후미진 곳을 향하여 낙영하는 상징들/ 안구의 일각이 쑤시고/ 충혈하는 곳/ 나의 고향이라 하자

_ 〈안구眼球〉[22] 전문

이 시가 실린 1시집 ≪변모≫는 런던 체류 시에 쓰여졌기 때문에 런던에서의 문학적 방황과 모색이 고스란히 담겨져 있다. 인용시는 시각 주체의 반성이 전면화되어 있다. 박태진은 다이얼 동인의 앤솔로지 ≪현대의 온도≫에서부터 시각성을 강조하였다. 세계를 탐색하는 방법을 시각성에서 찾았다.[23] 인용시 역시 세계를 바라보는 방법으로서 '눈'에 대한 인식을 드러낸다. "다사로"운 눈은 "후미진 곳에 이즈러진/ 풍경"을 보게 할 뿐이다. 그러므로 그 풍경을 지우기 위해 눈물을 걷우고 "고질같은 녹이 쓸은/ 못은 눈에서/ 뽑아" 내야 한다. 그럴 때 과거의 벽화가 아니라 "오늘의 벽화를 마련"할 수 있다는 것이다. 시에서 과거의 눈은 낙후되고 부정적인 이미지로 표현되어 있다. 박태진은 과거의 눈을 새로운 눈으로 바꾸려고 한다.

이는 그가 과거의 문학, 즉 "소월이나 미당, 목월의 시", "영감에

의한 서정"[24]시를 일관되게 비판하는 맥락과 맞닿아 있다. 그는 소월과 만해, 청록파의 시는 현대의 시가 아니기 때문에 전후 한국시의 출발점이 될 수 없다고 보았다. 박태진은 식민지 시기의 문학은 이미 역사적 사명을 다했다고 판단하고, 현대시를 쓰는 시인들은 현대라는 동시대의 감각을 중시해야 한다고 보았기 때문이다. 여기서 박태진에게 현대란 세계사적 동시성을 말한다. 현대를 함께 호흡할 수 있는 시대정신을 그는 유럽 작가들에게서 찾고 있었다. 적어도 박태진에게 유럽의 작가들은 시공간적으로 공통지대에 있다는 동질성을 부여하는 존재였다.

그런 점에서 이 시의 주목할 부분은 마지막 연이다. 녹슨 못이 박힌 눈으로는 오늘의 현대세계를 제대로 볼 수 없기 때문에 시각 주체는 새로운 눈을 갖고자 열망한다. 그럼에도 이 시는 못을 뽑는 행위를 보여주지 않는다. 단지 눈은 "지구를 생각"할 때 통증이 더 심해진다. 여기서 "안구의 일각이 쑤시고 충혈하는 곳"은 이중의 의미를 갖는다. 하나는 못을 빼지 못했다는 자각으로 인해 과거의 눈이 더 아프다는 의미이기도 하고, 둘째 못을 뺀 직후의 눈은 통증이 심하다는 의미일 수도 있다. 과거와 미래의 눈을 병치시킴으로써 분명한 결론은 유예되고 있다. 마지막 연에서 보여주는 눈의 이중적 의미는 박태진이 이 시기를 모색과 혼란기로 인식하고 있음을 드러내는 부분이다. 그는 이 모색을 "올바른 방황"[25]이라고 하였다.

이 시에서 "나의 고향"이란 어디를 말하는 것일까? 그는 월남시인으로서 실제 고향은 평남 용강이고, 현실의 고향은 서울이며, 문학적 고향은 런던[26]이다. 박태진에게 실제 고향은 영원히 돌아갈 수 없거나, 당장 돌아가기 어려운 먼 곳이다. 하지만 새로운 문학을 형성하고 탄생시킨 고향 '런던'은 새로운 눈의 가능성을 제시하는 곳이었다. 그럼에도 이 시에서 새로운 눈을 갖게 되었는지는 분명하지 않다. 그는 새로운 '눈'을 어떻게 가질 수 있을지에 대한 방법을 탐색하였다. 따라서 이 시는 그가 버려야 할 문학과 새롭게 형성해야 할 문학 사이의 교체기, 모색기, 형성기의 한 풍경을 보여준다.

그는 첫 시집에서 런던과 파리에서 살아가는 지식인의 정서와 사유를 보여주었다. 이 시집은 '나'가 일관되게 강조되어 있는데,[27] 한국으로부터 벗어나 세계적 대도시의 공간성을 체험하는 자의 자기의식이 나타나 있다. 거기에는 사유와 모색의 결과가 분명하게 제시되어 있지 않다. 오직 사유와 모색의 과정, 대도시 안에서 방황하는 지식인의 지리감각이 그려져 있다. 그의 말대로 런던 경험은 "올바른 방황"기였다.

박태진은 이 시기 "나는 이미 다른 시대를 살고 있었다"[28]고 판단하였다. 그가 거주한 곳은 한국이 아니라 세계문학의 중심지 런던이었다. 그는 한국인과 영국인, 외국인과 현지인, 후진국 지식인과 선진국 지식인, 아시아 출신 작가와 세계적 작가라는 균열 사이에서 괴로워하거나, 혹은 강박적으로 균열을 극복하고자 하거나, 세계인으로 스스로의 위상을 과장하지 않았다. 그는 단지 런던과 파리라는 1950년대 후반 유럽 대도시의 지리감각을 자기 것으로 삼으면서 방황하는 지식인으로 자기를 정위하였다. 즉 그곳의 삶을 "몸에 붙은 현실감"[29]으로 이해했다.

주목할 것은 거기에서 '후진국 지식인'으로서 박태진은 후진적 열등감이나 과도한 근대적 열망에 의해 자기 위치를 구성하지 않았다는 점이다. 그는 런던에서 후진국민이라는 이유 때문에 차별은커녕 환대를 받았던 것으로 보인다. 그는 런던 시민과 평등한 이방인으로 인식되었다. 그는 현대문학의 본고장에서 실시간으로 현대성을 경험하면서 자기 위치를 모색했다. 이는 박태진의 외국어 능력과 특정한 직업, 그리고 시인이라는 교양주의적 면모 때문이었다. 그것이 박태진 특유의 런던 감각이 형성될 수 있는 조건이기도 했다.

코스모폴리탄 산책자의 자기 탐색

> 이 브릿지에 기대어/ 내 안에 긴 세월 고인 우물을 푼다/ 마르지 않을 물줄기를 찾아/ 페르소나를 씻노라면/ 템즈강은 나의 이야기를 싣고 간다// 솟은 탑과 푸른 정원이 겸허한 이 저녁에/ 낯설은 도시를 간다/ 걸음걸음 나의 과거를 밟으며/ 남시 나는/ 나의 브릿지를 생각해 본다
>
> _〈런던 · 브릿지에서〉[30] 부분

> 공원길/ 유모차가 하이얀 그림자를 이끄는 곳에 낙엽이 졌다/ 한결같이 걸음은 밟아도/ 가시지 않는 빚(債)이냐/ 오늘은 이도(異都)의 직선차도를 건너며/ 나의 자세를 의심하는데
>
> _〈공원길〉[31] 부분

인용시에서 시적 주체는 런던이라는 장소를 탐색하는 산책자의 면모를 보여준다. 시적 주체는 대도시 런던을 산책하면서 자기를 탐색하고 있다. 템스강 다리 위에서 과거의 기억(문학)을 떠내려 보내면서 자기가 서 있는 장소를 탐색하고(<런던 브릿지에서>), 낯선 도시의 차도를 건너며 자기의 자세를 의심한다(<공원길>). 이 시의 산책자는 유럽의 이국적 도시를 환호하거나 비판하는 산책자라기보다, 자기를 회의하고 탐색하는 내면적인 산책자로 느껴진다. 박태진은 전쟁으로 피폐해

진 아시아의 신생독립국에서 온 후진국 지식인이었다. 그럼에도 그는 런던이라는 세계도시에서 이국적 환호나 탈후진적 강박에 사로잡힌 근대적 욕망을 드러내지 않았다. 그는 상당히 안정적인 자세로 자기 삶의 위치를 탐색하고 일본어를 버린 후 형성해야 할 새로운 문학을 모색해 갔다.

벤야민은 대도시의 새로운 개인을 도시 산책자 개념으로 제시하였다. 거리를 어슬렁거리며 걷는 도시 산책자는 대도시를 놀라움과 탄성만으로 바라보지 않았으며, 상품과 사물세계를 비판적으로 바라보는 양가적 시선을 가지고 있었다. 도시공간은 두꺼운 시간층이 겹겹이 쌓인 복잡한 장소이다. 산책자는 도시공간 속에서 우연히 잃어버린 기억의 흔적을 발견하고, 도시는 그를 "과거로 데리"[32]고 간다. 그럼에도 벤야민의 도시 산책자는 서구 백인남성의 이미지를 표상한다.

그런데 문제는 박태진이 런던 거리를 거니는 산책자라고 할 때, 그는 벤야민과 같은 의미의 산책자는 아닐 것이다. 박태진은 어떤 산책자라고 할 수 있을까? 그는 후진국 지식인 코스모폴리탄 산책자의 면모를 가지고 있었다. 여기서 박태진의 후진국 지식인이란 후진적 열등감에 의해 구성된 자기 인식이 아니라, 환대받는 이방인 차원에 있었다. 앞서 언급했듯이 박태진은 영어와 불어를 능숙하게 하는 지식인이었기 때문에 런던 사회로부터 소외와 차별은 없었던 것 같다. 또한 박태진은 민족주의나 국가주의에 침잠되지 않은 채 정신적 삶에 가치를 두는 질적 개인주의[33]에 고양되어 있었다. 그가 자신의 언어를 "조선어도 일본어도 영어도 아닌 언어", "나라는 사람이 쓰는 말"[34]이라고 한 데서 알 수 있듯이 코스모폴리탄적 개인주의를 지향하고 있었다. 박태진의 이러한 면모는 자신을 "고아"[35]라고 인식한 데서나, 자신이 속한 국가를 "열의 모국"[36]이라고 표현한 데서 잘 드러난다. 세계정부나 중립주의 같은 래디컬한 코스모폴리터니즘[37]은 아니었을지라도, 박태진은 전후 한국이 요구했던 이데올로기로서의 국가주의나 민족주의를 벗어나 '열 개의 모국'을 가진 '고아'와 같은 세계적 개인으로 자기정체성을 구성하였다.

박태진은 백인 런던 시민과는 다른 아시아 후진국에서 온 시인이었다. 따라서 그는 런던 시민 산책자와 다른 존재였다. 벤야민의 도시 산책자가 잃어버린 기억과 조우[38]한 반면, 박태진은 런던 거리에서 어떤 기억의 흔적도 발견할 수 없었다. 대도시 거리는 박태진의 유년시절의 기억과 무관하였기 때문에 사실상 그는 런던의 표면을 미끄러지는 산책자였다. 그의 잃어버린 기억은 런던이 아니라 평남 용강이나 평양이라는 아시아의 작은 도시에 있었기 때문이다.

1950년대 후반 런던은 글로벌한 대도시였다. 영국은 이 시기 유럽경제공동체에 가입하면서 하나의 유럽에 동참하였기 때문에[39] 서유럽 내 이주자들이 도시에 넘쳐났으며,[40] 전쟁 피난민, 아프리카 식민지 출신 흑인들, 인도와 중국 등지에서 온 동양인들이 대거 유입되었다.[41] 이미 런던은 시공간 압축에 의한 지구적 장소감[42]을 갖는 곳이었다. 박태진은 런던이 다인종·다국적·다문화 국제도시라는 사실을 충분히 인식하였고, 도시의 국제성을 문화적으로 체험하기 위해 노력했다.[43] 런던이 지구적 혼종성을 갖는 장소라고 할 때, 이 거리를 즐겨 걷던[44] 박태진은 아시아 지식인 '코스모폴리탄 산책자'의 특징을 갖는다.

박태진은 런던 등 유럽의 도시를 일회적으로 방문한 여행자나 차별받는 제3국 이주민의 지위와는 다르다고 인식했다. 그는 탁월한 영어와 불어 능력으로 대화를 하는 데 전혀 문제가 되지 않았을 뿐 아니라, 극동해운의 런던주재원으로서 업무를 수행했으며, 영·미 작가들과 교류하였고, 지식인으로서 세계적 잡지와 신문, 문학작품을 열렬히 탐독했다. 게다가 단기 거주가 아니라 5년간 장기 거주자로 체류했던 점은 이 시기 유럽에 머물렀던 다른 한국 작가들과는 사정이 달랐다.

가령, 조병화는 한국펜클럽 활동 차 유럽을 방문했지만 여행자의 지위에 있었고,[45] 1957년 영국에 거주했던 고원 시인은 1년간 유학생활을 했을 뿐이며,[46] 프랑스에서 ≪사상계≫ 파리통신원으로 활동하면서 세계 문단의 소식을 실시간으로 전하던 박이문 역시 유학생 신분이었다.[47] "그 당시 나 같은 사람은 없었다"고 말할 만큼 그는 독특한 위치에서 1950년대 현대성을 체험하였다. 그는 런던이라는 장소를 살면서 그곳을 관찰한 산책자였지, 여행자나 구경꾼이 아니었다.

그렇다면 그의 시선은 어디를 향해 있었을까? 런던의 제1시민처럼 도시의 사물들에서 잃어버린 기억의 흔적을 찾지 못했다면, 도시의 스펙터클과 이국적인 새로움에 환호하거나 동시에 그것을 비판하는 산책자의 시선을 갖지 않았다면, 그가 바라본 것은 무엇일까? 필자가 보기에 그가 바라본 것은 후진국 시인이 처한 자기 위치와 내면이었다. 그는 런던의 거리를 걸으며 공간적 실천을 하는 현실적 주체로 인식하면서 동시에 탐색하고 방황하는 자기를 드러냈다. 박태진의 내면은 내밀한 개인의 감정상태가 아니라, 일본어를 버리고 새롭게 형성해야 할 문학의 방향에 대한 것이었다.

> (생략) 너는 어데 있는가/ 찢긴 겉껍데기처럼 바람에 나부끼며/ 문화여 정치여/ 금간 커피잔에 죽은 시인들을 기억하며// 다시 헐벗은 포플러 언덕으로 동이 트고 너의 아침은 무너져 가는 다리 밑으로 안개를 끼며……내일은 온다// 너는 이제 총명한 이야기를 하지 말자 바다며 산이며 재 넘는 길에 오금을 쉬어 네 안의 힘을 실상 가누었다면// 아, 나무가 낙엽하듯이 이름마저 떨어뜨리고 다시 헐벗은 가슴에 겨울을 살게 하라 싸락눈처럼 너는 시인, 이미지의 환희는 짧다 설경에 묻은 기억은 차곡이 얼고 젊음은 불변의 계절//

(생략) 바다를 가고 싶은데 여정을 마련하기에는 마음의 침묵이 바다를 닮지 못하여 밤은 벌써 온다 너는 율리시즈의 항해일지를 부디 고쳐 써야 했다// (생략) 모든 고아여/ 삶을 물어뜯지 말자/ 밥상에 고이 조는 때와/ 성낼 수 없는, 허전하(한)[48] 저녁 어느 때에/ 이름없는 국경선에서/ 국제뉴스는 겨울비에/ 마구 젖었다// 이도(異都)와 이도가/ 밤거리로 곧장 이어지는 / 어느 저무는 연대에/ 한결같이 버스를 기다리는 마음/ 가로등이 체념처럼/ 때늦은 신문장을 비춰주는/ 아쉬운 겨울 밤에// 차거운 달빛에 떠는 마음에는/ 밤이 무료치 않다/ 슬픈 즐거운 가족도/ 투명치 않기에/ 내일은 기다려져 / 손가락 새로 느껴지는 초조와/ 어느 골목을 빠져나오는 느낌/ 너는 무엇을 기다리는가

_ 〈무엇을 기다리는가〉[49] 부분

인용시의 시적 주체는 이국의 도시 밤거리를 걸어가며 방황하는 자신의 상태를 보여준다. 이 시는 크게 1, 2, 3의 구도로 되어 있는데, 1에서는 “악몽이 아주 거칠어야 했다”, “너의 이미지를 찾지 못하고”, “너는 너를 입증하지 못하여” 등과 같이 자기 부정적 태도가 바탕에 깔려 있다. 2에서는 “너는 율리시즈의 항해일지는 부디 고쳐 써야 했다”와 같이 자기부정을 더욱 밀어붙인다. 3에서는 “이도와 이도가/ 밤거리로 곧장 이어지는/ 어느 저무는 연대”라는 이국 도시 거리에서 “너는 무엇을 기다리는가”라며 방황하는 자신의 위치를 묻는 것으로 끝난다.

일반적으로 반성의 구도는 과거를 비판하고 미래를 기약하는 근대적 시간성을 전제로 하는데, 박태진의 시는 근대적 시간성을 의도적으로 무시한다. 과거-현재-미래라는 선형적인 시간성은 박태진의 시에서 찾아보기 어렵다. 그의

시는 대체로 현재성에 포섭되어 있다. 이 시 역시 과거의 자기부정이 미래적 극복으로 나아가지 않은 채, 현재적 삶을 모색하는 방황의 과정을 그대로 드러낸다.

이 시의 시적 주체는 이국의 밤거리를 걸어가며 자기의 위치를 모색하는 코스모폴리탄 산책자이다. 그의 회고에 따르면, 그는 일요판 〈선데이 타임즈〉를 끼고 런던의 공원을 거닐며, 격변하는 국제정세를 읽고, 자신과 나라의 위치를 생각하는 존재였다.[50] 박태진 시의 코스모폴리탄 산책자는 런던이라는 대도시의 기억[51] 속으로 침잠하거나, 환호와 비판이라는 이중적 태도를 보여준 벤야민 식 산책자의 역할을 수행하지 않는다. 그는 런던의 밤거리를 걸으며, "율리시즈의 항해일지를 부디 고쳐 써야" 하는 반성적 시인이고, "이름 없는 국경선에서/ 국제뉴스는 겨울비에/ 마구 젖"는 국제 상황[52]을 예의주시하는 후진국 지식인이었으며, "삶을 물어뜯지 말자"고 자신을 독려하는 절대 개인으로서의 "고아"적 존재였으며, "너는 무엇을 기다리는가"라며 자기 위치를 탐색하는 방랑자였다. 다시 강조하자면, 이와 같은 박태진 시의 코스모폴리탄적 산책자의 복잡한 면모는 일본어를 버리고 세계를 향한 개인의 언어를 지향한 태도로부터 기인하였다.

실시간 세계문학 읽기와 교양주의

박태진의 런던 경험 중 주목할 것 중 하나는 세계문학 텍스트를 실시간으로 읽고 그것을 자기화하고자 했다는 점이다. 박태진은 1950년대 후반 국제도시 런던을 자신의 장소적 정체성으로 획득하면서 한국문학의 현대성을 탐색했다.

젊은 콕도 밀러 베켓트와/ 더불어 해묵은 오텔 라 루이지안느는/ 빗소리를 속삭인다/ 잠들지 않는 과거는/ 검은 음정이 다사로운 까닭에

_〈파리 이제(二題)〉[53] 부분

인용시는 유럽의 도시를 방문하면서 느끼는 감회를 적은 것이다. 박태진은 유럽의 대도시를 걸으며 영국 작가와 작품들을 읽어 내는 일이 잦았다. 박태진에게 대도시 거리는 그 자체로 세계문학 텍스트로 기능했던 셈이다.[54] 이 시에서 시적 주체는 시공간 압축에 의해 세계성을 획득한 대도시들을 경험하는 코스모폴리탄적 면모를 과감하게 드러낸다. 시 〈파리 이제〉에서는 파리에서 "콕도", "밀러", "베케트"와 같은 현대 작가들을 동시에 읽어 내고 있다. 특히 헨리 밀러와 사무엘 베케트[55]는 당시 파리 출신이 아니면서 파리에서 왕성하게 활동 중인 작가들이었다. 박태진에게 현대적 시인이란 국적보다 세계성을 강조할 수 있는 이들이었다.

박태진이 유럽의 문단 상황을 한국에 전하면서 강조한 것은 한국의 세계문학 감수성이 낡았다는 것이었다. 박태진에게 현대란 동시대성을 의미하는데, 한국문학이 현대의 유럽 및 세계 문학을 뒤늦게 받아들인다는 사실에 강조점을 두었다.

우리 한국의 경우는 어저께도 소월, 내일도 소월 하는 동안에 달에는 이미 루니크가 비행하였다. 인간의 이미지네이션은 제자리에 서성거리지 않을 것이다. 한때 새로운 시를 써야 할 계기로써 엘리엇, 오든, 스펜더를 읽던 나는 당연히 그들에게서 다시 방황하여 나아가야 했다. 내가 런던에 와서 발견하기는 엘리옷이 이미 살아서 자신의 박물관을 지어버렸다는 것이다.[56]

위 인용문은 박태진이 런던에 도착해서 얻은 문학적 깨달음이었다. 그가 국제도시 런던에서 여러 개의 신문과 문예지를 읽으며 "올바른 방황"을 하며 내린 결론은 현대는 변화하고 있는데, 한국문학은 여전히 과거 "소월"의 시대를 벗어나지 못했다는 자각이었다. 이러한 박태진의 문학적 입장은 일본어를 버리던 시기부터 시작되었다.

런던에 와서 그는 변화하는 현대세계를 확인하면서 자신의 입장을 강화해 갔다. 런던에 와보니 한국에서 참조하던 엘리엇도 이미 "박물관을 지어" 버린 상태, 즉 과거적 존재가 되어 있다는 것이다. "우리의 전후시단이 파운드, 엘리엇, 오든 또는 쉬르레알리스트의 영향을 본격적으로 받기 시작할 때 구미 시단은 이 시인들이 벌써 낙화의 빛을 보이고 있었다"[57]는 판단이 반복되었다. 박태진은 "영국에는 물론 〈앵그리 · 영그 · 맨〉 그리고 파리의 〈레 · 뜨리쉬르〉는 사르트르가 이미 낡았다"[58]는 유럽 문단의 상황을 한국에 전하는 일을 중요한 임무로 여겼다.[59] 그것은 "딴판인 두 현실"을 "가교"[60]하는 일이었다. 1950년대 한국 문단은 사르트르와 까뮈에 열광하였지만, 유럽은 이미 이들이 한물간 때라는 사실을 알리는 것, 한국 문단과 유럽 문단 사이의 낙차를 확인하는 일은 박태진의 런던 경험에서 중요했다. 이후 그는 "소월"과 "루니크"의 낙차를 확인하면서 유럽의 문단 상황을 전달하는 '가교' 역할을 수행했다. ≪런던 매거진≫을 정기구독까지 하면서 한국에 있는 김수영에게 전달하고자 한 것도 같은 맥락에서였다.

인용시에서 콕토, 밀러, 베케트가 존재하는 세계도시 파리에 자신도 동시에 존재한다는 사실을 드러내는 일은 단지 파리의 선진적 문화성을 환호하는 행위가 아니라, 변화하는 현대성의 온도를 직접 확인하는 것이었다. 또한 로마, 브뤼셀, 마드리드, 뉴욕으로 떠나는 공항에서 "제마다의 공로空路"가 "열의 모국"이

되는 코스모폴리탄적 사유 역시 변화하는 현대성을 인식하는 방식이었다.

또한 박태진의 런던 경험 중 하나는 런던의 작가 및 예술가들과 교류하는 일이었다. 박태진은 현대를 "역사상 어느 때보다 세계가 근접하여 마찰하는"[61] 시대로 이해했다. 따라서 박태진에게 현대문학이란 소박한 의미의 세계문학과 같은 범주로 설정되었는데, "같은 세대의 영국 또는 서구 시인, 작가들의 그것과 비교하여 검토되어야 할 것"[62]이었다. 박태진은 한국문학을 미국, 영국, 프랑스 문학과 동일한 지평 위에 놓았을 뿐 아니라, 런던 문단 내부로 들어가 예술가들과 교류하였다. 박태진의 교류가 런던 문단에 특정한 영향을 미쳤다고 보기 어렵다. 그의 교류는 개인적 사교에 가까웠기 때문이다. 런던 문단에서 이 희귀한 "퓨어 포에트純詩人"[63]는 흥미의 대상이었고, 박태진은 특유의 언어 실력과 문화적 교양으로 이들의 흥미를 채워 주었던 것 같다. 박태진의 회고록을 검토할 때 흥미로운 점은 런던 시민들로부터 차별과 소외를 받은 경험이 없다는 것이다. 그의 회고대로라면 박태진은 런던 시민들로부터 환대를 받았다. 그의 산문집 ≪본대로 느낀대로≫는 런던 및 유럽에서 경험했던 작가들과의 교류와 밀착된 유럽생활을 상당히 밀도감 있게 묘사하고 있다.

박태진이 런던에 체류하던 영미 예술가들과 교류를 가능하게 한 인물은 '피터 현'[64]이었다. 피터 현은 당시 파리에 거주한 특이한 이력의 소유자로서, 작가 및 번역가로 활동하고 있었다.[65] 피터 현은 박태진의 시를 외국잡지에 실어 주거나,[66] 자신과 교류했던 예술가들을 소개했다. 박태진이 가장 자주 언급한 인물은 스펜더였다.

시인 Spender를 현씨의 소개로 만나, 점심을 Soho에서 하였다. 그림이

10여 장 놓여 있든 그의 office를 생각하며 나는 그의 총명한 눈을 들여다보았다. 얌전한 어조가 유하면서도 강하였다. 시인은 곧다. 방금 동경펜대회를 다녀왔고, 한국대표도 많이 만났다고 했다. 시인 Miss. Moh는 정치시를 흔히 쓰는가 하는 데는 아연했다. 나는 그가 lyrist이라고 해두었다. 한국에 가지 않은 이유는 한국대표가 하도 정치적이어서 자기는 이용당하고 싶지는 않었다고 한다. (생략) 점심을 그가 치렀다. 미안감이 있어 다음은 내가 청하기로 하였다. 장신(長身)이 푸른 트위드이드를 입고 나의 앞장을 서서, 기탄없이 친지에 대하듯이 이야기를 던지든 것은 잊을 수 없는 기억이다.[67]

박태진은 스펜더와 만난 에피소드를 반복하여 회고하고, 중요한 교류의 예로 생각했다. 스펜더는 박인환과 같은 1950년대 모더니스트들뿐 아니라 한국 문단이 주목했던 작가였기 때문에[68] 중요한 인물로 다루어지고 있었다. 스펜더는 피터 현이 쓴 동양문화에 대한 글을 자신이 편집장으로 있는 ≪엔카운터≫지에 게재하면서 그와 교류하고 있었다. 이때 피터 현이 스펜더에게 박태진을 소개한 것이다. 박태진은 모윤숙을 정치시인으로 생각한 반공산주의자 스펜더에게 후진국 지식인으로서 부끄러움을 느꼈던 것 같다. 박태진은 런던 체류기에서 후진성과 선진성을 과도하게 대비하는 글쓰기를 하지 않았다. 반면 이 글에서 "아연했다"는 표현은 문학의 자율성을 획보하지 못한 후진국 문학에 대한 부끄러움으로 해석된다. 인용문에서 스펜더에 대한 깊이 있는 묘사는 모윤숙과 정치시에 대한 것뿐이다. 그는 스펜더를 주로 영국식 여유로움, 소호 거리의 세련됨, 출판사 사무실의 풍경, 세련된 외모와 복장 등으로 묘사한다.

박태진은 산문집 ≪본대로 느낀대로≫에서 영국 예술가들과의 교류를 이러한 교양주의적 태도로 접근했다. 1950년대 한국의 교양주의는 신분상승이라는 학력 엘리트의 욕망이 반영되어 있었으며, 비판적 성찰을 방해하고 규율하는 이념의 지형 위에 있었다.[69] 박태진의 런던 경험은 한국문학의 현대성과 자기의 위치를 모색하고 탐색하는 결정적 계기였지만, 그가 런던 시민들과 교류하는 과정은 문화 엘리트의 교양주의가 바탕에 깔려 있음을 알 수 있다. 박태진은 영미 지식인 및 예술가들을 비판적 관점으로 바라보지 않았다. 그들을 세계적 교양수준을 드러내는 기준이나 모델로 다루었다. 즉 스펜더의 분위기와 외양을 다루는 수준을 넘어서지 못했다.

박태진의 교양주의는 유럽이라는 세계성과 현대성에 집중되어 있었다. 이는 한국 대중들뿐 아니라 한국 지식인 및 작가와의 구별 짓기 장치로 활용되었다. 그가 "그 당시 나 같은 사람은 없었다", "박인환도 그렇고 김수영도 그렇고 나와 같은 체험을 하진 못했"[70]다는 자기 인식은 엘리트적 구별 짓기를 드러내는 발언이기도 하였다. 1960년대 교양주의의 키워드가 '현대', '20세기', '구미歐美'[71]라고 할 때, 박태진의 런던 경험은 한국 교양주의의 요구에 정확하게 맞아떨어진다. 박태진의 산문집이 대중적 교양서로 출판되었다는 사실을 감안하더라도, 그가 영국 사회를 바라보는 시선에는 엘리트 교양주의로서의 우월한 자기 인식과 계몽적 태도가 존재한다는 점을 간과할 수 없다. 그의 교양주의는 엘리트적 구별 짓기와 유사-런던 시민 되기를 열망하는 후진국 지식인의 허구성이 어느 정도 반영되어 있다고 볼 수 있다.

이렇게 볼 때 후진국 지식인 코스모폴리탄이라는 박태진의 위치는 런던에 실제로 거주하면서 자기 위치를 탐색하는 개인, 실시간으로 세계문학 텍스트를 읽고 한국에 전달하는 교량자적 역할뿐 아니라, 문화 엘리트로서 독보적인 자기 위치를 설정하기 위한 구별 짓기를 수행하는 개념이기도 하였다. 그의 세계문학 읽기와 세계작가들과의 교류는 이처럼 복잡하면서 모순적인 특징을 동시에 갖는다.

박태진의 런던 경험은 그의 개인적 삶 자체를 세계성 텍스트로 만들었을 만큼 독특한 것이었다. 박태진의 런던 경험의 출발은 일본어 버리기로부터 시작되었다. 과거 식민지 기억을 버리는 것으로부터 본격화된 언어 의식은 "조선어도 일본어도 영어도 아닌" "나"의 언어인 동시에 '세계어'였다. 그의 런던 경험은 코스모폴리탄 산책자로서 국제도시 런던 거리를 걸으며 후진국 지식인으로서 자기 위치를 모색하는 '올바른 방황'을 가능하게 하였다.

특이하게도 박태진의 런던 체류는 런던 시민으로부터 소외가 아니라 환대를 받았다는 점이다. 허구의식일 수 있는 그의 무비판적 교양주의는 역설적으로 후진적 열등감에 시달리는 후진국 지식인의 면모를 벗어나게 하였다. 가령, 1957년 런던을 여행했던 조병화는 그의 기행시 <런던>에서 영국의 민주주의에 대한 강력한 동경심을 드러낸다. 그것은 후진국 지식인의 열등감의 표출일 수 있었다. 반면 박태진은 그러한 동경심이나 열등감을 드러내지 않았다. 박태진은 자기를 런던 시민에게 환대받는 평등한 이방인으로 정위했기 때문이었다. 박태진은 실시간 영미 문단의 흐름에 주목하면서 이를 한국 문단에 전달하는 임무를 수행하였다. 이를 통해 과거 소월 시대의 문학과 결별하고, '오늘'의 세계문학 동향을 포착하여 전후 한국문학의 현대성을 모색하고자 하였다.

그의 런던 경험의 핵심은 코스모폴리탄 산책자로서 현대성을 세계문학의 최전선에서 구성했다는 점이고, 이를 통해 전후 한국문학의 현대성을 새롭게 확보하는 것이었다. 이는 런던 경험 이후, 서울에 거주하는 후진국 지식인의 불투명한 일상성을 '오늘'의 시학으로 연결하였다. 1950~60년대 초기 박태진의 문학적 성과는 이 시기 추상적 세계문학을 현장에서 감각하고, 그것을 온몸으로 살아냈던 독특한 현대성을 구현했다는 점이다. 전후 박태진의 런던 경험은 박태진의 개성적 시학을 구성하고, 한국문학의 자기정체성 형성에 복합적인 영향을 미쳤음을 확인할 수 있다.

3부

일상과 공간

집과 가정
—젠더와 주거 디자인[1]

페미니스트들은 가부장제와 자본주의가 지배하는 집-가정 담론에 저항하여 여성 주체의 디자인 미학을 모색해 왔다. 이 글은 '젠더'에 기초하여 오이코스*oikos* 담론을 재구성한다. 미국의 1세대 페미니스트 미술가인 주디 시카고Judy Chicago와 23명의 미술가의 공동 설치 작품, 〈여성의 집〉과 100여 명의 작가들이 협업한 〈디너파티〉는 페미니즘 주거 디자인의 가능성을 보여준다. 그러나 후속 세대 페미니즘은 이들 작품을 본질주의로 비판하기도 했다. 그러나 필자는 뤼스 이리가레Luce Irigarey의 '성차sexual difference' 미학에 기초하여 본질주의 비판을 재비판한다. 또한 페미니즘 주거 디자인의 긍정적 사례로 마가레테 쉬테-리호츠키Margarete Schûte-Lihosky와 릴리 라이히Lilly Reich의 부엌 디자인을 제시하며 이중의 함의를 밝힌다. 나아가 시장 논리와 물리적 견고성의 지배로 미적 실험에 현실적 제약을 받는 대중 건축을 위한 상상적 대안으로 순수미술의 공간실험을 제안한 양혜규, 올라퍼 엘리아슨Olafer Eliasson의 작업을 제시한다.

김주현

레이몬드 챈들러의 소설 《안녕, 내 사랑》(1940)에 나오는 다음의 인용문은 스위트홈에 대한 통념을 보여준다.

누가 어지르지만 않으면 그곳은 정말 멋진 방이었다. … 한쪽 발을 다른 쪽 허벅지에 걸친 채 설탕이 잔뜩 든 압상트를 홀짝거리며 **사랑이 넘치는** 목소리로 이야기를 나누고 가끔 킬킬거리기도 하는 그런 종류의 방이었다. **노동을 빼고는** 무슨 일이든지 벌어질 수 있는 그런 방이었다.[2]

이 소설의 화자인 남성 사설 탐정 필립 말로위Philip Marlowe의 말처럼, 아늑한 소파에 몸을 기대고, 삶을 이완시키는 술과 대화를 이어가고, 자유와 사랑이 넘치는 공간에 살고 싶은 주거의 욕구는 다른 욕구들만큼 필수적이다. 필자가 진한 글씨로 강조했듯이, 집과 가정을 '경쟁과 대별되는 사랑'의 공간으로, 그리고 '노동과 대별되는 휴식'의 공간으로 표현한 인용문은 꽤나 많은 이에게 따뜻한 공감을 자아낼 것이다.

하지만 가족과 함께 살며 '집 지킴이housekeeper' 주부로 살고 있는 필자의 독해는 조금 달랐다. 첫 번째 구절부터 마음이 답답해졌다. '누가 어지르지만 않으면'은 주거의 행복을 위한 단서조항rebuttal으로, 공/사 구분과 성별 분업의 원칙에서 '부지런히 치울 임무'는 여성에게 주어지기 때문이다. 최근 증가 추세에 있는 1인 가족의 경우라면 여성이든 남성이든 안락한 공간을 즐기는 것과 그것을 마련하는 것 모두 자신의 몫일 것이다. 반면 가족[3]은 공동의 공간을 위해 마땅히 n분의 1의 역할을 해야 하지만, 가부장제의 집-가정 담론이 수행되는 가정 살림의 대부분은 오늘날에도 여성, 특히 주부에게 할당된다. 챈들러와 말로위는 의심의 여지없이 사적 공간의 사랑과 휴식에 방점을 두었지만, 스위트홈이 문자 그대로 '스위트'하기 위해 그 공간에는 노동을 벗어나 사랑에만 빠져 있을 수는 없는 가족 성원이 있다는 것을 무시했다.[4]

집 지키는 여자

신분제가 사라진 후 근대 중산층 가정의 등장은 삶의 사적 가치와 방식을 변화시켰다. 이는 우리에게 널리 알려졌고 끊임없이 수행되는 노동/휴식, 일터/가정, 남성/여성, 공적 계약/사적 배려의 이분법에 토대를 둔다.[5] 산업사회와 대중 주택 디자인의 부상 속에 이것은 노동자 계층의 삶에 빠르게 확산되었다. 예를 들어, 1890년대에서 1920년대까지 미국의 노동자 파업은 가정과 소비 영역의 전담자로 여성을 위치시켰다. 기업은 노동문제를 해결하는 하나의 방법으로 주택 소유와 안락한 가정에 착안했다. 좋은 집이 노동자를 행복하게 만들 것이고, 행복한 노동자가 기업에 더 큰 이윤을 가져다줄 것으로 기대됐다. 남편이 월급봉투를 집에 가져오고 아내는 조용하고 안락한 집을 꾸며 노동자 남편이 원기를 회복하게 한다. 그리고 남편들은 다시 일터로 돌아가 열심히 노동한다. 이런 제도에서 성 역할 구분은 계층 구분보다 더 분명하고 일반적이다.[6] 물론 세계대전을 겪으며 대안 공동체와 주거 디자인의 실험이 나타났고, 여성의 사회진출이 증가하고 양성평등의 법과 정책이 어느 정도 자리를 잡아 가고 있지만, 지금도 여전히 많은 이들이 가부장제와 자본주의가 결합한 근대의 집-가정 담론의 훈육을 유순하게 받아들이고 있다.

근대 이후 집 지키기와 집 꾸미기는 아내의 미덕과 솜씨를 드러내는 중요한 임무가 되었다. 성실한 주부는 바느질, 직조, 염색, 뜨개질, 가족 앨범 만들기, 요리, 정리 정돈 등, 살림 공예가이자 실내 디자이너이다. 주부의 살림 솜씨는 가족을 보살피고 포용하는 아내의 미덕을 증명한다.[7] 하지만 공/사 구분에서 집과 가정이 여성의 영역으로 할당되었음에도 여성이 주거 디자인에서 소외되어 있다는 점은 아이러니하다. "여성의 생활과 특성은 자신이 사는 집에 따라 달라진다.

여성의 집은 남편이 속한 계층의 사회적, 경제적 요구를 표현한다. 남성은 집을 짓고 여성은 그 집을 꾸려 갈"[8] 뿐이다.

건축은 어떠한 장르보다 일찍 순수예술fine art에 편입되었지만, 거대한 물질성을 다룬다는 점에서 그리고 사회의 실천적 요구에 부응한 이윤 추구의 경제활동이라는 점에서 남성의 영역으로 간주되었다.[9] 여성은 아내의 미덕과 미학을 드러내는 집 꾸미기를 강요받지만, 전적으로 사적 영역의 아마추어일 뿐이다.[10] 공적 영역의 직업적 실내 디자인은 건축에 비해 여성 전문가 숫자가 더 많다고 볼 수는 있지만, 여전히 건축과 같은 이유로 다른 디자인 영역보다 남성 전문가 비율이 높은 편이다.[11] 청결, 위생, 정리 정돈, 효율성으로부터 집안 꾸미기에 이르기까지 집-가정 담론과 디자인에 여성의 미학이 설 자리는 거의 없다.

자본주의의 시장 안에서 생산되고 거래되는 주택 건축은 가부장제 가정의 이상 역시 따르기 때문에, 이 둘 모두에 저항하는 디자인을 마련하는 것은 19세기에도 그리고 21세기에도 요원하다. 예를 들어, 한국에서 성행하는 대중 주택의 인테리어 공사에 주부의 미학이 반영되지는 않는다. 인테리어 공사에 지불하는 비용은 가계 지출로는 매우 크기 때문에 소소한 살림 도구의 구매와는 달리 남편의 결정을 기다려야 한다. 동시에 업자와의 관계나 시공 방식에서 주부의 정보 비대칭성이 너무 크고 구체적인 체현에서 남성 작업자의 힘과 언어에 압도되기 때문에, 클라이언트 주부가 당당하게 자신의 미학을 요구하기는 어렵다. 인테리어 공사를 경험한 많은 주부들이 가장 고통스러워하는 것이 '끝없는 하자 보수'인 것을 보아도,[12] 이 영역에서 여성 주체성이란 계약서 작성 전 상담 단계의 의견 교환 이상이 되기는 힘들다. 결국 집 지키기, 집 꾸미기는 가부장제·자본주의의 집-가정 담론이 지배하며, 그 안에서 여성에게 허용된 결정권은 디자인의 이상이

아니라 소소한 실천 방식에 한정된다.[13]

페미니즘은 이에 저항하여 여성 주체의 집-가정 담론을 모색해 왔으며, 이 글에서는 '젠더'를 중심으로 2~3세대 페미니즘 미학의 한계와 가능성을 논의한다. 2절에서는 고대로부터 지속된 가부장제의 오이코스 담론을 비판적으로 검토한다. 3절에서는 여성 공간을 위한 뤼스 이리가레의 '성차' 개념과 주디 시카고의 〈여성의 집〉을 분석한다. 4절에서는 성차 본질주의 비판을 재비판한다. 재비판 논증은 이리가레의 '부정의 성차'에 기초하여 본질주의에 대한 오해를 불식하는 것과 구체적인 위치에서 본질주의의 미적, 역사적 가치를 평가하는 것으로 구성된다. 그 사례로 마가레테 쉬테-리호츠키와 릴리 라이히의 실내 디자인의 양면성을 분석한다. 5절에서는 포스트-가부장제의 젠더와 공간 디자인을 위해 양혜규, 올라퍼 엘리아슨의 공간 실험을 탐구한다.

오이코스와 가정관리술

미셸 푸코는 ≪성의 역사 2≫에서 고대 그리스의 오이코스와 가정관리술economics을 자세히 쓰고 있다. 오이코스는 집, 가정, 가족으로 번역할 수 있다. 크세노폰은 ≪가정관리술≫에서 이스코마쿠스의 가정을 사례로 들었다. 기원전 4~3세기 그리스의 결혼은 가문과 재산의 결합이었다. 후손을 생산하고 풍요로운 가정경제를 이루기 위해 남편이 아내에게 가정 내 성 역할을 숙지시키고 안주인의 행실을 가르쳤다. 아내는 가정 살림의 리더로 혈족 · 인척 · 지인과 돈독하게 사교를 이어가고, 하인들을 관리하는 등 가정 경영술을 익혀야 한다.[14]

나이든 남편 이즈코마쿠스는 10대의 어린 아내가 오이코스에 무지함을 비난하지 않고 자세히 가르치면서 열심히 노력해 줄 것을 당부한다. 그리고 어린 아내가 오이코스의 가치를 가정관리술로 실현한다면 남편은 그에 대한 보답으로 상호 애정에 충실할 것을 약속한다.[15] 유사한 논의는 당대의 다른 저작들에서도 발견된다. 이소크라테스는 ≪니코클레스≫에서 사회 지도자가 가정생활에서도 모범이 되어야 하며, 이를 위해 아내가 적극 협력할 것과 품행의 엄격함을 지킬 것을 권고했다.[16] 아리스토텔레스는 ≪가정관리술≫에서 가정 내 아내의 역할을 강조하되 남편은 마치 민주정의 시민처럼 가정의 아내를 평등하게 존중할 것을 권고했다.[17]

푸코의 오이코스와 가정관리술에 대한 탐구는 고대 그리스 가정에서 남편들이 쾌락을 위해 마음껏 기득권을 누릴 수 있음에도 '인간의 명예'를 위해, 가치 있는 삶을 위해, 도덕적 삶을 살아가는 남편들이 있다는 것, 옴짝달싹할 수 없는 현실의 곤궁함 속에도 세상을 핑계 삼지 않고 새로운 도덕을 창안하는 이들이 있다는 것을 말하기 위한 것이었다. 남편이 평등한 사랑을 위해 자신의 권력을 제한하면서 아내의 권력을 확장하는 '엔크라테이아enkrateia'는 현대의 사랑, 결혼, 가정에서도 쉽게 볼 수 없는 도덕적 · 미적 혁신임에 틀림없다.[18] 그러나 푸코의 놀라운 통찰에도 불구하고 이즈코마쿠스나 니코클레스의 오이코스 계보학은 특별한 소수의 권력 조정에 불과하다. 즉, 이들의 도덕은 당대에나 지금이나 결코 일반적이지 않다. 오히려 이들의 엔크라테이아는 가부장제의 오이코스와 가정관리술이 얼마나 강력하며 오랜 역사를 지녔는지를 반증한다.

푸코 역시 자신의 권력을 스스로 제한하는self-limitation 신중한 자발적 행위로서 엔크라테이아가 남편의 도덕적 책무라면, 그에 대응하는 아내의 책무는 신의 성실, 곧 정조라고 썼다.[19] 여성에게만 강요된 정조는 여성의 정체성이 독립된 인격도, 사랑의 주체도 아닌 생식 도구와 사유재산임을 뜻한다. 고대 그리스의 오이코스와 가정관리술에서 여성에게 할당된 임무는 컸지만 모든 기획과 명령의 주체는 남편이었다. 여성은 주체로 존재하지도, 여성이 관할하는 주체적인 공간도 없었다. 남편이 원하는 곳에 아내는 있어야 했고 감시와 통제를 받았다. 어린이나 노예와 마찬가지로 아내는 자유 시민이 아니었기에[20] 존엄한 자로 살기 위해서는 오직 이즈코마쿠스와 니코클레스와 같은 남편의 엔크라테이아만을 바라야 했다.

반면, 근대 건축가 알베르티는 ≪건축론≫(1450~1472)에서 푸코가 자기 성찰이 깊은 남편들에게 초점을 맞추느라 남겨두었던 가부장제의 오이코스 담론을 더 적나라하게 보여준다. 알베르티는 오이코스를 물리적 공간인 집의 측면에서 논의한다.[21] 그는 집과 그 안에 거주하는 가족을 동일한 것으로 간주한다. 알베르티에게 오이코스는 남편 중심의 위계질서와 구분을 의미한다. 집의 거주자는 남편이고 아내는 남편의 명령에 따르는 가정 관리사, 집 지킴이이다. 집은 남편의 상속자인 아이들을 보호하고 동시에 아내를 다른 남자들로부터 고립시켜 적자를 생산함으로써 남편의 사적 소유를 보호한다. 그래서 가부장제 집 건축에서 여성을 집 안에 유폐하는 것이 필수적이었다.

> 남성은 … 집과 국가에 고정된 장소를 가지지만 여성은 움직인다. 결혼을 하면서 … 아내는 남편의 집으로 이동한다. 이러한 경계 넘기는 집을 구성하는 데 필수적이지만 동시에 위험하다.[22]

알베르티와 가부장제의 오이코스 담론은 여자의 이동, 유동성, 경계 넘기를 여자가 언제든 다른 남자나 다른 집으로 갈 수 있다는 것으로 이해하고, 이러한 위험을 막기 위해 장치를 마련한다. 그것이 남편의 법에 따른 공간 배치이다. 아내의 위험은 오직 남편의 통제와 감시로 막을 수 있으며, 물리적인 집은 가부장제의 질서를 체현한다. 대표적인 것이 경계를 굳게 세우는 것이다. 여성을 집 안에 길들이고 섹슈얼리티를 통제하는 장치로 벽의 모든 개구開口를 막고 벽 자체도 강화한다. 남편만이 열 수 있는 자물쇠, 빗장, 볼트, 셔터를 설치하고 문지방, 문, 창문은 높고 두껍게 세워 여성이 집 밖으로 이동하거나 외부와 접촉하는 것을 막았다.[23]

> 여성들은 친척들을 제외하고는 외부인과 식탁에 앉을 수 없고 … 여성의 장소는 어떤 곳이든 종교와 순결을 위해 구성되어야 한다. … (대신) 민감한 어린 소녀들과 처녀들이 갇혀 있다는 답답함을 덜 느끼게 아늑한 공간을 마련해야 한다. 부인들은 효율적으로 집 안의 모든 사람들이 하는 일을 볼 수 있는 자리에 있어야 한다. …
> 부인이 임신했거나 아플 때, 혹은 여름에, 남편이 방해 받지 않고 잠을 잘 수 있도록 부부는 각자의 침실을 가진다. 각자의 침실에 출입문을 설치하되 부부 침실 사이에 곁문side door을 설치한다.[24]

알베르티는 공간의 질서와 젠더 감시를 위한 디자인을 탐구했고 여자들을 집 깊은 곳에 위치시켰다. 고대의 크세노폰은 ≪가정관리술≫에서 알베르티와는 달리 부부의 침실을 분리하고 재생산 이후 부부는 오직 가족애로만 살아갈 것을 권고했다.[25] 반면, 알베르티는 평생 아내의 섹슈얼리티를 남편에게 귀속시켰고, 남성의 요구에 의해서만 결문을 열었다. 이것은 알베르티의 주거 디자인이 이후 '낭만적 결혼'의 오이코스로 이어진다는 것을 보여준다. 또한 알베르티의 건축은 색과 장식을 거부했는데, 선의 미학[26]은 남편의 이성의 법과 질서를 드러낸다. 또한 알베르티는 여성의 화장과 화려한 의상을 비판했다. 아내는 스스로의 쾌락과 만족을 위해서가 아니라 오직 남편의 오이코스를 위해 아내의 미덕과 솜씨에 몰두해야 했다.

성차와 〈여성의 집〉

가부장제의 오이코스와 가정관리술이 정의하는 여성 정체성 및 공간 위치는 생식과 살림을 위한 도구이다. 아내의 유동성과 경계 넘기는 남편에게는 타자의 위험일 것이다. 그래서 남편의 법은 아내를 집 깊숙이 감금하고 성과 노동을 착취한다. 영혼을 지닌 인간도, 시민도 될 수 없었던 여성에게 집은 남편의 집, 곧 타자의 집이었다. 챈들러와 말로위의 기대와는 달리 여자들은 그곳에서 사랑도 휴식도 누릴 수 없었다. 남편이 위험한 아내를 집 내부에 위치시키고 외부와의 접촉을 막은 것은 가부장제 사회에서 여성들이 결코 '자기 집처럼 즐기지 못하는' 섬뜩함unheimlichkeit을 감지했기 때문일 것이다.

그러나 여성들에게 유동성과 경계 넘기는 결코 위험이 아니라 대안 공간을 찾는 힘이다. 남성 상징계의 '정상적 여성'에 미끄러지는 수많은 여자들은 '나는 여자가 아닌가?'[27]를 묻는다. 이에 대해 이리가레는 "거기에는 여성으로 존재하는 어떤 것도 없다. … 그녀는 아직 존재하지 않는다"[28]고 대답한다. 이리가레가 전통적인 집-가정 담론에 저항하며 대안으로 제시하는 새로운 가치는 성차이다.[29] 여성은 남성의 결핍으로서가 아니라, 여성 스스로의 주체성과 양식으로 자신의 욕망, 육체, 정신을 끊임없이 생성해 가고 있다. 여성-되기becoming-woman는 타자 그리고 세계와 끊임없이 관계를 맺는 가운데 수행되며, 나아가 자기 자신과도 계속 관계를 맺으며 변화를 이어간다. 여성-되기란 '차이의 기획'이다.[30]

이리가레는 하이데거의 ≪존재와 시간≫을 재독해하며 성차의 장소를 확인하고, 동시에 훼손된 공간적 은유를 탐구한다. 차이를 사고하고 경험하려면 시간과 공간의 문제들을 고려해야 한다. 그녀는 시·공간에 대한 지각과 인식의 변화를 요구하며 공간 속에 살아감과 정체성이라는 외피 속에 거주함을 함께 탐구했다.[31]

> 여성은 남성의 상상계 속에 존재하는 것만이 아니라, 그 상상계 자체이기도 한다. 여성을 가정 안에 데려다 놓고 이 쉼터를 제공한 것은 남성이었다. 보통 남성의 노동으로 생계가 유지되는 가정은 여성을 에워싸 고립시키고, 여성을 내적 망명상태에 이르게 한다.[32]

이리가레는 알베르티가 구획한 집 내부의 고립을 여성의 내적 망명상태로 명명한다. 그녀는 여성 정체성과 여성 공간을 재정의하고자 하는데, 그것은 '어디에 어떻게 거주할 것인가'라는 질문에 대한 대답이기도 하다. 그녀는 대답을 위해 질문을 바꿔 다시 묻는다. 여성은 '어떻게 남성의 상상계로 구축된 건물 안에서 살게 되었는가?' 이리가레는 '살아감'과 '거주함'의 이중의 의미에서 여성의 지형학을 다시 세우고자 한다. 그것의 토대가 성차이다.

성차는 … 아직은 증명되지 않았으나 새롭게 나타날 풍요로운 공간을 표현한다. … (성차가) 여성들을 정치적으로 열어젖혔다.[33]

여성의 지형학, 즉 여성의 세계, 여성의 공간 만들기, 그 속에서 살아감은 기존 용어가 아닌 전적으로 새로운 언어를 요구한다. 과연 여성 성차에서 주체적으로 만드는 공간은 어떻게 가능할까? 주디 시카고는 1970년 북미에서는 최초로 프레즈노 주립대학교에서 '페미니즘 미술' 수업을 했다. 또한 1971년부터는 미리엄 샤피로와 함께 발렌시아에 있는 캘리포니아 미술 대학이 마련한 페미니즘 미술 프로그램CalArts Feminist Art Program을 시작했다. 학생들은 여성들만의 작업장에서 작품 제작 경험을 공유했다. 시카고와 샤피로는 학생들에게 여성으로 살아온 몸과 일상의 경험을 작품에 담도록 했다.

이 프로그램의 결과물로 1972년 1월 할리우드의 한 폐가에 공동 설치 작업, <여성의 집>을 완성했다. 24명의 미술가들은 각자 폐가의 빈 공간들을 맡아 자신들의 방을 만들었다.[34] 시카고의 <월경 화장실>, 캐시 허버랜드의 <신부의 계단>, 셰리 브로디와 미리엄 샤피로의 <인형의 집>, 페이스 윌딩의 <자궁 방>, 샌디 오젤의 <다림질, 린넨 클로젯>, 제니스 레스터의 <혼자만의 방>, 로빈 쉬프의 <악몽 욕실> 등이 제작됐다.[35] 전시 첫날에는 오직 여성들만이 관람하게 했고 그 이후부터는 모두에게 전시를 공개했다. 전시 기간 동안 거의 10,000여 명의 방문객이 다녀갔다. <여성의 집>은 가부장제 집-가정 담론이 누락했거나 폄하했던 여성들의 삶과 경험에서 주거 공간을 재구성했다. 작가들은 여성들이 주로 머무르는 부엌, 파우더 룸, 욕실, 화장실, 클로젯, 아기방을 선택했다. 이들은 요리, 육아, 생리, 성관계, 출산, 외모꾸미기, 청결, 위생 등 여성성에 대한 성적 · 사회적 · 심리적 구조를 탐구했다.

설치미술, <여성의 집>은 현실의 '남성의 집'에 도전한다. 프랭크 로이드 라이트가 1900년대 초반에 북미의 주택 건축에 도입한 개방된 평면 기획은 사적인 가정에서 여성의 일을 더 사적인 것으로 감추고 폄하하는 결과를 낳았다. 그는 주택의 모든 부분을 공적인 것으로 합치고, 좁은 복도 양옆에 침실, 욕실 등 분리된 사적 공간을 배치했다.[36] 유럽의 소규모 노동자 계층 테라스 하우스에서도 여성들은 후면에 위치한 침실, 부엌, 세탁실, 지하실, 출입구에서 생활했다. 스코틀랜드 임대주택에서조차 가족들은 주로 후면의 부엌을 중심으로 생활하면서도 전면에는 응접실을 가장 좋은 장소로 배치해 두고 실제로는 사용하지 않았다.[37] 근대 이전 공적 노동/사적 휴식이 구분되지 않았던 시절에 응접실은 귀족 남편들이 업무를 보는 장소였다. 하지만 근대 이후 응접실이 필요 없는 노동자 계층의 집에서도 '남성의 집'의 공간 배치 전통이 남아 있는 것이다.

<여성의 집>은 여성들이 가부장제의 오이코스와 가정관리술이 초래한 두 가지 위험을 직시했다. 하나는 여성을 가정 공간으로 퇴행·고립시키며, 또 다른 하나는 그렇게 할당된 여성의 미덕과 공간 디자인조차 여성을 소외시킨다. <여성의 집>은 사적인 집에서 더 사적인 것으로 밀려나 고립된 여성의 방을 공개했다. 부엌, 침실, 아기방, 욕실, 화장실, 클로젯에서 여성에게 일어나는 구체적인 일들과 복합적 감정들, 곧 갈등, 고통, 분노, 희망, 꿈을 가시화했다. 침실, 욕실, 화장실은 사랑과 생명의 공간이지만, 동시에 성폭력, 출혈, 하혈, 성병의 공간이기도 하다. 여성에게 주어진 요리, 세탁, 청소 등의 성별 역할은 행복하면서도 잔인하다. 클로젯과 파우더룸의 여성들은 외모 경쟁과 압박에서 승리와 패배의 희비에 시달린다. <여성의 집>은 맹목적으로 여성을 찬양하지 않는다. 여성의 신체, 곧 가슴·성

기·머리카락을 벽, 전등, 에이프런에 붙이며 작가들은 성차를 통해 그로테스크를 표현한다. 남자에게 사적으로 소속된 여자라는 것, 그의 집에서 오직 그에게 봉사한다는 것은 '보호받고 사랑받는 기쁨'일 수도 있겠지만, 감금, 종속, 착취, 소외, 억압, 주변화의 고통이기도 하다. 여자로 살아가는 것, 여자가 되어가는 것의 필수조건이 남성의 감시나 통제·지배는 결코 아니다. 또한 사랑, 출산, 육아, 살림, 내조가 여성의 미덕도 행복도 아니다. 그래서 〈여성의 집〉에 거주하는 여성들은 스스로 강박을 견디지 못한 채 자기 분열에 처했고, 대부분은 행복하지 않고 거의 극심한 공포에 빠져 있다.[38]

〈여성의 집〉은 페미니즘 미술 이론과 실기 강좌에 기반한 실험적 작품이자, 젠더와 공간을 주제로 한 여성 집단의 미술관 바깥의 설치미술이라는 점에서 흥미를 끈다. 미국과 같이 넓은 나라에서 초대장을 받은 여성들은 스스로 몸을 움직여 할리우드의 폐가를 찾아오는 긴 여정 동안 젠더, 거주, 오이코스, 성별 분업 등을 성찰한다. 또한 현장에 도착한 관객들은 〈여성의 집〉의 방들과 그 사이를 걸어 다니며 자신의 집과 〈여성의 집〉의 젠더와 젠더 해체, 그리고 거주와 살아감의 방식을 탐구한다.

하지만 〈여성의 집〉이 '남성의 집'에 대한 도전을 여성성이라는 생물학적, 사회적 규정에서 시작한다는 비판도 있다. 〈여성의 집〉 작가들은 이리가레의 성차를 본질주의로 이해했고 여성의 신체와 사회적 경험을 직설적으로 일반화했다는 것이다. 당대에 루시-리파드는 페미니즘 미술의 발흥 속에 여성적 특질을 다음과 같이 열거했다.

> 감각적이고 반복적인 것, 단일한 농도와 전체적인 질감, 둥근 형태와 중심

초점, 겹겹이 쌓인 층, 자유로움과 유연성, 금기로 여겨지던 덧없는 구름의 빛깔과 파스텔 색조와 분홍빛에 탐닉하는 새로운 취향 등[39]

시카고 역시 페미니즘 미술의 1세대 작가이자 교육자로서 여성만이 지닌 독특성에서 여성 미술의 착목점을 세웠고, 여성의 성 기관에 집착했다. 그녀는 '열린 형상', '중심으로부터의 나선', '다층의 꽃잎'과 같은 이미지를 자주 사용했으며, 언론 인터뷰에서 "중심핵", "나를 여성으로 만드는 질"과 같은 말을 사용했다. 1973년에 시카고와 샤피로는 ≪우먼스페이스 저널≫에 공동 논문을 게재했는데, 여기에서 그들은 "여성이 된다는 것은 어떤 것일까? 중심핵 주위에 형성되며, 삽입할 수 있고, 생명이 출현할 수 있는 통로인 비밀스런 장소를 갖는다는 것일까?"라는 반어적 수사를 펼치기도 했다.[40]

페미니즘 미술 1세대로서 시카고와 샤피로, 그리고 〈여성의 집〉 작가들이 가졌던 긴급함은 방 구획과 배치에서 안일하게 스테레오 타입에 몰두하고 관객들에게 과장된 감정적 반응을 요구한 면이 있다. 그래서 코스마이어는 시카고의 〈월경 화장실〉이 성차 개념을 오해하고 과도하게 긍정적 면모에 착안하여 실체적인 접근을 했다고 비판한다. 그녀는 시카고가 피로 얼룩진 화장실을 여성의 월경에 헌정했을 때 그것은 뒤샹의 〈샘〉을 삐딱하게 비꼬는 대위법이었다고 말한다.[41] 현대미술사의 새로운 페이지를 넘긴 뒤샹의 〈샘〉은 남성들만의 소변기였지만, 피 묻은 여성들의 좌변기를 〈샘〉에 대응시킨다고 해서, 그것이 미적이거나 미술사적 의미를 대칭적으로 확보할 수 있는 것은 아니라는 말이다.

젠더 공간과 포스트-페미니즘

<여성의 집>은 본질주의 여성 미술로서 성차를 실체로 접근하고 찬양하고 있다는 비평은 정당할까? 2007년 뉴욕 브루클린 미술관은 '엘리자베스 새클러 페미니즘 미술센터'(이하 브루클린 페미니즘 미술센터)를 마련하고 주디 시카고의 <디너파티> 소장을 기념하는 전시를 열었다. 설치미술 <디너파티>의 오브제들은 1974~1979년에 제작되었고 그 후 40여 년간 보수와 전시를 거듭했다. 특히 2007년 이후로 브루클린 미술관에서 상설 전시되고 있다.

시카고의 <디너파티>는 남편의 집을 지키며 집 후면의 부엌에서 식사 준비를 하지만 정작 외부인과 식탁에 동석할 수 없었던 여자들을 위해 마련한 파티이다. 브루클린 페미니즘 미술센터의 8,300스퀘어피트 중 5,000스퀘어피트를 차지한[42] <디너파티>는 이제껏 남성의 집에서 후방으로 밀려났던 여성 부엌의 가치를 고양시킨다. <디너파티>는 <최후의 만찬>을 패러디했는데, 남자들만의 식탁을 3배로 늘려 삼각형으로 배치하고 인류 역사에 감춰진 여성 인물을 발굴하여 한 명 한 명을 위한 식탁을 정성껏 차렸다. 삼각형 중 첫 번째 변은 선사시대부터 로마 시기까지, 두 번째 변은 중세부터 종교개혁 시기까지, 세 번째 변은 미국 독립부터 여성 혁명까지, 각 변에 13명씩 총 39명의 여성들을 초대했다. 이 여성들을 위한 식탁은 전통적인 여성 장르, 곧 도자기 · 직조 · 자수 · 채색화 등으로 제작되었다. 바닥의 타일에는 이들 외에 999명의 여성 인물의 이름을 적어 넣었고, 식탁 밖에는 39명의 여성들에 대한 연보 패널을 설치했다.

두 번째 변에 속한 월스톤크래프트 식탁의 텍스타일 자수 식탁보는 <여성의 권리 선언>이다. 시카고는 세 번째 변에 속한 버지니아 울프와 조지아

오키프 식탁의 접시를 고유한 여성 성기 모양으로 제작했다. 1974~1979년 전시 당시 <디너파티>는 '여성 성기의 그로테스크한 키치'라며 비평가들의 조롱을 받았고 워싱턴Washington D.C.의 국립 여성 미술관으로부터도 소장과 전시를 거절당했다. 여성들의 성별 노동인 식탁, 음식, 파티를 소재로 삼고 적나라하게 여성 성기로 접시를 제작하고, 자수 같은 전통적인 여성 장르들을 활용한 것은 시카고가 본질주의 미술로 비판받는 이유가 되었다.

페미니즘 미술에서 본질주의가 비판받는 것은 거짓된 여성 정체성에 기반한다는 존재론의 결함은 물론, 파벌화라고 하는 정치적 해악 때문이다. 하지만 포스트-페미니즘 시대에 1세대 페미니즘 미술을 회고할 때 양자의 위치는 상호작용하며 미적·정치적 함의가 형성된다. 작품의 정체성 확인과 평가는 물리적 구조만을 대상으로 삼지 않으며, 사회·역사적 맥락에 대한 고려가 중요하다. 1970년대 1세대 페미니즘 미술에 2010년대의 포스트-페미니즘의 기준을 직접 적용할 수 없으며 그 역도 마찬가지이다. 남성과 여성의 동일성과 차이가 미술의 근본 이슈였던 1970년대에 왜 페미니스트 미술가들이 실천적 연대를 위해 전략으로 본질주의를 선택했는지 그 한계와 의의를 신중하게 탐색할 필요가 있다.[43]

다른 한편, 브루클린 페미니즘 미술센터가 <디너파티>를 소장한 것은 단순히 페미니즘 미술의 역사적 가치 때문만은 아니다. 시카고는 '디너파티 팀'을 꾸려 집단 작업을 했다. 시카고가 1979년 샌프란시스코 전시에 명기한 공동 작가 인원은 100명이 넘는다. 애초에 <디너파티>의 시작은 여성들과의 식사 퍼포먼스였다. 2007년 브루클린 페미니즘 미술센터의 소장 기념 전시에는 또 다른 개관전, '글로벌 페미니즘'에 출품한 전 세계 젊은 페미니스트 작가들과 새클러 부부, 그리고 글로리아 스타이넘이 참석했다. 그 이후 현재까지 이어지는 상설 전시에 포스트-페미니즘 세대의 관객들이 참여하고 있다. 결국 <디너파티>에 초대된 여성은 결코 1,039명만이 아니다. <디너파티>는 독특한 위치의 관객들이 상호작용하는 관람으로 완성된다.

주거 디자인의 경우도 마찬가지이다. 오직 남성의 법과 질서로 위치해야 했던 여성들이 서서히 자신의 관심과 소망으로 주거 디자인을 변경한 것을 본질주의로 비난만 할 필요는 없다. 그러나 동시에 여성을 고려한다고 해서 그것이 반드시 여성 미학이라고 볼 수는 없다. 예를 들어, 마가레테 쉬테-리호츠키의 <프랑크푸르트 부엌>(1927)은 핵가족 맞벌이 주부의 노동 강도를 줄여 주었지만, 동시에 그 효율성이 가부장제의 성별 노동을 더욱 강화했다. 시스템키친의 효시가 된 프랑크푸르트 부엌은 기차 식당 칸을 모델로 했다. 프랑크푸르트 부엌은 편도로 아침식사 60인분, 점심식사 182인분, 저녁식사 60인분과 스낵 및 음료수 등 400여 명의 주문을 한 사람이 담당하도록 설계되었다. 평면도와 투시도에서 보듯 모서리에는 쓰레기통이, 유리 찬장 밑에는 나무 접시꽂이와 조리기구 고리가, 싱크대 하단에는 18개의 서랍이 배치됐고, 부엌 중간은 거실과 직접 통할 수 있도록 미닫이문을 설치했다.[44]

최근 한국에서 유행하는 대면형 주방 역시 여성 주체의 공간 구획이다. 대면형 주방에서는 주부가 가사 노동을 하며 가족들과 원활하게 상호작용을 한다는 점에서 '주부의 로망'으로 명명된다. 설거지를 하며 거실의 TV를 볼 수 있고 요리하면서 식탁에 앉은 아이들의 숙제를 봐주는 등[45] 주부는 집-가정의 명실상부한 중심이 된다. 그러나 동시에 대면형 주방은 가부장제의 집-가정 내에서 아내-어머니의 고정된 성 역할을 강화하는 장치일 수도 있다. 대면형 주방은 아내-어머니를 하루 종일 넓은 작업대에 묶어 놓고, 휴식 중인 가족을 보조하는 노동을 강요한다.

따라서 '여성적인' 미적 특성은 단순히 기술적이지 않다. 여성의 성차란 여성의 생물학적 특성이나 사회적 경험, 혹은 그에 순응하거나 저항하는 일상이나 판타지를 그대로 반영하지 않는다. 그 점에서 필자는 앞에서 페미니즘 본질주의 미술비평이 맥락주의를 필요로 한다는 옹호 논변을 펼쳤지만, 다른 한편에서 여성 중심 부엌 디자인의 양면성이 보여주듯, 한 작품의 여성성을 파악하는 일은 매우 복합적이며, 그렇게 파악된 여성성이 본질로 정의되고 규범화되고 있는지 역시도 세밀한 분석을 요한다.

예를 들어, <여성의 집>은 지금도 온라인에서 전시가 계속되고 있으며 또한 후배 페미니스트 작가들에 의해 연작과 패러디가 이어지고 있지만, 그렇게 재구성된 여성의 경험은 결코 하나의 본질적인 성차로 묶이지 않는다. <여성의 집>에는 가부장제 주거 공간의 그로테스크한 작업들이 많이 등장한다. 3절에서도 언급했듯이, <인형의 집>은 아름다운 동화처럼 보이지만 자세히 들여다보면 곰이나 유령은 여성의 공포를 표현한다. 또한 <혼자만의 방>은 가부장제의 규율을 따르는 여성의 내면에 스스로 감당할 수 없는 혼란과 오염이 가득하다는 것을 보여준다. 결국 한편에서 <여성의 집>의 본질주의는 맥락주의 비평으로 옹호될 수 있지만, 다른 한편, 가부장제의 여성 성차를 고정화하지 않는 반본질주의 작품으로도 해석 가능하다. 이때의 여성 성차는 부정의 지연과 해체로 읽을 수 있다.

이리가레의 성차는 종종 생물학적 본질주의로 오해받지만, 관계적이고 생성적이다. 이 점에서 이리가레는 2세대 페미니즘보다는 3세대의 해체주의 페미니즘에 더 근접한다. 이리가레의 성차는 생물학적·사회적 성이나 섹슈얼리티가 아니라, 어떤 담론 체계에서 누구와 관계 맺느냐에 따라 다양하게 부정되고 지연되며 재구성된다. 이리가레는 성차를 새롭게 나타날 풍요로운 공간으로 언급하면서 정치적 열림, 해방의 계기로 보았다. 그러나 바로 뒤에 해방의 경계는 낯선 이주지가 아니라, 지금껏 문제를 일으키고 키워 온 관련자들과 함께 찾고 구성해 나가는 과정이라는 주장이 뒤따라 나온다. 곧, 고립된 상태에서 자기 자신만을 사랑하는 것이 성차가 아니며, 그러한 공간은 행복하지 않다. 그래서 이리가레의 성차 존재론은 필연적으로 윤리학에 연루된다. 성차는 긍정적으로 새로운 가치를 구성하는 것이 아니라 자신의 권력을 부분적으로 양보할 때 나타난다.[46]

이리가레의 양보는 푸코의 엔크라테이아를 닮았다. 이 둘은 모두 권력의 자기 제한에서 윤리학과 미학으로 나아간다. 양보에서 차이라는 새로운 가치를 찾아낸 것은 타자와 내가 연결된 존재라는 인식에서 나온다. 나는 나로 존재하지만 동시에 우리로 존재한다.[47] 지금까지의 갈등이 해결되지도 소거되지도 않은 상태에서 다시 반복되고 중첩되는 가해와 피해의 손을 잡아야 한다. 이 과정은 괴로울 수밖에 없다. 공동의 존재가 새로운 양식의 삶을 창조하는 것은 결코 평화로운 화합으로 가능하지 않다.

> 평화로운 공존은 없다고 생각한다. … 모든 것이 '같기'를 욕망해도 거기에는 항상 '다름'의 욕망도 함께 있지 않은가?[48]

성차는 나 자신만의 세계를 체현하는 것이 아니며, 경계로서의 '부정'은 결코 일치할 수 없는 자아-타자 사이의 공간을 유지하게끔 한다. 나도 아니고 너도 아닌 것, 그렇게 서둘러 제3의 긍정적인 공간을 찾기 전에 그리고 정말로 그것을 찾는 길을 가고자 한다면, 둘 사이에는 아직 아무것도 아닌 무無가 필요하다. 함께하기 위해 부정의 경계, 곧 무를 그대로 두어야 한다.[49] 무는 성차의 존재론에서

'전유될 수 없는 차이의 자리'가 된다. 이처럼 주체 간의 장소를 유지하고 그들 사이의 관계를 형성하는 성차의 윤리학은 타자 생성에 대한 감수성을 바탕으로 하는 '~되기', 곧 궁극적으로는 '포스트-가부장제의 성차-되기'를 가능하게 한다.[50]

그렇다면 부정의 성차로 집 짓기, 집 꾸미기가 가능할까? 여성과 남성, 주부와 가족이 어떻게 서로의 자리를 남겨둔 채 지배 담론의 관계성을 해체할 수 있을까? 1절에서 언급했듯이 건축과 실내 디자인은 실제로 사람이 들어가 일상을 사는 공간이자 부동산 자산이며, 클라이언트, 디자이너, 시공사 간의 이윤 추구와 시장 거래가 이뤄지기 때문에 성차의 윤리에 입각한 포스트-가부장제나 포스트-자본주의의 집-가정 디자인의 사례를 찾기가 쉽지 않다. 이러한 해체적 시도는 곧바로 디자이너와 클라이언트의 커리어, 영업, 매출은 물론 가족의 자산과 행복에 해악을 끼친다고 믿기 때문이다.

하지만 텍스타일, 패션, 전시 영역의 토털 디자이너로 활동하는 릴리 라이히는 건축 시장 자체에 매몰되지 않는 기능적 · 미적 · 윤리적 실험을 꿈꿨다.[51] 그녀는 흥미롭게도 실내 디자이너의 이력을 1914년 쾰른 베르크분트 전시회의 '여성의 집'으로 시작했다. 그녀는 1927년 독일 슈투트가르트 베르크분트 전시회인 '주거 전' 중 '봐이센호프 주거단지' 전에 참여하여 남성들의 공적 공간인 응접실을 부엌으로 바꿨다. 라이히는 집 전면에 위치한 응접실에 일과 식사, 놀이와 토론이 함께 이루어질 수 있도록 커다란 책상만을 놓았다.

1931년 독신자주택의 키친넷은 혁신적이다. 키친넷은 쉬테-리호츠키의 <프랑크푸르트 부엌>의 진화이자 저항으로서 최소한의 부엌이라 할 수 있다. 릴리 라이히의 키친넷은 쿠킹 플레이트 2개, 다용도 서랍 2개, 개수대 1개, 식기 보관 선반 2개로 구성되었고, 사용하지 않을 경우 전면을 닫을 수 있게 설계했다.

키친넷은 독신자들을 겨냥하고 있지만, 가부장제의 젠더 체계와 집-가정 담론이 정한 성 역할과 공간의 해체로 인도한다. 최소화된 부엌에서는 간단한 요리만이 가능하기 때문에 그 누구도 숙달된 '전업' 주부일 필요가 없다. 또한 부엌을 폐쇄하고 집-가정에서 요리와 식사 기능을 소거할 수도 있다.

라이히는 주거 디자인의 혁신이 합리화나 유형화가 아니라 정신의 문제라는 미스 반 데어 로에의 생각에 동의한다. 새로운 주거 디자인은 오직 새로운 생활 형식을 위한 투쟁에서 나온다.[52] 라이히의 정신은 페미니즘과 젠더 해체의 주거를 인도한다. 나아가 그녀는 1931년 베를린에서 개최된 건축박람회 〈보딩 하우스〉에서 포스트-가부장제뿐 아니라 포스트-자본주의의 디자인도 시도했다. 〈보딩 하우스〉는 공동 거주와 개별 거주를 하나의 건물 안에 혼합한 것으로, 1층에는 누구나 드나들 수 있는 식당, 놀이방, 독서실, 휴게실을 설치하고, 2층에는 기혼자나 독신자 각자의 침실을 배치했다. 이러한 공간 구축은 가부장제의 가족에 도전한다. 또한 1층 공동 공간의 경제학은 최소 경제단위로서의 부부와 가족의 의미를 탈각시킨다.

라이히의 가장 흥미로운 작업은 1927년 제작한 '거울로 된 주거 공간'이다. 그녀는 이 집의 벽을 연한 색을 띤 반투명 유리와 투명 유리로 구성하고, 바닥 역시 흰색·검은색·붉은색의 리놀륨을 깔아 거울 효과를 냈다.[53] 그녀는 거울 집에서 유동하는 거주 효과를 의도했다. 낮에는 유리를 통해 주거의 공간을 무한히 확대하고 밤에는 거울의 반사 벽을 통해 경계를 임의적으로 재구성한다. 너와 내가 함께 있으면서도 구분되고, 집 안에 있으면서도 집 밖으로 연장되는 지속적인 차이의 공간을 만들어 낸 것이다.

변화하는 집 — 유동과 흔적

앞에서 실내 디자인의 대상인 집이 일상의 거주 공간이자 자산에 깊이 관련되어 있고 거대한 물질성으로 인해 쉽게 바꾸기 어렵다는 점, 그리고 비용 면에서도 큰돈이 들어간다는 점에서 집에 대한 미적·윤리적·정치적 대안을 탐구하는 데 한계가 있음을 지적했다. 라이히 자신도 예상했듯이, 거울 집은 건축 시장에서 외면당했다. 대부분의 사람들은 안정과 휴식의 공간이라는 전통적인 집-가정 담론을 거스르고 유동적이고 틈입 가능한 거주 공간에서 살아가기를 두려워한다. 이러한 실험은 현재의 대중 건축에서도 흔한 일이 아니다.

그러나 라이히가 정확히 인지했듯이 집과 실내 디자인은 합리화나 스타일이 아니라 삶의 가치 지향에 직결된다. 최근 페미니스트 건축가들은 건물뿐 아니라 건축 환경에 대한 탐구를 시작했다. 예를 들어 테린덴Terinden이나 도르호퍼Dorhofr 같은 이들은 가부장제 집-가정 담론의 강요를 피하기 위해 부엌, 부부 침실 등 방을 정하여 지칭하는 것을 피하고 특별한 기능과 명칭을 부여하지 않는 방법을 택할 것을 제안했다.[54]

최근 한국에서 결혼율과 출산율이 낮아지고 결혼제도에 편입하지 않는 비혼 동거 가족이 늘어나고, 이합집산하고 유동하는 삶의 양식들이 나타나면서 셸터, 홈리스, 이주, 쉐어링sharing, 비박과 같은 주거 디자인과 집-가정의 담론이 점점 더 상호 영향을 끼치게 되었다. 아직 가부장제와 자본주의의 지배 가치가 강력한 것은 사실이다. 그러나 흥미롭게도 대중 주택 디자인에서 미적, 도덕적, 정치적 실험은 오히려 자산 가치가 없는 주택의 저렴하고 도전적인 셀프 인테리어에서 찾아볼 수 있다. 또한 이성애 중심의 결혼 제도에서 벗어난 주거 공동체의 경우에는 공동체의 특성과 주거 양식에 부합하는 실내 디자인의 변형을 부분적으로 시도할 수밖에 없다. 하지만 라이히의 거울 집의 사례에서 보듯, 차이가 지연되고 권력을 양보하며 유동적이며 경계를 넘나드는 주거 디자인의 사례를 찾기는 여전히 어렵다. 본 연구를 시작할 때, 마지막 절에서 대중 건축에서 포스트-가부장제의 젠더 주거 디자인 사례를 분석하기를 소망했지만, 사례 부족으로 인해 후속 연구로 미룰 수밖에 없다.

대신 미술 영역에서의 공간 실험과 젠더 해체를 살펴보는 것으로 본고를 마감하고자 한다. 주거 공간 실험 미술 작품에서 경험하는 공감각의 충격은 우리가 항상 거기 안에서 살지 않더라도, 일상의 주거 대안을 모의하는 힌트가 된다. 브루클린 페미니즘 미술센터의 〈디너파티〉 상설 전시에서 여자의 부엌, 식탁을 헌정한 여성 인물들, 접시와 메뉴, 전시에 초대받은 관객 명단, 파티의 화제와 방식은 젠더 체계와 집-가정의 변화를 촉구한다. 마찬가지로 2016년 여름 서울의 아르코 미술관의 '뉴 셸터: 난민을 위한 건축적 제안들'과 '홈리스의 도시'전展 역시도 변화하고 있는 삶과 주거 양식에 대한 조형적 실험이었다.

양혜규의 〈사동 30번지〉는 관객이 작가가 보내온 엽서의 약도를 들고 전시장을 찾아가는 퍼포먼스 아트이다. 동인천의 사동 30번지는 작가 양혜규의 외할머니의 집으로 어린 손녀와 함께했던 곳이다. 손녀가 작가가 되어 해외를 유랑하는 사이 외할머니는 세상을 떠났고 〈사동 30번지〉는 폐가로 방치되었다.[55] 손녀와 외할머니, 두 여자의 다정한 집-가정은 흔적으로만 남았고 젠더, 권력, 담론은 새로운 의미로 유동한다.

〈사동 30번지〉의 관객들은 엽서를 들고 인천 시내를 헤매고 엽서에 안내된 비밀번호를 열고 들어가 낯선 곳에서 마치 자기 집처럼 행동한다. 건넌방의 스포트라이트는 정지와 흐름의 공간을 교차하고 문간방의 찢긴 천장은 집이라는 공간의 감추어진 뒷면을 드러낸다. <사동 30번지>에서 집이라는 익숙한 삶의 현장은 이미 정지했고, 그로부터 새로운 공간이 열린다. '작동하지 않는' 냉장고의 안내문을 따라 관객들은 공간을 점유하고 움직이며 서로를 대접하고 대화하고 관망한 뒤 타자의 소망 그대로 공간을 비워 주고 떠난다.

덴마크 작가 올라퍼 엘리아슨은 환경과 거주의 문제를 지속적으로 탐구해 왔다. 2016년 가을 리움의 'The Parliament of Possibilities' 전에서 엘리아슨은 자연과 인공의 환경에서 어떻게 인간 정체성이 구성되고 해체되는지를 탐구한다. <자아가 사라지는 벽>(2015)은 마름모꼴의 거울과 삼각형 모양의 빈 공간이 배열된 벽으로 구성된 작은 방이다. 이 방을 걷게 되면 관객은 주변이 파편화되고 희미해지고 사라지는 시각적 경험을 하게 된다. 방의 밖과 안에서 관람객들은 서로의 대상이 된다. 방의 안과 밖에서 자아와 타자의 구분과 역할이 변경되며, 유동, 흔적, 경계 넘기를 거주의 조건으로 받아들이게 된다.

<무지개 집합>(2016)은 어두운 공간에서 물안개의 둥근 장막에 여러 개의 스포트라이트를 비추어 움직이는 경계를 만든다. 관람객은 투명 우산을 빌려 쓰고 무지개 공간의 안팎을 돌아다닌다. 관람자의 움직임에 따라 무지개의 빛은 달라지고 분산되고 다가오고 사라진다. 빛과 물로 구성된 이 공간에서 자신의 움직임과 속도가 지평을 변경한다.

올라퍼 엘리아슨은 주거와 환경의 임시성을 '내적internal'이라고 명명한다. 이때의 '내적' 주거는 특수성을 가진다. 특수한 공간을 통해 움직일 때 몸을 관통하는 경험의 연쇄들은 나의 것이고 결코 타자와 같을 수는 없을 것이다. 그럼에도 그녀는 타자의 위치에 자아를 놓을 수 있다고 생각한다. 타자와 나는 복합적인

체계와 담론으로 얽혀 있으나, 간극만큼 서로를 직시하고 가능한 선에서 서로를 위해 희생하고자 한다. "내가 어떤 공간 안으로 들어가고 거주할 때, 그것이 유동적인 순간일지라도, 내가 맺고 있는 관계와 관계의 매개, 곧 젠더, 국가, 민족, 질병, 종교 등을 인지하는 것은 나를 구성한다."[56] 이렇게 공간 안에서 맺는 타자와의 관계는 타자와 나를 모두 변경한다.

미술가들이 제안하는 거주 공간들을 우리의 일상 공간인 대중 주택에 곧바로 적용할 수는 없지만, 이러한 미적 실험은 공간을 변경하고 공간을 통한 관계 맺기와 가치 변경에 큰 통찰을 제공한다. 부정의 성차 속에서 여성이 남성이 정한 자리를 떠나는 것, 그리고 남성이 가부장제의 젠더 체계를 떠나는 것은 결코 단일하게 새로운 자리를 규정하거나 지정하는 것으로 귀결되지 않는다. 포스트-가부장제의 젠더와 공간 실천의 끝없는 작업은 차이를 생성하는 작업이며 공간의 경계선과 지평을 바꾸는 일이다. 집-가정 담론과 주거 디자인의 상호 재편은 가부장제의 젠더와 인격을 변경한다. 그 실험의 구체적 성과를, 그 공간에 살면서 포스트-여성이 되고 포스트-남성이 된 이들을 더 빨리, 더 많이 만나게 되기를 기대한다.

여성이 '자기만의 방'을 가진다는 것의 의미[1]

여성은 오랫동안 이 세계에서 '자리'를 허락받지 못한, 겨우 존재할 수 있는 '장소상실의 존재'였다. 버지니아 울프의 ≪자기만의 방≫은 '장소상실의 존재'로서 여성, 특히 여성 작가가 처한 궁지에 대한 탁월한 고찰이다. 이 글은 ≪자기만의 방≫에 대해 후대 작가들, 특히 유색여성 페미니즘의 작가들이 어떻게 응답했는지를 살펴본다. 선배와 후배 작가들이 "서로 이어서 책을 써 나가는" 과정을 통해, 여성 담론의 공간이 생성되고, 새롭게 세계가 구획될 가능성을 발견한다.

최하영

부피와 질량을 지닌 육체를 소유하고 있는 한, 인간은 존재의 필요조건으로 물리적인 공간, 장소를 점유한다. 김현경이 ≪사람, 장소, 환대≫에서 지적하듯, 인간이 된다는 것은 이 세계에 들어와 단순히 물리적 공간을 차지하는 데 그치지 않고, 사회적 장소, 혹은 자리를 차지하며, 그 장소와 자리에 대하여 권리를 지님을 의미한다. 전통적으로 가부장적 세계관은 남성에게 바깥, 즉 공적 공간을, 여성에게는 안, 즉 사적 공간을 할당한다. 그러나 여성에게 안이 할당된다고 해서 여성이 사적 공간을 소유한다는 뜻은 아니며, "남성의 사적 공간인 집에 그의 소유물의 일부로서 속해 있을 뿐"[2]이다. 여성이 자신에게 할당된 "안"에서 "자기만의 방"을 소유하지 못한다는 것은, 이 세계 내에서 장소를 확보하지 못한 "장소상실placelessness"의 존재임을 의미한다.[3] 장소에 해당하는 영어 단어인 place에서 파생된 숙어인 in place와 out of place가 각각, '그 자리에' '자리를 벗어난'이라는 문자적 의미에서 '적절한' '부적절한'의 비유적 의미로 전환되는 배경에는 이미 세계에는 존재에게 할당된 어떤 자리가 있으며, 그 자리를 지키는 것이, 그 자리를 벗어나는 것보다 더 낫다는 가치판단이 존재한다. 시인과 촌장이 〈풍경〉에서 노래하는 "세상 풍경 중에서/ 제일 아름다운 풍경/ 모든 것들이 제자리로 돌아오는 풍경"처럼 말이다. 자기의 자리를 벗어난 것은 혼란이며, 무질서이며, "더러운 것"[4]이다. 이러한 공간의 설정 · 배치 · 구획 · 분배 문제는 계급이나 인종 · 연령 등 다양한 관점에서 연구되고 성찰되어 왔지만, 젠더 관점에서 가장 두드러지고 빈번히 언급되는 통찰은 ≪자기만의 방≫에서 시작하여 ≪3기니≫에서 확장된 버지니아 울프의 그것을 들 수 있을 것이다.

본래 강연의 원고였던 ≪자기만의 방≫(1929)에서, 울프는 셰익스피어에 버금가는 재능을 지닌 그의 가상의 동생, 주디스Judith의 삶을 상상하며, "글 한 줄 쓰지 못한 채 교차로에 묻힌 이 시인"이 "여러분 안에 그리고 내 속에, 또 오늘 밤 설거지하고 아이들을 재우느라 이곳에 오지 못한 많은 여성들 속에 살아" 있음을 선언하며, 그 유명한 조건, "연간 500파운드와 자기만의 방"을 죽어버린 뮤즈를 다시 되살릴 수 있는 물적 토대로 제시하였다. 이 금액과 조건은 물가 상승률과 임금 상승률 등을 고려하여 현재 가치로는 어느 정도가 될지 자주 계산되어 왔으며, 때로는 너무 적다, 혹은 더 빈번하게는 너무 많다는 비판에 시달려 왔다. 본고에서는 ≪자기만의 방≫에 공감하되 비판하거나, 혹은 자신의 방식으로 변주해 낸 후대의 텍스트, 앨리스 워커Alice Walker(1944~)의 ≪어머니의 정원을 찾아서*In Search of Our Mothers' Gardens*≫(1983) (이하 ≪어머니≫로 약칭), 맥신 홍 킹스턴Maxine Hong Kingston(1940~)의 ≪여인무사*The Woman Warrior*≫(1976), 글로리아 안젤두아Gloria Anzaldúa(1942~2004)의 ≪내 등이라고 부르는 이 다리*This Bridge Called My Back*≫(1981) (이하 ≪다리≫로 약칭)의 관련된 부분을 살펴봄으로써, 여성에게 '자기만의 방'이 없다는 것의 의미와 '자기만의 방'을 가진다는 것의 의미를 숙고해 보고자 한다.

이들 작품은 시기적으로는 2세대 페미니즘에 속하면서도, 그 내부에서 발현하고 있던 3세대 페미니즘의 목소리를 담고 있다는 공통점이 있다. 워커의 ≪어머니≫는 '자신만의 방'은커녕 "자신조차 소유할 수 없었던"[5] 흑인여성의 역사를 거슬러 올라가며, 그럼에도 불구하고 어떻게 그들이 단순한 생존을 넘어 세계 내에서 자신의 자리를 찾아냈는지를 보여준다. 킹스턴의 ≪여인무사≫는 아시아계 미국인 여성이 두 세계 사이의 모순과 긴장을 협상하는 동시에, 흔히 상대적으로 더 억압적이라고 생각되는 동양의 전통에서 자신이 좇아야 할 역할 모델을 찾아내는 과정을 담고 있다. ≪다리≫는 치카노, 여성, 레즈비언, 장애라는 다중의 사슬에 묶인 안젤두아가 그 사슬을 지닌 채로 어떻게 정신의 자유, 자기 담론의 공간을 만들어 내는지를 기술한다. 이들 외에도 ≪자기만의 방≫에 대한 의미 있는 재해석과 독창적인 전유가 존재하지 않는 것은 아니다. 예를 들어 도일Jacqueline Doyle이 분석하듯, 시즈네로스Sandra Cisneros의 ≪망고 거리의 집≫(1984)은 울프의 '자기만의 방'을 치카노 여성의 관점에서 훌륭하게 재해석한 작품이며, 솔닛Rebecca Solnit은 ≪남자들은 자꾸 나를 가르치려 든다≫(2014)에서 〈울프의 어둠: 불가해한 것을 끌어안기〉라는 글을 통해 손택Susan Sontag과 자신의 울프 전유를 비교하며, ≪자신만의 방≫을 고찰한다. 본고에서는 여성과 인종, 그리고 성 정체성의 교차성의 관점에서 다양한 입장을 보여주는 대표적인 작품들이라는 점에서 위의 세 작품을 선택하였다. 이들 작품이 각각 다양한 관점에서 연구가 되어 왔으며, 울프의 ≪자기만의 방≫과 관련해서도 단편적인 언급은 되어 왔으나, 세 작품을 함께 묶어 ≪자기만의 방≫에 대한 후대 페미니즘의 응답이라는 관점으로 분석한 연구는 없었다는 점에서 연구의 의의를 찾을 수 있을 것이다.

"우리는 필리스를 이해한다" — 워커의 ≪어머니의 정원을 찾아서≫

워커의 ≪어머니≫는 그녀의 첫 논픽션 선집으로, 1970년에서 1983년 사이에 쓴 36편의 에세이로 이루어져 있다. 딸인 레베카 워커에게 헌정되었으며, "우머니스트 산문Womanist Prose"이라는 부제를 단 이 책에서 그녀는 흑인여성이자, 작가, 어머니, 딸, 여성주의자로서 자신의 작품과 다른 작가들의 작품, 민권운동과 반핵운동을 포함한 다양한 사회적 이슈에 대한 견해를 밝히고 있다. 3부에 나오는 동명의 에세이는 가장 명시적으로 울프의 ≪자기만의 방≫을 언급, 인용하며, 인용한 부분에 흑인여성의 관점을 나타내는 어구들을 괄호를 넣어 병기하는 방식으로, 적극적 다시 쓰기를 시행한다. 울프가 윈칠시 백작부인Countess of Winchilsea에서 시작하여 도로시 오스번Dorothy Osborne, 애프라 벤Aphra Behn, 제인 오스틴Jane Austen, 조지 엘리엇George Eliot, 에밀리 브론테Emily Brontë, 샬롯 브론테Charlotte Brontë, 그리고 가상의 작가이기는 하지만, 동시대의 메리 카마이클Mary Carmichael에 이르는 여성 작가들의 계보를 "우리의 어머니들을 통해 반추"[6]하기 위해 훑어 내려오는 것에 대응하여, 워커는 베시 스미스Bessie Smith, 빌리 홀리데이Billie Holiday, 니나 시몬느Nina Simone, 로베르타 플랙Roberta Flack, 아레사 프랭클린Aretha Franklin 등의 여성 뮤지션들을 호명하고, 필리스 휘틀리Phillis Wheatley(c.1753~1784), 프란시스 하퍼Francis Harper, 조라 닐 허스톤Zora Neale Hurston, 넬라 라슨Nella Larsen, 엘리자베스 케틀렛Elizabeth Catlett, 케더린 던햄Katherine Dunham으로 이루어지는 흑인여성 작가의 계보를 구성한다.

그 계보의 서두를 차지하는 휘틀리를 소개하며, 워커는 "여성이 소설을 쓰기 위해서 두 가지, 즉 (열쇠와 자물쇠가 있는) 자기만의 방과 생계를 유지할 충분한 돈을 반드시 가져야 한다"[7]고 주장한 울프에 대하여, "그렇다면 우리는 자신조차도 소유하지 못했던, 노예 필리스 휘틀리를 어떻게 이해할 것인가?"[8]라고 되묻는다. 이는 중산층 이상의 가정에서 태어났으며, 유산을 물려줄 친척이 있는, 백인여성인 울프의 관점이 미치지 못하는 광대한 영역이 있음을 지적하는 것이다. 미셸 배럿Michèle Barrett이 지적하듯, 울프가 ≪자기만의 방≫에서 여성과 구별되는 남성의 명예욕, 소유욕을 풍자하면서, "매우 멋진 흑인여성일지라도 그녀를 자신의 영국 여성으로 만들고 싶다는 생각 없이 지나칠 수 있다는 것은 여성이 지닌 큰 장점들 중의 하나"[9]라고 이야기하는 부분은 '흑인여성'을 보통의 '영국 여성'과 분리시켜 생각하는 울프의 인식을 보여준다는 점에서 "다소 문제시될 수 있는"[10] 부분이다. 흑인여성으로서 처음 시를 출판한 휘틀리는 서부 아프리카에서 태어나 일곱 살에 노예가 되어, 노예선 필리스The Phillis를 타고, 미국에 도착해 여덟 살의 나이에 보스턴의 휘틀리Wheatley 가에, 여주인 수잔나의 시중을 들 하녀로 팔렸다.[11] 게이츠 Jr.Henry Louis Gates, Jr.가 지적하듯, 자신이 타고 온 노예선의 이름과 주인의 이름에서 각각 이름First name과 성Last name을 얻었다는 사실은 필리스 휘틀리의 노예로서의 운명과 구속된 존재로서의 조건을 함축적으로 드러낸다.[12] 진보적 성향의 주인 존과 그 가족은 휘틀리를 총애하여, 그리스어와 라틴어 등의 고전과 문학을 가르쳤다. 워커는 이러한 과정이 휘틀리에게 미쳤을 영향을 숙고하며, 울프가 재능을 지닌 16세기의 여성들을 묘사할 때 사용한 "모순된 본능contrary instincts"[13]이라는 어구를 휘틀리를 설명할 핵심 표현으로 가져온다. 워커는 자비로운 백인 주인들이 아프리카의 "야만"으로부터 그녀를 "구출했다"는 생각을 그녀에게 불어넣었을 것이며, 결과적으로 휘틀리가 아프리카를 "그녀가 알았던 대로, 혹은 실제 모습대로"[14] 기억할 수 있었을지에 대해 의구심을 표현한다. 워커는 자신이 처한 존재 조건과는 상관없이 주인의 서재가 부여하는 대로, 호머Homer와 버질Virgil, 포프Alexander Pope, 밀턴John Milton을 읽고 공부하여 그들의 문장과 문체를 지니게 된 휘틀리의 저작이 실존과 문체 사이의 어울리지 않는 괴리로 인해 한 세기 넘게 조롱의 대상이 되었음을 지적한다. 휘틀리의 곤경은 울프가 여성 작가들이 글을 쓰기 시작할 때 마주치는 궁지로 지적한 "그녀가 사용할 수 있도록 준비된 공용 문장이 없다는 사실"[15]과 연장선상에 있다. 울프는 "남성의 마음의 무게, 속도, 보폭은 여성과는 너무나 달라서, 그들의 것 중 가져올 만한 실제적인 것은 없음"에도 불구하고, 남성들의 문장을 가져다 쓸 수밖에 없었던 여성 작가들의 빈곤함을 풍자적 어조로 언급한다. 샬롯 브론테는 "그 손에 안 맞는 무기를 쥔 채 비틀거리다 쓰러"졌으며, 조지 엘리엇은 "그것으로 말하기조차 힘든 대실책을 저질렀다"고 평가된다. 울프는 제인 오스틴만이 남성의 문장을 보고 "비웃어 넘겨 버렸고, 자신이 쓰기에 완벽히 자연스러우면서도, 적절한 문장을 고안해 내고는 거기에서 결코 벗어나지 않았다"[16]고 평가한다. 울프가 "전통의 결핍, 도구의 희소함과 부적절함"[17]이 여성의 글쓰기에 끼친 악영향의 잘못을 여성에게 돌리지 않고, 여성과 여성의 신체, 신경에 맞는 새로운 문장과 형식을 찾아 나서자고 격려하듯이, 워커는 "그러나 마침내, 우리는 필리스를 이해한다"[18]고 이야기한다. 워커는 휘틀리의 시 중, 자주 조롱조로 인용되는, '자유'를 '금발의 여신'에 비유한 시구에 대하여, 매일 아침 여주인의 시중을 들며, 그녀가 빗었을 주인의 "금발 머리"[19]에 대한 감정으로부터 그 표현이 왔을 것이라 상상한다. 자신의 재능이었던 노래를 죽이지 않고 계속 부르기 위해 분투했던 휘틀리는 "바보"도, 백인에게 굴복한 "배신자"도 아닌, 단지 "고향과 나라를 떠나 노예가 된" "병약하고 작은 흑인 소녀"로서, 멈추지 않고 부르려 했던 그 노래에의 열망만으로도 기억될 만하다고 경외심을 표현한다.[20]

주목할 점은 워커가 휘틀리를 인용하는 이유가, 빈약한 가운데에서도 지속되어 현재에 이르는 여성 작가들의 계보를 살펴보거나, 재능이 있었으되 가부장제 사회에서 꽃피우지 못하고 죽어간 주디스 셰익스피어를 추모하고 그녀의 부활을 염원하는 울프의 맥락과는 차별화된다는 점이다. 워커는 "세상의 노새"라고 민요에서 묘사되었던 보통 여성들이, 혹은 "필리스 휘틀리, 조라 허스턴, 넬라 라슨, 베시 스미스가 아니었던 수백만의 흑인여성들"[21]이 그들의 창의성 때문에 불행하게 죽어 간 것이 아니라, 자신들의 생활 속에서, 가능한 조각과 틈새를 찾아, 그들의 열정과 재능을 드러내었음을 강조한다. 그녀 자신들은 명확하게 이해하거나 설명해내지 못했으나, "마치 봉인된 편지와 같은 … 창조적 불꽃을 익명으로"[22] 후대에 물려주었음을 자신의 어머니와, "무명의 한 앨라배마 흑인여성", 그리고 아마도 예술가였을 "필리스 휘틀리의 어머니"와 같은 필부들의 예를 들어 설명한다. 워커의 어머니 미니 루Minnie Lou는 여덟 아이를 키우고, 농사를 지으며, 하녀로 일하면서 집안 살림을 꾸리느라 여가 시간이라고는 거의 없었지만, 그녀의 정원을, 그녀만이 할 수 있는 방식으로 가꾸어 냄으로써, 자신이 지닌 창의력에 물꼬를 내었다.

워커는 어머니의 정원 가꾸기를 "그녀가 지닌 고유한 미의 개념이 환기하는 이미지에 따라 우주를 배열하는 일"[23]이라고 묘사한다. 스미소니언Smithsonian 박물관에 전시되어 있는 퀼트 이불에는 "풍부한 상상력과 영감으로 가득 찬, 그러나 동시에 단순하고도 이해하기 쉬운 모양들로" 십자가에 못 박히는 예수가 묘사되어 있다. 워커는 "그녀가 쓸 수 있었던 유일한 재료와 사회가 허용한 유일한 매체로 자신의 흔적을 남긴" "무명의 한 앨라배마 흑인여성"을 "예술가"로 명하고, "우리들의 할머니들"에 포함시킨다.[24] 마지막으로 워커는 먼 이국땅으로 딸을 떠나보낸 휘틀리의 어머니를 상상한다. 그녀가 자신의 오두막집 벽을 화려한 색깔로 장식한 '화가', 로베르타 플랙 같은 목소리로 노래를 불렀을 '가수', 가장 놀라운 솜씨로 매트를 짠 '공예가', 재미있는 이야기를 풀어낸 '이야기꾼', 아니면 딸과 같이 '시인'이었을지도 모른다고 생각한다.[25] 워커는 휘틀리의 시에는 그녀의 이름만이 저자로서 기록되어 있으나, 그녀에게 피와 살이라는 생물학적 유산뿐 아니라, 예술적 재능을 물려준 어머니의 서명이 새겨져 있다고 이야기한다.

"시에 자신의 이름을 서명하지 않은 익명의 시인"[26]은 울프가 ≪자기만의 방≫ 제3장에서 중요한 비중으로 탐색하는 주제이며, 워커도 그 중 한 부분을 인용하여, 중요 문구 옆에 괄호를 쳐 병기하는 방식으로, 이 주제가 울프에게서 받은 영감임을 명확히 밝히고 있다. 그런데 워커가 첨가, 혹은 변형한 문구는 단순히 선배인 울프가 누락한 흑인 여성이나 남성—조라 허스턴이나 리처드 라이트—을 역사에 재기입하여, 흑인 남성이나 여성의 목소리를 들리게 하려는 목적을 넘어선다는 점에서 더욱 흥미롭다. 인용된 부분은 주디스 셰익스피어의 삶을 상상하는 중에 기술되는 부분인데, 울프의 시선은 어떻게 그녀의 재능이 오빠인 셰익스피어의 인생과는 대조되게, 꽃피우지 못하고 말라 버리게 되었는지를 따라간다. 울프는

"진실일 수도 거짓일 수도" 있는 이 이야기의 유일한 진실은, 16세기에 특출한 재능을 가지고 태어난 여성은 "분명 미쳐 버리거나, 총을 쏘아 자살하거나, 마을 외곽의 외딴 오두막에서 사람들이 두려워하는 동시에 경원시하는, 반은 마녀, 반은 마법사와 같은 존재로 생을 마친다"는 데 있다고 이야기한다. 물론 워커도 "할머니와 증조할머니의 시대에 흑인여성이 예술가가 된다는 것의 의미를 묻는 것은 피를 멈추게 할 만큼 잔인한 대답을 요구하는 질문"이라고 얘기하며, 그녀들 역시 그녀들이 지닌 무한한 "창의성의 샘"[27]이 흘러내리지 못하고 막혔을 때, "신경을 마비시키고 피 흘리게 하는 광기"에 희생되었음을 서술한다. 그러나 워커의 보다 더 주요한 강조점은, 미치지 않고 살아남아, 자신에게 허용된 한 점의 공간 · 재료 · 매체 · 수단을 보살피고 다듬어 일상을 예술화한 여성들에게 있다.

울프의 주요 초점이 단순히 "서정시나 민요를 지어 아이들에게 읊조리듯 불러" 주거나, "물레를 돌리는 노동이나, 긴 겨울밤이 주는 지루함을 노래로 달래는"[28] 일상 속의 활동으로서의 예술보다는, 애프라 벤처럼 글쓰기를 통해 돈을 버는, 전문적 직업으로서의 여성 작가에 있다면, 워커는 글을 읽거나 쓰는 행위 자체가 처벌 가능한 범죄 행위로 규정되었던 시대의 흑인 (노예) 여성들이, 정신의 황무지에서 스러져 가지 않을 수 있었던 생명력의 원천을 탐구한다.

"나 참 예쁘네" — 킹스턴의 《여인무사》

《여인무사》는 킹스턴의 첫 저작으로서, "귀신들 사이에서 자란 소녀시절에 대한 회고"라는 부제를 달고 있다. 중국계 미국인 여성으로서 이민자 가정에서 자라난 경험과 더불어 어머니, 아버지, 친척들의 이야기를 통해 재구축하고 상상한 중국의 역사와 전통, 그리고 현실을 전달함으로써 이것이 논픽션 장르에 속하는 자서전인지, 혹은 허구의 픽션인지에 대한 문학적 논쟁을 불러일으켰으며, 아시아계 미국 문학의 지평을 한 단계 넓힌 작품으로 평가받았다. 이 작품에서 ≪자기만의 방≫ 모티브가 드러나고 있는 부분은 킹스턴의 어머니가 미국에 오기 전 다닌 도경산파학교에서의 일을 다룬 세 번째 장 〈샤먼Shaman〉이다. 킹스턴의 어머니 용감한 난초, 용란勇蘭은 미국에 금광 노동자로 가 있는 남편과 떨어져, 두 아이를 키우다 아이들이 모두 죽자, 고향을 떠나 도시로 가 30대 후반의 나이에 딸 또래의 아이들과 함께 학생이 되어 의학 공부를 시작한다. 기숙사에 도착한 그녀는 다섯 명의 여자들과 함께 방을 쓰게 된다. 먼저 도착한 여자들은 용란이 짐을 푸는 것을 지켜보면서, 자신들이 이미 경험한 "짐을 푸는 즐거움과 은밀함"[29]을 그녀가 온전히 즐길 수 있도록, 돕겠다는 제안을 의도적으로 하지 않는다. "한 침대에서 자매들과 할머니들과 부대껴 온"[30] 소녀들은 그래서 새로 취득하게 된 자기만의 공간이 허락하는 "즐거움과 은밀함"[31]을 거의 제의적으로 축하한다. 울프가 제시한 "문에 자물쇠가 있는 방"[32]은 이제 여섯 명의 여자가 공유하는 방에 할당된 침대와 책상, 서랍 하나 정도로 축소되었으나, 울프가 말했듯, 그 공간이 오스틴이 작품을 쓰면서 갖가지 방해를 받았던 "응접실"[33]과는 달리, 온전히 자기 일에 집중할 수 있다는 점에서 공간의 넓이나 방의 독점 여부를 떠나, '자기만의 방'으로서의 의미를 지닌다. 킹스턴이 이 부분의 기술에서 울프의 ≪자기만의 방≫을 참조했음은 다음의 서술에서 비교적 명확하게 드러난다.

> 여자들의 환상인 자기만의 방, 아니 방의 일부라도 실제로 소유할 수 있는

여자는 많지 않다. 자기가 어지를 때만 어질러지는 방. 그녀의 손이 눌러 펴놓은 페이지대로 책은 펼쳐져 있을 것이며, 아무도 그녀에게 밭을 갈지 않는다거나 지붕이 샌다고 불평하지 않을 것이다. 그녀는 자기만의 밥그릇을 씻고, 좁고 제한된 자기의 자리만을 청소할 것이다. 그녀는 하나의 서랍만 정리하면 되고 하나의 잠자리만 깔면 된다.[34]

킹스턴은 자신이 본 중국의 혁명을 선전하는 다큐멘터리 영화에서, 소지품이 담긴 상자가 있는 선반 아래에서 한 여성이 즐거운 표정으로 재봉틀 앞에 앉아 있는 모습을 설명하며, "다른 여성들"—아마도 그녀의 책을 읽고 있는 미국의 여성 독자들—과 재봉틀 앞의 중국 여성이 지닌 "근심 없는 삶"에 대한 이해가 매우 다를 수 있음을 지적한다. 뒤이어 그녀는, "혁명이 여성들에게 그들이 원하던 것, 직업과 그들만의 방을 줌으로써 매춘에 끝을 냈다"[35]고 덧붙인다. 그녀가 의미하는 매춘은 실제적 의미의 매춘을 의미하기도 하지만, 초기 여성주의와 마르크스 여성주의에서 자주 지적되어 온 매춘과 본질적으로 다르지 않은 결혼 제도에 묶여 있는 여성들을 가리키는 것으로 볼 수 있을 것이다. 킹스턴이 덧붙인 말이 선전영화에 나온 표현을 아이러니한 어조로 인용한 것인지, 아니면 그녀 자신의 의견인지는 다소 모호하게 처리되어 있으나, 중국의 공산혁명과 ≪여인무사≫ 출간 당시에 중국에서 진행되고 있었던 문화대혁명(1966~1976)에 대해 대다수의 미국 독자들이 지니고 있던 부정적·비판적 의식과는 대조적으로, 젠더적 입장에서는 해방적 측면이 있었음을 드러낸다.

여러 명이 공유하지만, 각자는 '자기만의 공간'을 누리는 방들로 이루어진 학교의 기숙사에 '귀신이 나오는 방'이 존재한다는 것은 의미심장하다.

귀신의 방은 그녀들이 누리는 작은 자유들 사이에 여전히 존재하는 가부장제로부터의 상처와 차별, 회복되지 못하고 되풀이하여 귀환하는 억압들을 상징한다고 볼 수 있다. 그 방에 살던 학생들이 귀신을 보고, 겁에 질려, 머리가 이상해지고, 학업까지 중단한 이후로, 다른 방이 아무리 비좁아도 그 방에서 지내려는 학생은 없다. "산파학교라는 서구식 의학을 배우는 현대적인 공간"에 귀신이 나온다는 설정은, 김여진이 지적하듯, 초현실적인 요소와 사실적 요소를 병치시키는 마술적 리얼리즘의 특징을 보여준다.[36] 이는 단순히 이국적 요소를 채용하여 미국 주류 독자의 흥미를 끌기 위한 수단이 아니라, "중국계 하위 주체 여성들의 억압된 목소리를 효과적으로 복원"하기 위한 장치로 사용된다.[37] 용란은 두려워하는 친구들을 위해 그 방에서 유령을 쫓아내, 귀신의 공간을 "인간의 공간",[38] 더 정확하게는 여성의 공간으로 되돌리고자, 하룻밤을 혼자 지낸다. 유령이 출몰하는 그 방에 들어가자마자 용란은 창문에 비치는 그녀의 모습을 보며, "나 참 예쁘네"[39]라고 생각하는데, 이는 유령 퇴치에 필요한 자기 긍정성의 확보라는 점에서 중요한 의미를 지닌다. 울프가 신랄하게 지적하듯, 여성은 역사가 시작된 이래 남성의 모습을 실제보다 훌륭하게 비추어 주는 '거울'의 역할을 해 왔다.[40] 그 거울 속에서 여성의 열등함은 강조되고, 그와 대조되게 '확대된' 모습의 남성은 '자신감과 자기 확신'을 지니고 종횡무진할 수 있는 '생명력'을 얻었다.[41] 남편과 오래 떨어져 살아온, 아이를 둘 출산하고, 그 후에 또 잃은, 30대 후반의 여성인 용란이 '밤 창문'에 반사된 자신의 모습을 보고, '많이 늙었다'거나 '처량하다' 등의 부정적 감정이 아닌, 혹은 '씩씩하다'거나 '의젓하다' 등의 남성적 수사가 아닌, '참 예쁘다'라는 말로 자신을 표현한다는 것은 그녀가 남성에 의해 왜곡된 거울이 아니라, 자신을 그대로 볼 수 있는 관점을 지니고 있음을 보여준다.

유령이 출몰하는 방에서 앉은뱅이 귀신이 나타나 용란의 배 위에 올라타, 그녀는 마치 "출산 중인 것처럼 헐떡이게"[42] 되었다. 새벽이 올 때까지 귀신에게 조롱 섞인 위협을 하며 씨름하던 용란은, 다음 날 배울 수업 내용을 소리 내어 읽고, 귀신이 도망가자 다시 잠들기까지 한다.[43] 아침이 되어 걱정이 되어 찾아온 동료 학생들과 함께 용란은 수업 후에 다시 모여, "양동이, 알코올, 기름"을 구해 축사逐邪, exorcism 의식을 행한다.[44] 공동체가 함께 모여 집단적으로 유령 퇴치에 참여하는 모습은 유제분이 지적하듯, 토니 모리슨Toni Morrison의 ≪빌러비드*Beloved*≫(1987)에서 위험에 처한 어머니 세스Sethe를 구해 달라는 딸 덴버Denver의 요청으로 마을의 여성들이 모여 손을 잡고 유령을 내쫓는 유명한 장면을 연상시킨다.[45]

이렇게 당당하던 용란이 미국에 와 귀신들로 가득 찬 세상에서 살게 된다는 것은 그녀가 새롭게 맞닥뜨리게 된 언어와 인종주의, 문화와 기술의 장벽이 그전까지와는 다른 차원의 것이었음을 의미한다. 어린 시절의 킹스턴은 용란의 관점을 그대로 공유하는데, 그녀는 가족이 살고 있는 도시와 동네를 다음과 같이 묘사한다.[46]

> 미국은 기계들과 귀신들로 꽉 차 있다. 택시 귀신들, 버스 귀신들, 경찰 귀신들, 소방관 귀신들, 검침원 귀신들, 싸구려 상점 귀신들. 일찍이 세상은 귀신들로 가득 차 있어서, 숨쉬기가 어려웠다. 걷기도 힘들어서, 나는 백인 귀신들과 그들이 탄 차 주위를 절름거리며 다녔다. 흑인 귀신들도 있었는데, 그들은 좀 더 큰 눈에, 웃음이 많았고, 백인 귀신들보다 좀 더 또렷했다.[47]

중국에서 용란은 산파학교를 졸업하고 여의사가 되어, 조무사를 데리고 멀리까지 왕진을 다니며 명성을 떨쳤다. 그러나 귀신으로 가득 찬 이곳에서는 새벽 여섯시 반부터 자정까지, 아기를 다리미판에서 선반 위 상자 사이로, 또는 진열장으로 옮기면서, 좁은 세탁소에서 하루를 보낸다. 3장의 제목이 가리키듯, "샤먼" 혹은 "산파"로서, 산 자와 죽은 자 사이를 중재하고, 악령을 쫓아내고, 생명을 받아 내던 용감한 난초, 용란은 귀신들로 온통 가득 찬 세상에서 아이들과 가정을 지키기 위해 거의 폐쇄적으로 창문을 내리고, 집에 누가 찾아와도 없는 척하며 지낸다. 울프는 여성이 글을 쓰기 위해서는 "가정의 천사" — 가부장제하의 순치된 여성성, 특히 모성 — 를 죽여야 한다고 이야기하고, 2세대 페미니즘도 여성이 "안락한 포로수용소"[48]와 같은 가정으로부터 해방되어야 한다고 주장하지만, 이민 온 중국 여성에게는 모성과 가정이 다른 의미를 지닐 수 있음이 드러난다. 흑인여성들에게 '집'이 가부장제가 구축한 허상적 이미지이자 폭력이 행사되는 공간이기도 하지만, 그보다 더 절박하게, "백인 지배 집단에 저항하고 상처를 치유할 수 있는 안전 공간"[49]의 의미를 지니는 것과 같은 맥락에서이다.

"자기만의 방은 잊어라"
— 안젤두아의 ≪내 등이라고 부르는 이 다리≫

안젤두아와 모라가Cherríe Moraga(1952~)가 공동 편집한 ≪다리≫는 "급진적 유색여성 작가들의 글"이라는 부제가 나타내듯, 유색여성 페미니즘의 초창기에 그 의미를 탐색하고 정의하는 데 기여한 선집이다. ≪다리≫에 실려 있는 안젤두아의 〈방언들

로 말하기: 3세계 여성 작가들에게 보내는 편지>는 젊은 여성들을 대상으로 한 강연문이었던 ≪자기만의 방≫과 수사적으로 가장 유사한 위치에 있다. <방언들로 말하기>의 "방언tongue"에 대해서 박미선은 이 단어가 기독교 초기의 성령에 의한 종교적 체험에서 연원했음을 지적하며, "주류집단이 의도적으로 이해하려고 하지 않는 말, 주류담론이 해석하지 못하는 말, 혀를 움직여 말을 하는 자만이 해석의 권위를 부여받은 말"로서 유색여성 페미니즘의 출발점이 되는 개념이라고 설명한다.[50] 원래 멕시코의 영토였다가, 1846년의 전쟁에 패해 미국으로 편입된 남부 텍사스에서 태어난 치카노 여성[51]이자, 내분비계의 이상으로 12살에 성장이 멈춘 장애를 지니고 있으며, 레즈비언 성적 지향을 지닌 안젤두아는 이른바 남성/여성, 백인/유색인, 이성애/동성애, 정상/장애 등 정상과 비정상을 구분하는 위계적 이분법에서 중복적으로 주변부에 위치하고 있다. 그녀는 편지의 형식을 빌려, 남성 주류사회는 물론 백인여성 중심의 페미니즘에서도 잘 보이지 않는 3세계의 여성 작가들에게 어떠한 어려움이 있더라도 글쓰기를 시도할 것을 강하게 권고한다. 이 글에서는 안젤두아의 치카노 인종 정체성 못지않게, 레즈비언으로서의 퀴어 정체성이 강하게 드러나면서, 억압의 교차성이 전면에 배치된다.[52] 안젤두아는 글의 서두 부분에서, 유색여성 작가들의 존재감이 백인 여성주의 작가들 사이에서 "점진적으로 변화"하고 있는 반면, 유색 레즈비언 여성은 "보이지 않을 뿐 아니라, 아예 존재하지도 않는다"[53]고 지적하며, 그녀의 담론적 관점이 어디에 있는지를 분명히 밝힌다.

흥미롭게도 안젤두아는 울프가 ≪자기만의 방≫에서 "내가 가진 단순하고도 유일한 질문"으로서 탐구하는 "왜 여자들은 가난한가?"[54]를 '3세계 여성 작가들'의 관점에서 다시 묻는다. 그녀는 백인 페미니스트 작가들의 모임에서 연사로 나선 흑인여성 작가 루이자 테이시Luisah Teish의 시간에 대한 해석, 즉 "우리들[3세계 여성 작가들]이 가지지 못한 시간은 생존 기술과 돈이라고 번역된다. … 우리들이 시간이 없다는 뜻은 누워서 천장을 바라볼 시간이 없다거나 친구와 이야기할 시간이 없다는 뜻이 아니다. 나에게 그것은 한 덩어리의 빵이다"를 인용하며, 그들이 처한 "곤경maze"이 백인여성들과는 다른 차원에 자리함을 강조한다.[55] 뒤이어 같은 치카노 여성이자 ≪다리≫의 공동 편집자인 모라가의 시 <이것이 그 가난이다>를 비슷한 맥락에서 인용하는데, 마지막 행 "당신은 당신의 차에 나를 그렇게 빨리 태울 수는 없다"는 울프의 저작을 환기시키며, 3세계 여성 작가들과 백인 페미니스트들과의 관계를 설명한다는 점에서 인상적이다. 주지하다시피 울프는 ≪자기만의 방≫ 말미에서 택시에 남성과 여성이 같이 승차하고 출발하는 장면을 묘사하며, 한 주체 안에 남성성과 여성성이 공존하며 조화를 이루는 양성성androgyny의 상태를 인간이 도달할 수 있는 이상적인 상태로 보았다. 울프는 콜리지Samuel Taylor Coleridge(1772~1834)의 "위대한 마음은 양성적"이라는 말을 인용하며, 그 특질을 "공명하며 투과하는", "장벽 없이 감정을 전달하며", "자연스럽게 창의적이며, 빛을 발하며, 분열되지 않"은 것으로 해석하였다. 울프는 조화된 양성성을 지닌 대표적 인물로 셰익스피어를 명시적으로 제시하며, 콜리지와 오스틴을 그에 가까운 인물로 평가한다.[56] 울프가 이상적인 상태로 주장하는 그 택시에 탄 여성은 아마도 '백인'일 것으로, 모라가, 나아가 이 시를 인용한 안젤두아는 유색인종인 치카노 여성으로서 자신들은 그 차에 그렇게 선뜻 탑승할 수 없다고 이야기한다. 어머니가 되풀이해 들려주는 옛날이야기가 들을수록 지루한 것이 아니라 세부사항이 덧붙여지면서 더 풍부해지고, 더 친숙해지듯이, 그녀들은 충분하다고 생각될 때까지 자신들의 이야기를 계속할 것이다.[57] 안젤두아와 모라가가 레즈비언, 즉 퀴어 정체성을 지니고 있었던 것을 생각하면, 울프가 지향했던 양성적 존재 — 예를 들어 올랜도 Orlando와 같은 — 에 유색 퀴어 여성이 포함되는지 등과 같은 새로운 질문들이 생성된다.

더불어 안젤두아는 자신을 비롯한 3세계의 여성 작가들이 경험하는 자기 글에 대한 자신감과 확신의 부족을 지적한다. 그들이 흔히 지니는 작가로서의 자격 없음에 대한 자괴감이나 작가가 될 수 있다고 생각하는 것조차 어려워하는 것에 대해, '펜을 손에 든 유색인종여성'은 (백인)남성들이 유색인종 여성에 대해 지닌 고정된 이미지 — 흑인 가정부, 방중술을 구사하는 찢어진 눈의 중국 여인, 순종적으로 남성의 요구에 응하는 넓적한 얼굴의 치카노 혹은 인도 여성 등 — 를 깨뜨리기 때문에 터부시된다고 주장하며, 더 이상 그들이 투사하는 두려움을 흡수하는 '쿠션'이나 '희생양'이 되지 말 것을 촉구한다.[58] 이는 울프가 ≪자기만의 방≫에서 삶에서의 가치가 소설적 가치로 전이되는 상황을 지적하며, 지배적 가치인 남성의 소재, 예를 들어 전쟁을 다룬 작품은 중요하게, 여성적 가치인 "거실에서 여성이 느끼는 감정"을 다룬 작품은 평가 절하되는 상황을 비판한 것과 궤를 같이한다.[59] 안젤두아는 나아가 "쓰지 못할 만큼 시시한 토픽은 없다"고 선언하며, 오히려 "지나치게 보편적이고 인도주의적인" 대의를 내세워, "특수하고 여성적이며 구체적인 역사의 순간"을 희생시키는 것의 위험함을 역설한다.[60]

그녀는 또한 백인이 대부분인 페미니즘 그룹 내에서 유색인종 여성이 토크니즘tokenism적으로 전시되는 것을 경계한다. 독회나 워크숍, 세미나 등의 모임에서 유일한 '3세계 여성'으로 초대되는 경험을 반복적으로 하면서, 백인 페미니즘의 게스트 목록이 요구하는 인종적 다양성이 아니라 '3세계 여성들'에게는 자신의 글쓰기가 더 우선되어야 한다고 주장한다. 안젤두아는 백인 페미니스트와 '3세계 여성들'이 처한 정치 · 사회 · 경제 · 문화적 위치에는 '차이'가 있음을 강조하며, 이렇게 덧붙인다.

> 그 자기만의 방은 잊어라—부엌에서 쓰고, 화장실 문을 잠그고 써라. 버스에서 쓰고, 복지 급여를 기다리며, 일하는 중에, 아니면 밥을 먹으며, 잠자고 일어나는 사이에도 써라. 나는 변기에 앉아서 쓴다. 부자이거나 후원자가 있지 않는 한 타자기 앞에서 장시간을 보낼 수는 없다—어쩌면 당신에게는 타자기조차도 없을 수도. 바닥을 청소하거나, 빨래를 하며 당신의 몸에서 흘러나오는 말을 들어라. 절망하거나, 화가 나고, 상처 입었을 때. 연민과 사랑이 당신을 사로잡을 때. 당신이 글을 쓸 수밖에 없을 때.[61]

울프는 ≪자기만의 방≫에서 충분하진 않지만 여성들에게 열려 있는 기회들—여대의 존재, 투표권, 직업의 개방—을 강조하며, "어떤 수로든"—예를 들어, 숙모로부터 유산을 상속받는다든지—500파운드 이상 벌 수 있는 여성이 현재 이천 명 정도 존재한다는 통계를 들며, 여성들에게 자신의 처지를 글을 쓰지 못할 변명으로 삼지 말라[62]고 지적한다. 안젤두아는 이 논지를 비틀어 전유하며, '3세계 여성 작가'가 조용히 앉아서 장시간 생각하며 글을 쓸 수 있는 공간과 시간적 여유를 기다리다가는 글을 쓸 수 없게 된다고 이야기한다. 그러니 가능한 모든 공간을 '자기만의 방'으로 만들고, 주의를 빼앗는 일들이 가득한 일상의 틈새 시간을 영감이 지배하도록 '몸'이 내는 소리에 귀를 기울이라고, 거의 '명령'에 가까운 강한 어조로 권고한다.

글의 마지막 부분에서 안젤두아는 '현실'을 언급하고 있는데, 이는 울프가 ≪자기만의 방≫을 끝맺는 방식과 공명한다. 울프는 마지막 부분에서 주디스 셰익스피어가 다시 한 번 현신하여 나타났을 때, 그녀가 기회를 가지려면, 500파운드와 자기만의 방도 필요하지만, 또한 "인간을 남성과 여성의 관계에서뿐만 아니라 현실과 관련해서 보아야" 한다고 주장한다. 여성 작가들이 자신들의 대립항으로 여겨지는 남성들과의 대비 속에서만 세상을 파악하지 말고, "하늘이든 나무든 그 무엇이든 그 자체로" 볼 것을 요청한다.[63] 안젤두아도 유사한 맥락에서 "추상화, 학문적 지식, 규칙, 지도와 나침반"을 던져 버리고, "눈가리개 없이 너 자신의 방식대로 느끼라"고 이야기한다. 메마르고 건조한 상아탑의 수사가 아니라, 사람들 사이의 접촉에서 생성되는 "피와 고름, 땀"을 통해 "개인의 현실과 사회적인 것"을 환기시킬 것을 요구한다.[64]

나가며

지금까지 울프의 기념비적인 저작 ≪자기만의 방≫과 그에 대한 후대 유색여성 페미니즘 작가들의 응답을 통해 여성, 특히 여성 작가에게 '자기만의 방'이 지니는 의미를 살펴보았다. 워커는 ≪어머니≫에서 ≪자기만의 방≫을 적극적으로 다시 쓰기하며, 울프가 알지 못했을 흑인여성들의 삶을 반추한다. 워커는 혹독한 억압과 차별이 지배하는 일상에서 그녀들이 가꾸어 낸 한 뼘의 '정원'이 바로 '자기만의 방'이었음을 발견하며, '독서'와 '글쓰기'가 금지되었던 '어머니와 할머니들'이 정원 가꾸기, 퀼트 만들기, 노래 부르기 등을 통해 자신들의 예술적 재능을 배출하면서 미치지 않고, 아이들을 길러내고 가정을 꾸려 갔기에 자신과 같은 흑인여성 작가가 존재할 수 있음을 고백한다.

킹스턴은 ≪여인무사≫의 〈샤먼〉 부분에서 이민 오기 전 중국에서의 어머니 용란의 경험과 이민 후 미국에서의 삶을 대조적으로 기술하며, 아시아계 이민자 여성이 겪는 억압의 교차성을 드러낸다. 용란이 학생으로서 처음 경험하는 '자기만의 방'이 주는 자유와 독립성, 여학생들 사이의 연대를 통한 귀신 쫓아내기, 산파학교 졸업 후의 의사로서의 활약 등은 동양 사회나 동양 여성에 대한 미국 독자들의 선입견을 거스르면서 독립적인 여성상을 보여준다. 오히려 문명화된 민주국가이며 여권이 신장되어 있다고 여겨지는 미국에서 용란과 그녀의 가족이 유령들에 둘러싸여 문을 잠그고 창문을 내리고 살아가는 모습은 용란이 겪고 있는 이중의 소외, 즉 중국인 사회의 가부장제와 미국 주류사회로부터의 인종차별이 교차하며 그녀를 억압하고 있음을 보여준다.

안젤두아는 ≪다리≫의 〈방언들로 말하기: 3세계 여성 작가들에게 보내는 편지〉에서 울프로 대표되는 1세계의 백인 페미니스트들과 '3세계 여성 작가들', 특히 퀴어 유색여성 사이의 차이를 강조한다. 자신들을 인정하지 않거나 보이지 않는 존재로 취급하는 남성들을 비판하며, 그들을 위한 '쿠션'이나 '희생양'이 되지 말 것을 주장[65]하는 동시에, 자신들의 정치적 공정성을 위한 부속품으로 유색여성 페미니스트들을 이용하는 백인 페미니스트들을 경계한다. 울프가 제시한 물질적 조건은 3세계 여성 작가들에게는 글쓰기를 불가능하게 만드는 사치품에 가까운 것으로, "[울프가 얘기하는] 그 자기만의 방은 잊어버리고",[66] 언제나, 어디서나 일상의 공간과 시간과 감정을 '자기만의 방'으로, '한 덩어리의 빵'으로, 연료로 삼아야 한다고 주장한다.

살펴보았듯이, 이들 유색여성 페미니즘 작가들은 각자의 사회 · 문화· 경제적 위치와 그들의 존재를 가능케 하는 역사적 유산의 맥락 내에서, 그들의 실존 위에서, 울프가 ≪자기만의 방≫에서 제시하는 다양한 논점과 모티브에 대해서, 때로는 공명하며, 비판적으로 반박하며, 풍자하고, 다시 묻고, 다시 쓰며, 빈틈을 메움으로써, "서로 이어서 책들을 써나간다Books continue each other."[67] 그녀가 던진 도전적인 화두가 있었기에, 그녀가 남성 작가들의 계보에 맞서 여성 작가들의 계보를 제시하는 시도를 했기에 후배 작가들은 그것에 기대어 마음껏 견해를 펼치고, 비판하고, 또 다른 대안적인 계보를 구성할 수 있었다. 더불어 형식적으로는 "페미니즘 선언문이면서도 꽃이 활짝 핀 아몬드 나무처럼 우아한"[68] 그녀의 문체와 재치 넘치는 수사가 있었기에, 이후의 후배 여성 작가들은 샬롯 브론테나 엘리엇이 겪었던 공용 문장의 빈곤에서 벗어났다. 울프를 신랄하게 비판하는 후배 여성 작가라 할지라도, 마치 제인 오스틴이 패니 버니Fanny Burney의 무덤에 화관을 놓듯이, 혹은 조지 엘리엇이 일라이자 카터Eliza Carter의 그늘에 경의를 표하듯이,[69] 그녀의 비판을 가능케 한 울프에 기대어 있다. 울프와 이들이 연대하여 만들어낸 여성의 방은 존재하고 있지 않던 공간을 새롭게 창조해 냄으로써 이미 할당되어 있던 공간의 틀을 교란하고, 설정과 배치, 구획과 분배에 따르던 기존의 규칙을 위반함으로써 새롭게 한다. 그 결과 세계가 다시 재편될 가능성을 지시한다. 지구에 존재하는 "장소상실"의 존재들이 자리를 가질 수 있을 만큼은 지구가 크다는 사실을 각인시키고, 그렇지 않다면 다리를 벌리고 앉아 있던 이들에게 자세를 고쳐 공간을 내놓을 것을 요구한다.

길거리 걷기,
그리고 길 위의 여성들

발터 벤야민의 에세이는 도시에 대한 "이야기"를 들려주는 것 같다. 그 이야기에는 이야기꾼이 등장하는데 바로 도시 읽기 방법을 알려 주는 산보객이다. 벤야민은 산보객의 젠더 정체성을 관광객, 여행자, 어린아이의 모습을 이용하여 모호하게 만들지만 길 위의 여성에 대한 기술을 통해 노출하고 만다. 결국, 이 글은 벤야민은 그의 에세이에서 도시를 읽는 것은 중산층 남성 산보객의 전유물이고, 도시 읽는 행위는 남성 산보객을 위한 성적인 은유로 재현되는 것이 가능하다는 것을 들키고 있다고 주장한다.

최정선

19세기 대도시 런던에 지적 관심을 보이는 수많은 에세이와 문학작품들이 있어 왔다. 이들을 논의하는 과정에서 현재 비평가의 임무는 과거의 대도시를 어떻게 재현하고 있는지 살펴보는 것 이상이어야 한다고 페릭스 드라이버Felix Driver는 주장한다. 이 에세이와 문학작품들은 현재 지리학과 도시 인문학의 분석 텍스트이자, 도시 작가들이 글쓰기 과정을 통해 도시 공간을 재구성하고 또한 통제하려는 욕구를 드러내는 텍스트일 수 있다는 것을 생각할 필요가 있다.[1] 이 글은 드라이버의 이러한 논의를 확장하여 20세기 도시 글쓰기의 대표적 사상가 발터 벤야민Walter Benjamin의 도시에 관한 글쓰기를 살펴보려 한다. 그의 에세이에서 벤야민이 모스크바, 나폴리, 그리고 베를린이라는 도시를 경험하고 그 경험한 것을 독자에게 들려주는 과정에서 벤야민은 도시를 재구성하고 있다. 이 글은 그러나 벤야민이 읽어 주는 도시, 예를 들면 모스크바, 나폴리, 그리고 베를린, 에 대한 관심보다 벤야민이 독자에게 가르치고 있는 "도시 읽기 매뉴얼"의 형태를 살펴보려 한다. 특히 벤야민의 "도시 읽기 매뉴얼"에는 가상의 인물 "산보객the flâneur"이 등장하고, 산보객 사용방식은 다른 동시대 작가들과 다르면서, 기존의 전통적인 작가들이 도시를 설명하는 방식과 다른 이유이다. 벤야민의 글에서 산보객은 주 서술자이며 시선의 주체이고 그 시점이 가리키는 길거리 인물과 광경을 객체화하면서도, 그 우월성을 주장하기보다 계속해서 길거리에 속한 보행자이거나 군중 속의 일원인 것처럼 치장한다. 산보객의 시점은 "도시적인 것"을 드러내려는 목표를 주장하지만, 도시에 대한 정보를 드러내는 과정이 독자에게 중요한 것/중요하지 않은 것, 의미 있는 것/의미 없는 것을 지목하고 있다는 것은 인정하지 않는 것처럼 보인다. 이 글은 벤야민에게 도시에 대한 글쓰기는 통제 욕구의 발현이지만 가상의 인물 산보객의 차용을 통해 그의 도시에 대한 통제적 욕구를 가장하고 있다고 본다.

벤야민의 산보객 인물

1920년대에서 1930년대에 걸쳐 출판된 벤야민의 에세이에서 산보객은 여러 정체성을 지니고 있다. 때론 외국인이기도 하고, 낯선 곳을 찾아다니는 여행자, 산책자,

어린아이의 기억을 회상하는 어른남성이기도 하다. 벤야민의 도시 산보객은 지도와 이정표 등 주어진 정보를 무시하진 않지만 절대적으로 의존하지 않는다. 도시 공간 사이를 가로지르며, 이정표보다는 여행자의 기억에 의존하고 눈에 띄는 것(혹 눈에 잘 안 보이는 것)을 따라 이동하며 나만의 지도와 경로를 만든다. 벤야민의 산보객, 길거리를 산책하는 인물은 상당히 기존 전통적인 방식에 대한 대안으로 도시를 경험하는 인물이며, 기존의 획일화되고 억압적인 질서로부터 개인적인 욕구와 의지를 정체성에 새기는 도시 읽기·걷기·경험하기를 재창조하는 인물이다. 곧 도시 속에 존재하기가 그의 정체성 전부인 것이다. 벤야민의 도시 보행자에 대해서는 고고학자이자 공간 해독자이며 수집가이자 탐정이라는 정의가 내려지기도 한다.[2]

벤야민의 텍스트에서 도시 공간, 특히 거리를 점유하고 향유하는 산보객 혹 산책하듯 걷는 인물들은 대부분 남성이며, 이들은 이성애 중산층 백인남성의 범주에 가장 근접한 인물이고, 자연스럽게 공간의 지배적 주체성을 지니며, 공간의 남성 젠더화의 상징적 인물이기도 하다. 그러나 대도시화된 거리의 이미지를 가장 비판적인 모습으로 혹은 가장 현실주의적으로 그려 내기 위해 만들어진 인물이지만, 도시에 대한 글쓰기는 상대적으로 젠더 불평등에 대한 고민을 포함하지 않고 있다. 벤야민의 산보객에게는 길거리를 횡단하고 점유하며 도시 공간에 대한 정보를 최대한 많이 모으는 것이 한 가지 목표라면, 그 모은 정보를 독자에게 전달하기 위해 정리하는 작업이 두 번째 목표이다. 정보를 모으고 정리하는 작업에서 주체, 즉 산보객의 정체성이 중요한 역할을 하는데, 벤야민은 그 정체성이 부르주아 백인남성이라는 것을 숨기지도 않고 드러내지도 않는다. 때로는 산보객의 정체성이 읽기와 쓰기를 하는 과정에 스며들어 맹점이 되는 것을 눈치채지 못하기도 한다.

이 글의 서두를 벤야민이라는 도시 사상가의 도시에 대한 그의 태도, 그의 태도를 읽어 내는 현대 독자/비평가의 태도는 무엇일까 하는 문제제기로 시작한 이유가 있다. 벤야민의 글쓰기는 도시 공간 주제를 연구하는 데 중요하다. 도시 공간 연구에서 벤야민은 신화적 사상가이며 계보학적으로 시조이다. 그러나 벤야민의 도시 사상에 더 깊이 있고 다양한 접근법을 통해 다가가기 위해 비평가들의 글을 접했을 때 좀 특별한 현상을 발견하게 되었다. 대부분의 비평가들은 벤야민의 도시 사상을 설명하려 하면서 비판적 태도를 취해야 할 때 약간의 "주춤거림"과 "머뭇거림"의 태도를 보인다는 것이다. 특히 비평가의 "주춤거림"과 "머뭇거림"의 태도는 벤야민 글에서 등장하는 도시 산보객과 젠더 관계에 대한 논의를 할 때 나타난다. 수잔 벅 모스Susan Buck-Morss의 말처럼 우리는 어쩌면 벤야민이라는 거대함에 눌려 그의 글쓰기가 전달하려 하는 것을 제대로 읽지 못하는 것은 아닌가 하는 질문을 해야 한다고 생각한다.[3] 이 글에서는 도시 공간 읽기와 거주자의 도시 경험 읽기를 시현하는 텍스트를 분석할 때, 젠더 관계가 상당히 복잡하게 도시를 경험하는 보행자/서술자의 정체성, 보행자가 관찰하는 다른 도시 거주자, 그리고 도시의 의미에 영향을 미친다고 본다. 특히 산보객이 길거리에서 만나게 되는 인물들, 이 글에서 강조하는 여성들에 대한 기술에서 벤야민은 서술자의 젠더 정체성을 모호하게 두는 장면들을 살펴볼 것이다. 이러한 모호성은, 페미니스트 지리학자들과 젠더와 공간의 관계를 연구하는 학자들이 주장하는 것처럼, 공간이 역사적 시간 내에서 젠더 관계를 내면화하여 특성 거주자, 즉 여성의 몸을 타자화하는 것을 방관하기도 한다.

벤야민의 도시와 길거리 걷기

먼저 벤야민의 1920년대부터 1930년대에 걸쳐 발표한 도시에 대한 에세이 중 모스크바, 나폴리, 베를린에 대한 에세이에 초점을 맞추어 분석하려 한다. 벤야민의 글에서 도시 산보객의 도시 경험하는 방식을 살펴보고, 이후 보행자의 젠더 정체성이 드러나는 여성을 객체화하는 기술을 살펴볼 것이다. 벤야민의 도시에 대한 에세이 〈모스크바〉(1927)[4]에서 도시를 느끼는 방식으로 전차나 썰매를 타는 것도 중요한 의미를 만들어 낼 수 있다고 했지만, 벤야민은 도시를 경험하는 여러 가지 방법 중 두 발로 걷기를 가장 적합한 방식이라고 선택한 것처럼 보인다. 벤야민에게 도시 걷기는 도시를 읽어 내는 방식이고 동시에 도시에 대한 글쓰기를 가능하게 하는 방식이기도 하다. 인간의 전통적인 사유방식을 비판하는 방법으로 걷기 행위를 제시하기도 한다. 재미있는 것은 도시의 길거리를 걷는 행위자를 인물화characterization해서 산보객the flâneur이라는 상당히 구체화된 인물을 독자에게 선물했다는 것이다. 그리고 각 도시에 관한 에세이에서 그 인물화가 조금씩 다른 입장과 태도를 보이며 드러나고 있다는 것이다.

〈모스크바〉에 나타난 산보객 벤야민은 낯선 공간을 처음 접하는 이방인이며 언어를 모르는 외국인이고, 그러므로 그 낯섦은 어린 시절의 경험이 다시 되살아나는 과정을 겪는 인물로 설정된다.[5] 모스크바 길거리 걷기는 무엇을 새로 배우는 느낌이고, 그래서 낯선 도시의 속도의 흐름에 빨리 적응하려는 전략적 경험이기도 하다.[6] 모스크바 길거리에 선 보행자이자 외국여행객 벤야민은 어린아이가 집을 떠나 주변을 익히는 것처럼 천천히 반복적으로 원을 그리면서 조금씩 아는 범위를 넓혀 가려 한다. 그러나 그에게 도시는 미로의 걷기를 제시하고 길을 빙글빙글 돌아 잃어버리는 경험을 선사한다.[7] 벤야민에게 이러한 과정이 모스크바라는 도시를 경험하는 방법이고 이 방식을 통해 보행자는 모스크바로 처음 들어갈 때와 여행 이후 떠날 때 도시 경험을 통해 달라진 모습을 가지게 되는 것은 아닐까.

<모스크바>에서 산보객 벤야민은 걷고 전차를 타고 썰매를 타며 지속적인 동적 움직임이 걷기 행위의 전부였다면, <나폴리>(1924)[8]에서 보행자는 좀 다른 여행자의 모습으로 걷기와 멈춤을 반복한다. 나폴리도 낯선 도시 공간이고 산보객이 새로 배워야 하는 공간이었다. 번지수도 존재하지 않는 나폴리에서 그의 눈앞에 나타나는 건물들로 방향을 잡으며 도시 곳곳을 두 발로 걷는다.[9] 그의 걷기는 길거리에서 벌어진 일에 멈추어지기도 하는데, 잠시 전까지 비난받았던 신부가 결혼 행렬을 보고 멈추어 서서 축복을 해 주는 광경을 바라본다든지 뚱뚱한 여자가 떨어진 부채를 놓고 실랑이를 벌이는 것을 목격하기도 한다. 산보객의 멈춤은 나폴리를 독자들에게 잘 전달하기 위함이며 독자들도 길거리 구경꾼 벤야민과 함께 이 이벤트를 목격하는 경험을 하게 된다. 또한 모스크바에서의 경험과 다르게 나폴리는 보행자 벤야민에게 예상치 않은 멈춤을 선사하기도 한다. 나폴리의 도시 건축의 상태는 혼란과 놀람을 동시에 안겨 주며 그 걸음을 멈추게 한다. 보고 싶던 교회 건물이 눈에 띄지 않다가 갑자기 몇 발자국 앞에 모습을 드러내기도 하고 한 공간이었던 장소가 갑자기 다른 공간으로 이동하는 통로가 되며 예기치 않았던 장소를 드러내기도 한다.[10] 이러한 도시 걷기는 외부인을 긴장하게 하고 쉽게 길거리 걷기를 연속적인 동작으로 하기 어렵게 만든다. 어쩌면 보행자 벤야민은 나폴리를 걸으면서 시작과 끝보다는 중간만 존재하는 도시 공간의 미로 속에서 헤매고 싶은 욕구가 더 클지도 모른다.

모스크바와 나폴리의 보행자 벤야민은 <베를린 연대기>(1932)[11]에서

사라진다. 그리고 다른 인물 산보객이 나타난다. 베를린에서 길거리 걷기는 산보객 벤야민에게 현재의 행위라기보다는 과거의 경험을 되살리는 수단이자 기회이다. 베를린에서 유년기와 청년기를 보낸 벤야민은 드디어 그의 "아는 동네"를 방문한 것이다. 베를린 길거리에서 산보객 벤야민은 그의 부모의 집이자 어린 시절의 집, 친구의 집이 있던 동네, 할머니의 집, 너무나 다니기 싫었던 학교, 철도와 기차역, 그리고 그의 청년시절의 기억을 되살리는 베를린 카페에 대한 파편적 경험이 다시 눈앞에 등장하는 경험을 하게 된다. 베를린에서 길거리 걷기는 한 공간에 대한 경험과 다른 공간에 대한 경험을 이어 주는 도구가 되고 있다. 벤야민에게는 이정표가 필요 없다. 건물의 위치와 형태가 그의 기억 속에 있고 그 건물이 현재 없다 하더라도 기억을 소환하고 다시 경험할 수 있다. 그램 질로크에 의하면 〈베를린 연대기〉에서의 산보객은 도시를 걷는 방식이 기억 속으로 이동하는 것 혹 미로 속에서 움직이는 것과 같으며 앞으로 진행하기보다 순환, 반복의 움직임을 보인다고 한다.[12]

세 도시 공간에서 벤야민의 산보객은 각 공간이 제시하는 기능성의 기준을 무시하며,[13] 도시 공간을 거북이가 산책하는 듯한 속도로 자신만의 속도를 선택하고 체험하는 것을 보여준다. 벤야민이 초점을 맞춘 것은 "의례적인 의미와 가치를 뒤덮을 수 있고, 이를 통해 '대중'의 비인격적 사고에 대한 비판을 제공할 수 있는 거리의 산책자이다."[14] 도시 공간의 가려진 사실을 드러내는 데 도시 독해의 목적을 둔 것이다. 정치혁명으로 모던화되었다고 홍보된(벤야민의 방문 목적 중 하나일 수 있다.) 모스크바에서 뒤쪽에 가려진 오래된 시골 건물을 가리키거나 관광 상품으로 포장된 나폴리에서 고적지 유물이 실제 유물이 아닐 수도 있다고 지적하는 시선은 그 증거이기도 한다.

또한 모스크바와 나폴리에서 산보객 벤야민은 이방인이자 여행자의 모습으로 도시를 체험했다면 베를린에서 산보객은 어린아이가 되거나 어린아이처럼 도시를 느낀다. 벤야민의 베를린 도시 읽기는 걷기부터 시작되고 어린아이의 보폭에 맞추어 어린아이의 시선에 맞추어 행해진다. 질로크는 산보객 벤야민의 어린아이 되기는 주체와 대상 사이에 거리를 만들어 비판적 시각의 공간을 형성한다고 지적한다.[15] 벤야민은 <베를린 연대기>에서 어린아이는 길거리 걷기를 동화fairy tale와 혼동하는 경향이 있고[16] 길거리에서 마주하는 것이 책에서 본 것인지 실재인지 혼동하기도 한다.[17] 즉, 때로는 어린아이의 느낌 속에 실재와 허구가 동시에 존재하고 주체와 객체가 바뀌기도 한다면 어린아이 되기를 통해 비판적 시각을 얻으려 하는 것은 아닐 것이다. 오히려 한 공간에서 다른 공간으로 경계를 넘어 어린아이가 마주친 도시 공간, 길거리 사람들을 동화 속 이야기처럼 제시한다는 것은 보행자 벤야민이 어린아이가 아니라 중산층 이성애 남성 산책자라는 것을 의도적으로 숨기는 것은 아닌지 의문을 제기해야 할 것이다. 도시 길거리 걷기에서 벤야민이 제시한 것은 보행자가 그의 오감을 통해 경험한 것을 글자화한 것이다. 즉 걷기 행위는 산보객 벤야민이 독자에게 그가 접한 것들 중 특정한 것을 지목하고 돋보이게 하는 수단이자 방식이다. 우리는 도시 길거리에서 산보객이 대면한 것 중 무엇을, 누구를 보여주고 싶은 것인지 고민할 필요가 있다.

"아는 동네"와 길 위의 여성

19세기와 20세기 문학/문화 텍스트 연구에서 공간의 의미와 그 중요성 분석,

도시 공간과 거주자의 관계 분석, 그리고 공간 거주자의 정체성과 주체성 분석은 다양한 방식으로 다양한 영역에서 이루어져 왔다. 그리고 도시 공간 연구에서 최근에 젠더 이론이 읽기와 분석의 중심축으로 기능해 온 것은 활발하게 언급되고 있다. 다프네 스페인Daphne Spain에 의하면 여성과 남성의 성 차이는 공간을 이해하고 구분하고 범주화하는 기준에 영향을 미쳐 왔고, 그 기준이 구축되는 과정은 남성의 이익이 발생되는 것을 자연적인 것으로 여겨지는 방향으로 진행된다.[18] 그리고 공간적 배치는 다시 성 차이에서 발생하는 불평들을 재강화하는 방향으로 움직이고, 특히 그 과정에서 여성의 열등성을 강조하는 방식을 채택한다고 한다.[19] 즉, 공간의 범주화와 젠더의 구분은 특정 성(여성)에 대한 불평등을 야기하도록 이용되는 측면이 있다고 한다.[20] 공간과 젠더 불평등의 상관관계의 형성에 대한 원인 중 한 가지를 질리언 로즈Gillian Rose가 지적한다. 로즈는 공간이나 지리를 연구하는 학자들의 집단이 전통적으로 남성이었고, 연구 결과물인 공간에 대한 지식은 남성 전유물이 되었으며, 결국 공간을 읽어 내거나 지리학적 관심을 가진다는 것은 남성의 주체성을 드러내는 행위와 일치한다고 한다.[21] 그래서 페미니스트 지리학자로서 로즈는 여성이 가부장제 시스템으로부터 해방을 외칠 때, 공간의 중요성을 알고 공간에 대한 소유권을 행사할 것을 요구하고, 특히 일상의 생활을 영위하는 공간이 여성의 해방을 위한 공간임을 인지해야 한다고 주장한다.[22] 린다 맥도웰Linda McDowell은 로즈에게 힘을 보태며 여성들에게 전복적인 힘을 주는 공간은 새로운 질서가 가능하고 변화가 가능한 도시의 공간에서 찾을 수 있다고 지적한다.[23]

벤야민이 기술하는 여러 도시의 길거리도 여성의 공간으로 재구성할 수 있다. 벤야민이 보여주듯이 모스크바의 길거리는 여성 행상꾼이 고객과 흥정하는 일터이자 도시 공간에 대한 여성의 점유 방식을 보여주기도 한다. 나폴리 길거리의 여성 산보객은 길거리 흥정에서 찰나의 즐거움을 찾을 수 있는 인물이기도 하다. 그러나 도시 공간을 점유하는 젠더 균형은 너무 소소하고 일시적이라는 것이다. 에세이 대부분에서 길거리를 걷고 있는 보행자는 너무나 분명하게 중산층 이성애 남성이며 남성의 시각으로 그의 산보에서 부딪치는 여성들을 공간의 객체로 여긴다. 또한 대부분의 비평가는 보행자와 도시 공간과 길거리 걷기의 관계에만 집중하지만, 젠더를 분석적 틀로 해서 벤야민의 글을 접근하는 비평가는 많지 않다. 그 가운데 젠더 문제를 언급하는 비평가는 "주춤거림"과 "머뭇거림"의 태도를 보이기도 하는데, 예를 들면 엘리자베스 윌슨Elizabeth Wilson은 벤야민을 보들레르와 비교하면서 길거리 매춘여성에 대한 벤야민의 태도는 보들레르만큼은 여성혐오적이지 않다고 주장한다.[24] 벤야민이 매춘여성에 대한 젠더 편견을 보여주지만 그 정도는 보를레르와 비교해서 약하므로 수용 가능하다는 것일까? 그의 다른 책에서 윌슨은 벤야민의 〈베를린 연대기〉의 시작 부분을 언급하며 그녀가 어린 시절 엄마의 손을 잡고 처음으로 도시의 길거리를 경험했던 이야기를 들려준다.[25] 그러나 그녀의 경험은 도시를 길거리 걷기 방식으로 알려 준 엄마와의 유대와 존중을 표현한다면 벤야민의 경험은 다르게 읽어야 한다. 도시 길거리 걷기를 알려 준 유모들과 엄마는 벤야민에게 그들의(여성들의) 도시 걷기 방식을 존중할 수 없는 타당성을 제공해 준 사람들이기 때문이다. 벤야민의 글에서 도시 보행자가 기술하는 매춘여성에 대한 의미를 독해하는 많은 다른 비평가들도 그들의 메타포적인 필요성과 유용성에 대해 분석하고 있지만 벤야민이나 그가 만들어 내는 도시를 경험하고 읽어 내는 보행자가 남성 중심적인 젠더 규범에 묶여 있음을 설명하려 하지 않았다.

아는 동네 "베를린"을 기술할 때 벤야민은 특히 길거리에서 마주치는 여성을 기술할 때 다른 태도를 드러낸다. 모스크바와 나폴리의 길거리를 산책하는 산보객은 길거리에서 마주치는 광경 속의 여성을 다름에 대한 호기심이고 특이함의 기표로 기술하였다. 그러나 베를린에서 길거리에서 마주치는 여성의 모습은 일상을 상징하고 익숙함을 나타낸다. <모스크바>와 <나폴리>에서도 보행자 벤야민에 의해 매춘여성이 언급된다. 그러나 <베를린 연대기>에서는 그 빈도수가 높다. 자신의 인생이 경험한 공간을 지도 위에 표기하고 싶은 벤야민은 여러 형태의 공간 중 그의 청년시절에 다녀왔던 호텔과 사창가의 방을 포함시킨다.[26] 친구들의 집과 모임 장소들, 휴식을 취했던 의자들과 카페와 테니스코트 사이에서 사창가의 방은 두드러지지도 않고 더 특별하지도 않으며 벤야민의 일상의 경험 속에 존재한다. 마치 아침에 일어나 공원에서 산책하고 카페에서 점심을 먹고 쉬다가 사창가에 들러 볼일 보고 저녁 모임을 위해 돌아오는 일상 속에 당연한 듯 스며들어 있다. 이 경험을 말하는 보행자 벤야민은 중산층 이성애 남성 독자에게 본인의 중산층 이성애 남성 정체성을 노출하고 있다는 것을 전혀 의식하지 않으면서 그의 글쓰기에서 저자와 독자의 정체성을 정리한 것이다. 방랑자가 되어 도시로 여행하는 보행자 벤야민은 도시로 들어가는 과정을 남성이 여성의 몸을 침입하는 방식과 동일하게 기술한다.[27] 보행자 벤야민에게 도시가 여러 방향의 길을 가진 미로이기도 하지만 뚫고 지나가야 할 터널이라면, 도시는 또한 멈출 수 없는 "flâneries" 혹 섹스관광 상품이기도 하다.[28] 보행자 벤야민의 기억에는 도시의 길거리가 눈앞에 쭉 펼쳐져 있는 것만큼이나 매춘여성도 눈에 띈다. 누구의 손에 이끌려 길거리를 걷든지, 어느 골목을 지나든지, 누구를 방문하든지 그의 시선에 매춘여성은 걸리게 된다. 어린아이의 설레임의 경험을 되살려 베를린을 환기하고 있는 보행자 벤야민은 처음으로 엄마 손에 이끌려 도시의 다른 공간—낯선 그리고 신기한—을 방문하는 경계 넘기를 경험하게 되는데, 이 경계 넘기는 매춘여성을 목격하기가 그 전부이다.[29]

결국 벤야민이 말하는 어린아이의 입장으로 공간적 경계를 넘는 행위는 남자어린아이가 성적인 욕구를 깨달아 남자어른이 되는 과정을 설명하는 것과 다름없다. 길거리 여기저기에서 마주하는 매춘여성은 벤야민에게 있어 도시 걷기를 정의해주는 증인이 되고 있다.

대부분의 비평가들은 벤야민의 매춘여성에 대한 관심과 그 당위성을 당연하게 받아들인다. 자본주의의 팽창과 함께 대도시를 살아가야 했던 보들레르부터 모더니스트 작가에 이르기까지 그들의 사회적 위치를 매춘여성의 경제적 위치로 이해하는 것은 평이한 등식이다. 윌슨은 벤야민을 포함한 남성 작가의 성적, 경제적 위치가 매춘여성의 그것과 다를 바 없다고 주장한다.[30] 보행자는 여성보다 도시 길거리를 더 자유롭게 점유할 수 있다는 점에서 도시 걷기 행위가 젠더화된 것은 사실이나 그 자유는 허상적이고 오히려 남성성 약화를 포함하며, 미로식 걷기는 남성 성기능 불능을 나타낸다고 설명한다.[31] 그러므로 매춘여성을 이중적 상태에 빠진 남성 산보객을 설명하는 메타포로 사용하는 것은 타당하다고 주장하는 것이다. 매춘여성의 메타포화 문제에 대해 벅 모스는 윌슨과 다른 입장을 피력한다. 벅 모스의 설명에 의하면 남성 작가들과 벤야민은 자신들의 글쓰기가 상품화되고 자신들은 "월급 받는 고용자"[32]로서 낯선 사람들에게 자신들의 상품을 제시하고 흥정하려 하는 것이 "우리 모두는 결국 매춘부이다"[33]라는 입장을 가지게 되었다고 한다. 윌슨처럼 벤야민이 간과했던 부분은 벤야민의 보행자는 남성 중심적인 입장에서 매춘여성에 자신의 처지를 투영하기도 하고 동일시하기도 했던 것이다. 자신의 위치를 설명하는 방식으로 매춘여성을 메타포화하는 것은 매춘여성을 대상화한 것이며 그 메타포화는 여성의 존재를 부정하는 것과 동시에 여성혐오의 증상이며 여성의 권리를 부인하는 효과를 발생시킨다.[34] 벅 모스에 의하면 벤야민의 문제는 길거리에서 목격한 매춘여성의 실제 목소리를 외면하고 보들레르에 의존하여 글자화된 매춘여성들의 무음 상태muteness에 시선을 돌린 것이라고 한다.[35] 그래서 이러한 벤야민의 간과는 매춘여성을 타자화하고 기호나 상징으로 소비하는 것을 용이하게 하였을 것이다.[36]

앞서 말했듯이 <베를린 연대기>는 다른 에세이와 다르게 벤야민의 아는 동네를 기술하고 있다. 동시에 가장 많이 벤야민의 아는 사람들이 등장한다. 바이커스 미타Vikas Mehta는 그의 책 ≪길거리*The Street*≫에서 길거리는 도시보다 더 오랜 역사를 가지고 있고,[37] 바로 가까이 있으며 어디에도 있다고 정의한다.[38] 길거리는 누구에게나 열려 있고 누군가를 마주치는 장소라고 설명한다.[39] 도시에 대한 에세이에서 벤야민은 끊임없이 보행자가 마주친 건축물, 장소, 인물들을 기술한다. 도시를 경험하는 방식은 두 발로 걷기가 최적이며 걷기는 마주침을 동반하기 때문이다. 모스크바, 나폴리, 베를린의 길거리를 걷는 산보객 벤야민은 누군가와 마주친다. 그러나 그 마주침은 계획되거나 예상된 것은 아니다. 도시를 느끼는 방식, 혹 글쓰기에서 도시적인 것을 드러내는 방식이 즉흥성에 있다고 말하는 듯싶다. 모스크바와 나폴리에서 걷기 수행과 다르게 베를린 길거리를 걷고 있는 산보객 벤야민은 과거와 현재의 공간에 대한 기술도 자주 하지만 유난히 과거에 길거리에서 마주친 사람들에 대한 서술이 두드러진다. 다시 말하면 나폴리, 모스크바에서는 장소 중심의 시선을 드러내고 마주친 사람들의 익명성이 보장되지만 베를린에서는 아는 동네에 살았던 아는 사람들에 대한 감정이 고스란히 나타난다.

매춘여성도 벤야민의 아는 사람 범주에 속해 자주 등장하지만 좀더 친밀한 관계에 있는 여성들도 유모들, 엄마, 할머니, 숙모, 또래 여자애들의 모습으로 드러난다. 그러나 이 여성들에 대한 보행자 벤야민의 관계를 살펴보면 벤야민의 매춘여성을 타자화하는 것은 별 놀랄 만한 것은 아니라는 것을 알 수 있다. 이 에세이 시작은 유모의 손에 이끌려 동물원으로 가는 길거리를 처음 접하는 어린 벤야민이 등장한다. 이 경험은 길거리란 험악하고 배려적이지 않으며 위험이 도사린다는 느낌을 남기지만 곧 장소의 문제가 아니라 누가 벤야민을 동반했느냐의 문제라는 것이 밝혀진다. 벤야민을 데리고 도시를 구경시키는 유모는 어린 벤야민이 좋아하는 것을 못하게 방해하며 감시하는 "차가운 그림자"처럼 여겨진다.[40] 또한 이 유모는 놀이터에서 벤야민을 감시하면서 벤치에 앉아 소설책을 읽는데, 그 모습이 다른 한쪽에서 신문을 읽고 있는 나이든 남자와 대조된다. 산보객 벤야민은 나이든 남자의 신문 읽기는 "진지한 측면의 인생the serious side of life"이라고 기억하지만 마치 유모가 읽고 있는 소설은 가벼운 그래서 가치 없는 것이며 그 소설을 읽고 있는 유모는 나이든 남자보다 가볍고 가치 없다고 말하는 듯 보인다.[41] 벤야민은 엄마와도 손을 잡고 도시 길거리를 걷는 경험을 하게 되는데 그 경험을 통해 벤야민의 도시를 향유하는 방식과 여자들의 방식의 차이만 부각되었다. 엄마의 걷기 방식은 목적 지향적이고 목표를 향해 똑바로 나아간다면, 벤야민은 본인의 걷기 방식은 천천히, 서투르게, 바보처럼 보인다는 것이다.[42] 그래서 저항의 한 방식으로 벤야민은 언제나 엄마보다 한 걸음 뒤에 걸었을지도 모른다.[43]

처음부터 끝까지 벤야민은 남성 중심적인 태도와 남성 우월성을 지키기 위해 여성의 열등함, 부족함, 성적 대상성을 부각시켜 가리키고, 모든 여성은 도시를 향유하고 점유하는 남성 산보객에게 방해물이거나 잔소리꾼이거나 유혹하는 몸이거나 병을 옮기는 매체로, 가까이하면 죽음을 맞게 된다는 이미지를 만들어 낸다. 이 에세이 마지막에 과거에 벤야민의 아버지가 사촌의 죽음을 알리는

데 꽤 자세하게 그 상황을 설명했다고 기억해 낸다. 그러나 오랫동안 죽음에 대한 중요한 정보를 잊고 지냈는데 다시 기억하고 보니 사촌은 매독으로 죽음을 맞이했던 것이다. 벤야민의 또래 남성의 매독과 그에 따른 죽음은 길거리 걷기 행위에서 중산층 이성애 남성이 길거리에서 마주하는 여성과 직업여성을 비하하고 성 상품화하는 행위에 대한 반격인 것처럼 보이기도 한다. 그러나 벤야민은 남성의 (성)행위는 비가시화하고 매춘여성을 병을 옮기는 매개체로 각인시키려고 노력하고 있다. 벤야민에게 여성은 남성 자아를 위협하거나 몸을 병들게 하거나 심리를 위축시키거나 남성성 성장에 방해되는 인물인 것이다.

벤 하이모어Ben Highmore는 벤야민의 보행자가 그의 길거리 산책에서 "집 안에 있는 듯한 편안함"을 느낀다면 그는 길거리에 대한 남성적 소유권을 가지는 것이라고 말한다.[44] 공간에 대한 편안함이 그 공간에 대한 주체로 관계 맺기를 이루는 첫 단계일 것이다. 〈모스크바〉, 〈나폴리〉, 〈베를린 연대기〉에서 벤야민은 언제나 어느 길거리에서나 편안함을 보여주었다. 낯선 공간을 즐겼고 길을 잃어버리는 것에 대한 두려움보다는 즐거움이 더 컸고 이정표가 없는 공간에서는 그가 새로운 이정표를 만들었고 경험했다는 사실을 통해 공간을 사유화하기도 했다. 경찰에게 쫓기고 손님과 실랑이를 해야 하는 길거리 매춘여성이었다면 불가능했을 것이다. 중산층 가정에서 주인과 하인 사이에서 꽉 짜인 시간의 순서대로 일을 해야 하는 유모도 길거리 걷기는 노동의 연장이지 즐거움의 행위는 아니었을 것이다. 남편을 도와야 하고 아이들을 돌봐야 하고 집안의 일하는 사람들을 관리해야 하는 벤야민의 엄마도 벤야민의 보행자처럼 길거리 걷기를 즐길 수는 없었을 것이다. 또한 보행자 벤야민의 시선에서 노골적으로 드러나듯, 길거리를 걷는 모든 여성을 성 대상화하고 실제 범죄의 대상이 된다는 사실에 그 어느 여성도 길거리 걷기를 벤야민의 보행자처럼 경험할 수는 없다. 이것은 그의 비판적 사유에서 벤야민이 보지 못하는 것이고 그의 비평가들도 간과한 부분이다.

앞에서 살펴보았듯이 벤야민이 제시하는 도시를 경험하는 방식은 즉 "도시 읽기 매뉴얼"은 산보객이라는 인물을 읽기의 주체로 내세운다. 이 도시 산보객은 주어진 지도가 지시하거나 도시 행정가의 의도대로 도시를 경험하기를 거부한다. 나폴리에서는 길거리의 이정표를 무시하고 건물로 들어가는 입구와 출구를 찾아다니면서 도시에 대한 이미지 정보를 수집했다. 모스크바에서는 근대화된 모습만을 보여주고 싶어 하는 도시 개발자를 놀리듯이 새 건물 뒤쪽의 오래된 시가지를 찾아다니기도 했다. 베를린에서는 현재 눈앞에 보이는 길거리와 건축물 대신에 과거의 기억 속의 도시 모습만 되새김질하며 도시를 경험하였다. 도시 공간 읽기에 있어 주체의 역할을 수행하기 위해서 길거리 걷기를 선호하고 마주치는 건물이 주는 정보나 다른 보행자의 움직임에 따라 동선을 스스로 선택할 수 있는 인물인 것이다. 벤야민은 길거리 걷기의 불확실성에서 그의 산보객의 주체성을 주장하지만 그 주체성은 산보객 자신의 부르주아 백인남성 정체성과 서로 맞물린다는 것은 분명히 하지 않는다. 길거리 걷기는 도시에 대한 글쓰기를 생산하는 수단이지만, 도시 글쓰기는 길거리에서 마주치는 다른 보행자들을 객체화하고 있다는 것을 의식하지 못하고 있다. 또한 주체/객체의 이분법적 시점이 산보객과 더 나아가 벤야민의 도시를 바라보는 태도에서 젠더 관계의 문제점을 인지하지 못하는 사유가 된다는 것을 베를린의 길거리를 걷고 있는 산보객이 보여주고 있다.

무대 위의 공간들[1]
—피터 셰퍼의 ≪에쿠우스≫

피터 셰퍼의 ≪에쿠우스≫에는 주인공 알런과 특별한 세 대상인 에쿠우스, 아버지, 다이사트가 '공간적'으로 관련되어 있다. 이들은 공간적 역학관계를 통해 알런과 긴밀히 결부되어 있어 여기서는 각 관계대상과 관련된 공간의 의미를 추적하고자 한다. 우선 에쿠우스와의 관계에서는 공간에 따라 에쿠우스의 존재적 의미가 어떻게 달라지는지 볼 것이다. 아버지와의 관계는 알런의 정체성 형성과 관련 있는 공간을 보여주는데, 특히 그 공간에서의 아버지의 역할에 주안점을 두게 될 것이다. 마지막으로 다이사트와 알런이 만나는 병원 진료실과 병실이라는 공간이 이들에게 어떤 작용점이 되는지를 살펴볼 것이다. 다이사트는 알런의 분신/대역처럼 기능한다. 그곳에서 알런의 자기고백적 면모를 이끌어 내면서 동시에 다이사트 역시 알런을 통해 자기고백을 행하는 게임에 참여하고 있다. 여기서는 역할의 전도를 통해 펼쳐지는 둘의 관계를 시선의 문제와 결부해 보고자 한다. 세 대상 모두 알런과 불가분의 관계라는 점에 기반하여 공간적 기반이 그들의 역학관계를 어떻게 구현하는가를 추적하게 될 것이다.

윤소영

≪에쿠우스*Equus*≫(1973)와 ≪아마데우스*Amadeus*≫(1979)는 영국 극작가 피터 셰퍼Peter Shaffer(1926~2016)[2]의 대표작으로 알려져 있다. 이 중에서 완성까

지 2년 반의 시간이 소요된 ≪에쿠우스≫는 실화[3]를 바탕으로 하여 쓰인 텍스트라는 특이성이 있다. 첫 공연은 1973년 7월 런던 올드 빅Old Vic 국립극장에서 올려졌고, 1974년 10월 브로드웨이에서 더 큰 성공을 이루어 낸 작품이라는 것은 주지의 사실이다. "'런던에서는 사소한 사회극'이었던 작품이 '뉴욕에서는 근육질의 공연'으로 다시 태어"났다고 강조한 강태경은 이 극이 "엽기적이고 선정적인 일탈"[4]로 관객에게 강렬하게 다가갈 수 있었던 이유를 주시하고 있다. 이 연극은 공연 시 말의 강렬한 움직임에 의해 무대를 꽉 찬 공간으로 선사한다는 점에서 공간적 역동성이 특별하게 부각된다. 총 2막 35장으로 구성되어 있고, 무대에는 주인공인 17세의 소년 알런 스트랑Alan Strang, 아버지 프랑크Frank Strang, 어머니 도라Dora Strang와 정신과 의사 마틴 다이사트Martin Dysart, 다이사트의 친구인 판사 헤스터 살로먼Hester Saloman, 그리고 여섯 마리의 말 가면을 쓰고 분장한 배우가 등장한다.

이 극은 특히 무대 활용이 뛰어나서 공간적 역학관계를 살펴보기에 좋은 텍스트이다. 각진 모서리에 말을 자리하게 하고 관객이 공존할 수 있도록 특이한 공간적 설정을 하면서 말 역할을 하는 배우들의 움직임이 그 공간을 가득 메운다. 말의 움직임에 대해 "허리를 구부리지 않아야 한다"고 강조하는 구체적인 지시문이 있을 정도인데, 배우들의 정확한 동작과 민첩함을 확보하기 위함으로 보인다. 또한 현재와 과거를 적절하게 뒤섞어 보여주는 공간으로 활용되는 무대에 대해, 지하에는 무의식이, 지상층에는 무대 자체가, 2층에는 관객의 반응이 있다고 샤오웬 수Shaowen Emily Su는 비유한다.[5] 그만큼 관객의 반응이 중요한 무대를 설정하고 있다는 점에서 무대의 구조적 특이성과 공간적 활용성을 살펴보는 것은 유의미하다.

극이 시작될 때 40대 중반의 의사인 다이사트가 담배를 피우며 독백을 하는데, 이때 초록색 조명이 비춰지는 무대 전면 좌측에 있는 벤치는 중요한 공간이다. 다이사트는 "쇠꼬챙이로 여섯 마리의 말의 눈을 찌부러뜨"[6]린 사건의 주인공 알런이 법정에서 노래만 부르고 있을 뿐이라고 말한다. 다이사트를 처음 만났을 때도 알런은 "더블민트는 우리의 기쁨"이라는 TV 광고 노래를 아무렇지도 않게 부르고 있을 뿐이다. "명색이 인쇄공의 자식이라는 게 책 한 권도 읽지 않다니!"[7]라는 아버지의 지적에서 알 수 있듯이 알런은 부모의 기대감을 충족시켜 줄 수 없는 아들이다. 부자관계를 엿볼 수 있는 대목이다. 전직교사인 어머니 도라Dora는 매일 밤 아들의 방을 찾아가 성경을 읽어 주는 존재다. 가령 요한묵시록에 등장하는 '프린스'라는 말에 대해 이야기해 주는 엄마는 "신이 보고 계시다, 알런. 신은 천지를 다 내려다보신다"라고 함으로써 알런에게 감시와 처벌의 주체로서의 응시자인 신의 존재를 각인시킨다. 더불어 도라는 프린스라는 말에 대해 이야기함으로써 알런의 무의식에 감춰진 말의 신 '에쿠우스'에 대한 욕망을 일깨우는 역할을 하고 있다. 부모에 대한 알런의 인식은, "엄만 당신(아빠)보다 더 많이 알고 있어"라고 말하는 장면에 나타난 것처럼 아버지와 어머니는 각기 다른 계층에 속해 있고, 사회적 아비투스도 다르다는 것을 알 수 있다. 가장으로서의 아버지는 아내와의 관계에서 주도권을 갖고 싶지만, 존중이 아닌 업신여김과 강압적인 태도로 아내를 대하는 모습에서 찾아볼 수 있는 것은 아버지의 열등감이다.

이렇게 안정감이 내재되어 있지 않은 가족관계 속에 놓인 알런이 성장과정에서 접하게 되는 중요한 존재는 바로 사람이 아닌 '말'이다. 알런은 어린 시절 바닷가에서 트로얀Trojan이라는 말을 처음 보게 되었고, 이때 말과 대화를 나누었다고 한다. 하지만 아버지는 6살의 아들이 말에서 떨어져 다칠지 모른다는 염려 때문에 억지로 알런을 끌어내리게 되고 그때부터 아들은 말에 대한 동경을 품게 되면서 동시에 아버지에 대한 반감, 불신이 생겼다고 할 수 있다. 흥미롭게도 알런이 세상과 소통하는 방식은 '말'을 통해서라 할 수 있다. 알런의 방에 걸려 있던 예수 그림을 대신하게 되는 백마 그림은 알런의 세계와 더욱 긴밀하게 결속되어 있다. 알런은 12세였을 때 리드화랑에서 쇠사슬에 묶여 골고다로 가는 예수를 매몰차게 채찍질하는 그림을 보고 단숨에 반한다. 그 예수 그림을 침대 머리맡에 걸어두었으나 내용이 거슬린 아버지는 그림을 떼어 버리고 만다. 이때 알런은 며칠간을 울었고 이를 무마하기 위해 아버지는 백마 사진을 대신 걸어 주게 된다. 텍스트에 "문 너머를 바라보고 있는 백마"가 이쪽을 뚫어지게 바라보고 있는 툭 튀어나온 말이라 묘사되어 있는데, 여기서 시선의 중요성이 대두된다. 알런에게 시선을 던지고 있는 사진 속의 말은 알런이 세상을 내다보는 창구의 역할을 한다는 점에서 중요하다. 특히 아버지가 제공한 그림이라는 점에서 중요성이 배가된다. 알런과 관련을 맺고 있는 대상은 모두 특정한 공간을 점하면서 그 공간 속에서 관계를 맺고 있다는 특이성을 띤다. 그래서 알런이 맺고 있는 세 대상인 에쿠우스, 아버지, 다이사트와의 관계에 주안점을 두면서 각 관계대상과 관련된 공간의 의미를 순서대로 따라가 보기로 하겠다.

에쿠우스의 공간 — 바닷가, 방, 마구간

알런의 성씨 스트랑Strang은 '질풍과 노도'를 뜻하는 독일어 Strum und Drang을 합친 단어를 연상시키고, 이름인 Alan은 그리스어로 '조화'를 뜻한다고 한다. 질풍과 노도의 시기에 정신적으로 조화를 잘 이루어 내야 하는 청소년기를 보내던 알런이 저지른 끔찍한 행각은 말에 대한 강한 애착과 상치되고 있다. 판사 헤스터의 권유로 감옥으로 보내지 않고 상담치료를 받게 되는 알런은 다이사트의 병원에서 악몽을 꾸면서 고래고래 소리를 지르기도 하는데, 그때 그가 외치는 한마디는 "에쿠우스"다.

알런과 말의 관계는 복잡다단하다. 알런이 말을 접하게 되는 공간은 세 가지이고, 시간 순으로는 바닷가, 알런의 방, 마구간이다. 우선 처음 말을 만나게 되는 바닷가는 어머니의 공간이라 할 수 있다. 바닷가에서 처음 말을 타게 되었을 때 알런은 말과 대화를 나눴다고 한다. "재갈이 아프지 않니"라는 식으로 말을 건넨 알런에게 말이 응답을 했다는 것인데, 이 장면을 떠올릴 때 알런은 마치 어머니와 하나된 상태처럼 '말'이라는 존재와 하나 되는 느낌을 받는다. 그래서 1차적으로 말은 어머니를 상징한다고 볼 수 있고, 세상과 처음 만나듯 알런이 세상을 느끼게 되는 첫 대상인 말과 이자관계[8]가 조성되는 것이다. 마치 거울 속의 자신에 대해 만족감을 갖게 된 아이처럼 말을 통해 상상계로 진입한 것이라 할 수 있다. 라캉의 상상계에서 아이들이 어머니라는 대타자(M)Other를 권능의 팰러스phallus를 가진 존재로 여기듯이 알런도 말에게서 같은 것을 느끼는 것이다. 그때 말에서 떨어질지 모른다는 위험을 감지한 아버지는 강압적으로 알런을 말에서 끌어내린다. 이 순간은 상상계의 아이를 상징계로 진입시키는 계기인 셈으로, '아버지의 이름'이 내포하는 금지, 명령이라는 권위를 포착할 수 있는 지점이라 볼 수 있다. 어머니와의 하나 됨 즉 이자관계를 깨뜨려야 아이가 성장하게 되고, 상징계로의 진입이 가능함을 강조하는 아버지를 통해 알런은 오이디푸스 콤플렉스의 극복을 시도해야 하는 것이다.

다음 단계로 중요한 공간은 알런의 방이다. 12세인 알런의 침대 머리말에 걸리게 되는 그림은 여러 겹의 의미화 과정을 보여준다. 그림은 정지된 순간 같지만 다양한 기표와 기의가 발생하는 언표적 장의 기능을 한다. 알런이 선택한 예수의 고난을 묘사한 그림에 대해 아버지의 강제성이 반영되었다는 것이 중요하다. 이는 유대교의 전통을 희랍의 신으로 대체해 버린 것이라 볼 수 있는데, 여기서 그림의 대비는 중요하다. 1차적으로 이 대비는 알런의 아버지와 어머니의 종교적 다름의 면모를 보여주고, 종교/문명으로 대변되는 어머니의 세계와 무신론/원시주의로 대변되는 아버지의 세계가 갈등을 일으키고 있음을 드러내는 것이다. 알런이 처음 선택하게 되는 예수의 그림은 기독교 신앙에 경도된 어머니와의 애착관계가 반영된 것이라 할 수 있는 반면, 말 그림으로 대변되는 아버지는 무의식적 욕망, 원시적 숭배 등이 결부되는 장면인 것이다. 이때 그림 속의 말은 신/아버지와 같은 존재이다.

알런의 방은 자궁처럼 폐쇄적인 공간으로 나중에 에쿠우스의 탄생을 알리는 곳이기도 하다. 여기서도 알런은 에쿠우스와 자신을 동일시하고 있다. 또한 박해당한 예수의 그림에서 백마의 사진으로 바뀌게 된 후 알런은 에쿠우스를 맞을 준비를 하고 있다. "칭클 창클 재갈"이라는 표현처럼 특히 백마 그림 속에 갇혀 있던 아이가 말의 계보를 읊어 낸 후 자신에게 재갈을 물리고 말에게 하듯 자신에게 채찍질하며 스스로 말이 되어 탄생의 의식을 치르기도 한다. 이는 방(자궁)에서 나아가는 단계를 구체화하는 것이라 할 수 있다. 특히 방은 자궁에서처럼 어머니의 목소리를 듣는 경험을 하는 곳이어서 중요한데, 이곳이 종교적인 교리 즉 신의 가르침을 전하면서 동시에 알런을 억압하는 장소로 작용한다는 점이 강조되어 있다. 밤마다 들려주는 성경과 승마equitation와 관련된 이야기를 통해 어머니는 아버지보다 현실세계에서는 고양된 정신세계의 소유자임을 짐작하게 한다. 하지만 어머니의 음성을 들으며 성장의 시간을 가져야 하는 알런은 오히려 어머니의 음성을 통해 세상과 단절되고 역설적으로는 그 공간에 붙들리고 갇히게 됨으로써 알런의 폐쇄성이 더 강화된다고 할 수 있다. 알런의 정신분열증을 조장하는 원인 중에서 부모의 관계가 큰 영향을 끼쳤음을 발견할 수 있는 대목이다. 성경교리에 따라 살아야 함을 강조하는 어머니와 가부장적 아버지라는 불균형한 관계 속에서 억압과 금기라는 규율에 따라 살아야 했던 알런은 개인으로서의 자유, 부모에게 받는 인정 등을 느끼거나 호흡할 수 없었기 때문에 정신분열증적 증후를 보일 수밖에 없었던 것이다. 그러한 모습은 사적 공간과 공적 공간의 구분을 거부하는 행태, 즉 다이사트와 처음 만난 진료실에서 광고노래를 읊조림으로써 자유로워하는 알런의 모습으로 알 수 있다.

다음으로 알런이 주체화될 수 있는 가능성을 타진해야 하는 공간인 마구간을 살펴보자. 여섯 마리 말의 눈을 쇠꼬챙이로 찔러 앞을 볼 수 없게 만든 것에 대해 자신이 신이 되고자 한 소년의 이야기에 대해, "신을 찾았을 때에는 신을 살해하거나 불구로 만들거나 포기해 버리는 역설"[9]이 발생한다는 지적처럼 이 부분은 시선과 응시의 관점을 살펴봐야 한다. 즉 보는 것looking과 보여지는 것being seen을 통해 알런이 분열되고 있는가에 대해 파악할 수 있을 것이다. 신전이라 할 수 있는 마구간은 알런을 바라보는 시선이 있는 곳이다. 이 공간에서는 시선이 무엇보다도 중요한 장치다. 여기서 '시선'은 사르트르의 시선Regard이라 할 수 있다. 사르트르는 "타자는 나를 바라보는 자"라고 규정하므로, 사르트르의 시선Regard은 어떤 대상, 타인에 대한 시선이지만 구체적인 타인이라기보다는 주체의 경험 속에 들어와 있는 타인이다. 말의 시선은 곧 신의 시선이고, 아버지의 시선이다. 알런을 바라보고 있는 이 시선으로 인해 결국 알런은 여자친구 질Jill과의 성관계를 성사시키지 못한다. 이 부분에 대해 알런이 이성애자가 아닐 수도 있다는 것과 동물과의 강한 교감으로 인해 불능의 상태가 된 것이라는 가능성도 생각할 수 있다.

작품의 핵심적 주제 중 종교적 열정과 숭배에 대한 시각은 알런과 말의 관계를 규정하는 방식을 동물성애로 유도하면서, 알런이 마구간에서 말에 대한 종교적·성적 집착 증세를 보이며, 한밤중에 옷을 벗은 알몸으로 말을 타고 달리며 오르가즘을 체험하곤 한다는 지적도 있다.[10] 여호와는 질투의 신이라는 표현에 나타난 것처럼 에쿠우스와의 관계는 성적인 관계로 암시되고 있다. "나는 그의 목에 흘러내리는 거품을 느끼고 싶어요. 살이 아닌 땀범벅이 된 가죽을요." 이성인 질의 살갗을 느끼지 못하고 오히려 말 너제트Nugget의 피부, 가죽의 촉감에 더 감각적으로 반응하는 알런은 질에게는 키스조차도 못할 정도이다. 그래서 질을 만질 때 "내 아래서 … 내 손길을 기다리는" 말 너제트를 느꼈다는 알런의 심정은 알런이 동물성애자 내지는 동물을 같은 성으로 인지하는 동성애자로 보이게 할 만하다. 그래서 여자친구 질의 나신을 보고서도 성적 감흥을 받지 못하는 것이다.

승마를 즐기는 자들의 옷차림, 사치스런 분위기 등은 말 자체의 숭고함을 인정하는 면모와 대척점에 있어, 말을 대상화하는 인간 중심적 사고의 좋은 예라 할 수 있다. 이에 반해 알런은 말을 대상화하지 않고 자신과 말을 동일시한다. 말에게 깊은 애정을 느끼는 알런은 너제트를 애무하고 각설탕을 주면서 "내 죄를 받아다오. 나를 위해 이것들을 먹어다오"라고 하며 마치 최후의 만찬과 같은 모습으로 의식을 치르듯 말에 올라탄다. 신의 종인 에쿠우스를 올라타고 오늘 밤 그들 모두를 향해 달리고자 한다. 말과 함께 전라의 상태로 들판을 질주하는 장면은 독자의 상상력을 불러일으키고, 현장에서는 말 역할을 하는 배우들의 역동적인 움직임을 통해 무대를 충분하게 채워 넣는다. 이에 대해 "'근육질의 상상력'이라는 표현과 함께 브로드웨이 관객을 사로잡은 결정적인 체험은 신비롭고 정적인 장면이 아니라 '에쿠우스'의 근육이 격동하는 광란의 질주를 통해 이루어지기 때문"[11] 이라는 지적을 살펴볼 수 있다. 이 극은 알런과 말이 함께 들판을 달리는 장면을 연출하는 데서 극적 효과가 폭발적으로 상승하기 때문에 더욱 공간적 역학이 잘 드러난다고 볼 수 있다. 여기서 공간은 단지 공간이 아니다. 무대 위의 공간은 관계를 통해 조성되고 분화되는 공간이다.

에쿠우스의 "난 너의 것이고 넌 나의 것"[12] 이라는 표현은 에쿠우스와 알런의 관계를 한마디로 요약해 버린다. 알런이 마구간에서 느끼는 시선은 1차적으로 에쿠우스에게서 비롯되는데, 에쿠우스처럼 그곳에 있는 말은 모두 눈을 감지 않고, 항상 눈을 뜨고 있는 상태라는 점이 중요하다. 즉 세상을 열어 주는 창구의 역할을 한 에쿠우스의 눈이 역설적으로 그날 밤에는 방해가 된다. 알런은 에쿠우스가 자신이 인간/여성과 성관계를 맺는 것을 지켜보고 있다는 것 때문에 도무지 관계를 맺을 수가 없다. "바라보는 눈은 주체의 것인 반면, 응시는 대상 쪽에 있어 그 둘 사이에는 일치나 공존이 있을 수 없"[13] 다고 보는 입장에서 에쿠우스가 알런을 보고 있다는 것은 곧 아버지의 응시가 지속되고 있음을 뜻한다. 에쿠우스와 밤에 들판을 달리는 것은 아들의 성적 욕망을 보여주는 장치이며, 에쿠우스를 통해 세상을 본다는 것은 신/아버지의 시각에서 세상과 조우하고 있음을 드러낸다. 하지만 에쿠우스의 시선을 응시로 받아들이는 순간 알런은 정신분열적 상태가 되어 에쿠우스에게 비정상적인 폭력을 행사하고 만다. 알런은 쇠꼬챙이로 말의 눈을 찔러 멀게 하는데, 에쿠우스를 대하는 태도의 변화는 곧 알런의 정신분열증적 상태를 보여준다. 더 이상 에쿠우스가 자신을 보지 못하게 한다는 의미와 더불어 세상을 파악하던 창구로서의 말의 눈을 닫아 버림으로써 알런 자신도 이제 영원히 외부세상을 볼 수 없도록 처리한 것이다. 찌부러진 눈은 조각난 이미지처럼 깨지고 굴절되고 심지어는 보이지 않게 될 정도가 되어, 에쿠우스의 눈은 세상을 제대로 담아낼 수 없게 된다.

알런은 어머니의 말씀처럼 "신께서 내려다보고 계시다"라는 입장에서 있는 신, 자신을 지배하는 신으로서의 에쿠우스를 용납할 수 없는 상태에 이른 것이다. 그래서 에쿠우스의 눈을 멀게 함으로써 그는 자신의 시각이 아닌 에쿠우스의 시각에서 바라보던 모든 것들을 한순간에 놓아 버리게 되는 것이다. 즉 여섯 마리 말의 눈을 찌르게 되는 것은 자신을 지켜보고 있는 신의 눈을 멀게 하여 그 응시로부터 벗어나기 위해 몸부림치는 것이고, 결국 신을 배반하지 말라는 계율을 어긴 것이라 할 수 있다. 그러고 나서 자신의 눈도 가짜 꼬챙이로 찌르는 시늉을 한다. 마치 자신의 눈도 더 이상 아무것도 보이지 않게 된다는 것을 암시하듯 말이다.

굴절된 공간 — 집, 영화관, 진료실

TV를 보지 못하게 억압하는 아버지는 TV를 보면 바보가 된다고 생각하면서 동시에 TV를 통해 전해지는 폭력과 외설적인 요소 등을 모두 차단하고자 한다. 아버지 프랑크는 TV에 대해 "모양만 다르지 실은 마약"이라 하며 알런이 TV 시청하는 것을 금지시키고 있다. 하지만 알런이 옆집 TV에서 집중해서 보는 것은 빠른 속도로 많은 정보를 전달하는 상업광고다. 시대적 감수성이 진하게 녹아 있는 광고는 엄청난 사회문화적 요소를 전달하고 있기 때문에 폭발적으로 양산하는 기표로 가득 차 있어, 아버지의 자리를 대신할 수도 있을 정도로 파급력이 강하다.

세상을 보여주는 TV를 거부/금지하는 아버지는 자신이 주체적으로 아들을 이끌어 낼 자신이 없기 때문에 TV를 못 보게 하려는 것이라 볼 수 있어, TV에 대한 반감은 시대착오적인 수준이라 할 만하다. 알런에게 "알아둬, 내가 한 말. 넌 정신을 바로잡아야 한다!"라고 다그치는 아버지는 마약이나 다름없는 TV를 시청하기 때문에 아들의 정신이 온전치 않을 꺼라 생각한다. 특히 "아이의 정체성은 부모의 말을 어떻게 받아들이느냐에 달려 있다"[14]는 라캉의 지적처럼 부모가 사용하는 언어, 낱말은 아이들에게 이미지로 작용하여 상징적 우주에 아이의 정체성을 위치시키는 상징적 의견이 된다. 또한 '아버지의 이름'이 제대로 작용하지 못하고 결여되는 순간 알런이 정신분열증적 상태를 유발할 수 있다는 것을 주목해야 한다.

알런의 아버지 프랑크는 아버지다움을 구현하는 데 미숙한 편이어서, 아버지를 경험하지 못한 듯, 프랑크에게 오히려 아버지의 부재가 느껴진다.[15] 프랑크가 아버지로서 미숙하다는 것은 이상적 역할모델이 없었음을 짐작하게 한다. 어머니가 알런에게 전해 주는 외조부에 대한 이야기가 있었다면, 아버지에게는 그런 부분이 빠져 있다. 그래서 그는 '아버지의 이름'이 갖는 금지의 기능을 TV 시청을 못하게 하는 것으로, 명령의 면모는 아내를 대하는 태도에서 드러내고 있다고 할 수 있다. 아내에게는, "저녁밥 식지 않게 해 둬, 도라!"라고 하며 의무를 강조하는 편이고, 집이라는 공간에서는 특히 아내에게 인정받지 못하는 남편이기 때문에 남편 역할의 미완적인 부분이 아버지 역할에 대한 부담감으로 가중되었다고 볼 수 있다. 아들에게 있어 아버지는 미래의 자신의 모습이 투영된 역할모델의 기능을 하므로 아들은 아버지를 통해 자신에 대해 배우게 된다는 점을 살펴봐야 한다. 하지만 알런의 아버지를 보여주는 특징으로는 어린 아들 낙마시키기, 아내를 존중하지 않기, TV 시청 금지로 요약할 수 있다. 그래서 알런이 다이사트를 처음 만났을 때 TV 광고를 크게 소리 내어 노래하는 것은 아버지의 명령을 무시하는 태도라 할 수 있고, 알런에게 아버지는 죽은 존재나 다름없기 때문이기도 하다.

또한 다이사트에게 "형편없는 잔소리꾼! 꼭 아빠 닮았어. 쉬지도 않고 그놈의 혓바닥만 놀려! 말해, 말해, 말해!"라고 소리 지르는 알런은 '금지'와 '명령'이라는 '아버지의 이름'에 대한 반감을 여실히 드러낸다. 잔소리, 훈계만을 일삼은 아버지에 대한 거부감은 어머니와의 이자관계에 대한 욕망을 지속하게 하는 동력이고, 아버지를 통해 언어를 습득함으로써 상징계로 나아가야 하는 성장의 단계를 밟아 가지 못하고 정지된 상태라는 것을 보여준다. 하지만 알런에게 있어 어머니 역시 신(아버지)의 말씀인 성경의 교리내용을 가르치려 든다는 점에서 아버지와 다를 바 없다. 알런은 부모에게서 받아야 하는 정서적 안정감과 심리적 위안이 부재하고 결핍됨으로써 특히 세상과의 적절한 소통방식을 갖지 못한 것이라 할 수 있다.

말과의 관계 부분에서 아버지는 정신과 치료 중인 아들을 위해 의사 다이사트를 찾아가 1년 반 전 목도한 장면에 대해 이야기한다. 아내에게 차마 말하지 못했던 그 이야기는 알런이 방에서 했던 기이한 행동에 대한 것으로, 알런이 의식을 치르는 주문을 외우듯 알 수 없는 말의 이름을 나열하더니 '프린스'로 시작해서는 말의 신 '에쿠우스'[16]의 탄생을 주도했다는 것이다. 하지만 그 장면을 목도한 아버지는 아들에게 어떠한 가르침도 대안도 제시하지 못한 채 그저 아들을 시선[17]의 대상으로 두었을 뿐이다. 이후에도 아들과 그 부분에 대해 대화를 나눌 수 있는 성숙한 아버지가 아니기 때문에 아들을 그저 대상화하고 바라보고만 있었던 것이다. 아들을 억압하고 야단치는 것 외에 다른 방법을 알지 못한 미성숙하고 부족한 아버지였던 프랑크는 알런에게 무의식으로 남아 있는 또 다른 자아로 기능하는 아들의 분신이라 할 수 있다.

29장은 아버지와 아들이 같은 곳에서 젊은 여성의 나체를 보여주는 영화를 보고 있는 장면이다. 영화관에서 아들을 발견한 프랑크는 혼내려는 마음으로 급급하다. 아들에게 보이고 싶지 않았던 아버지의 숨겨진 욕망이 발동한 어두컴컴한 영화관이라는 공간은 아버지의 미성숙함이 드러나는 공간이라는 점에서 중요하다. 아들에게 들켜서 너무나 부끄러웠던 아버지는 자신이 포스터 일 때문에 극장에 왔을 뿐, 영화를 보러 온 것이 아님을 강조하고, 자신을 이 공간에서 본 것에 대해 함구하라는 지시를 내린다. 금지와 억압을 일삼은 아버지가 역설적으로 자신과 같은 위치에 있다는 것을 느끼게 됨으로써 알런은 말의 재갈처럼 자신의 입에 채워져 있던 아버지의 억압이 풀린 듯한 상태가 된다. 질과 함께 아버지의 실상을 보게 된 알런은 바른 것을 강조하던 아버지였기에 이율배반적인 모습에 실망하면서도, "아빠와 난 똑같은 거 같아"라고 말한다. 아버지에 대해 몰랐던 부분을 알게 되었을 때 알런은 "자유스러움"을 느끼게 되는데, 강압과 금지의 주체였던 아버지가 자신과 다를 바 없는 욕망의 화신이었음을 알게 되었기 때문이다.

더불어 프랑크와 아내와의 관계에서 살펴보면, 밤마다 아들 방에 가서 성경을 읽어 주는 아내는 종교적 계율로 무장된 존재이기 때문에 다이사트의 아내처럼 프랑크에게는 아무것도 해 주지 않는 아내다. 아내와 정상적인 사랑, 애정을 나누는 시간을 가지지 못했을 것이라는 추측이 가능하다. 도라는 프랑크를 일벌레로 여기며 측은지심을 품기도 하지만 서로 소통이 되지 않는 관계라 할 수 있다. 알런이 아버지에 대해 갖는 감정은 "가엾은 늙은 광대"일 뿐이고, 엄마에 대해서는 "아무것도 주지 않는 엄마"일 따름이다. 그래서 "아빤 나처럼 신사숙녀가 싫은가봐! 우아하고 잘난 체하는 게"라고 하면서 자신과 아버지의 공감대를 확보하고 있다. 이 부분은 다이사트가 자신의 아내에게 느끼는 부분과도 상통한다.

어머니와 아버지의 대비구도는 문명 대 비문명(본능), 예수 그림(기독교) 대 말 그림(욕망), 문화적 승화 대 혼란스러운 자발성, 즉 예수의 그림이 서구문명을 대변하는 어머니를 보여준다면, 말의 그림은 근원적인 욕구, 무신론으로 대변되는 아버지를 뜻한다. 둘 간의 극단적 대비에는 갈등의 요소가 내재하고 있어 아버지는 집, 영화관, 병원 등 어느 공간에서도 제대로 된 아버지의 역할을 해내지 못하고 있다. 그로 인해 알런에게 긍정적 영향을 끼치지 못했음을 알 수 있다. 또한 "'아버지의 이름'은 최초 상징화 과정에서 아이의 욕망을 지배했던 어머니의 시니피앙을 대체하면서 주체를 상징계의 질서로 인도하는데 이것이 바로 부성은유"[18]이다. 라캉에게 있어 오이디푸스 콤플렉스의 극복이 곧 부성은유라는 점에서 알런은 콤플렉스의 극복을 위해 아버지/에쿠우스를 버리는 것이라 할 수 있다. 아버지를 영화관에서 만나고 나서 알런은 아버지를 신이 아닌 평범한 인간으로 여기게 되고, 이는 알런의 성장에 중요한 요소가 되는 것이다.

고백 공간 — 다이사트의 진료실, 무대

이 극은 다이사트가 소년 알런과 말에 대한 이야기를 함과 동시에 자신에 대한 이야기도 함께 한다는 것이 특이하다. 그의 독백은 의사로서 답하기 힘든 질문 속에 빠진 어려움을 토로하는 것으로 시작해서, 마지막에는 자신이 말과 같은 노예가 된 느낌을 털어놓는 것으로 마감한다. "다이사트의 모놀로그들이 그 자신의 소극성을 찬양하는 것이며, 자신의 삶에 대하여 배우 아닌 관찰자로서의 연극성이 곧 그의 비극"[19]이라는 지적과 함께, 극의 시작과 끝에 고백적 독백을 하는 다이사트는 "자신의 삶에 대한 관찰자이며, 그가 알런의 심리를 탐사해 가는 것은 오로지 그 자신이 생각하는 방식을 굳히는 것"[20]이라 할 수 있다. 이 의미는 알런의 치료과정 역시 의사로서의 한계에 대해 다시금 확인하게 되는 것으로 볼 수 있다. 상담치료 장면에서 다이사트는 알런에게 약을 주고 지난 사건에 대한 이야기를 털어놓게 만든다. 알런의 과거, 무의식을 드러내고 배출하도록 유도하는 존재라는 점에서 다이사트의 역할은 중요하다. 알런이 이야기를 할 때 다이사트의 시선이 알런에게 집중됨과 동시에 관객의 시선도 같은 방향 즉, 다이사트와 같은 입장에 서게 되는 것이라 할 수 있다. 이때 알런의 시선은 중요하지 않다.

다이사트가 진료를 보는 공간과 알런의 병실 침대가 놓인 공간이 같다는 것은 알런과 다이사트의 관계를 보여주는 지표가 된다. "그 소년의 그 눈초리. 나를 통해 자신을 구원하려 하고 있어요"라는 다이사트의 말처럼 알런이 다이사트를 통해 구원이 가능할 것이라 생각했을 수도 있다. 다이사트의 상담치료 과정에서 알런이 자신의 이야기를 털어놓는 것은 자신을 구원하고자 하는 알런의 눈초리에는 알런과 에쿠우스, 알런과 다이사트의 역학관계가 구조화되어 있다. 알런과 다이사트가 함께 하는 공간인 진료실은 알런의 무의식과 과거가 발현되는 공간이면서 동시에 다이사트가 독백을 하는 공간이라는 점에서 특별하다. 알런의 발화 장면과 다이사트의 고백이 중첩되어 그들이 쏟아내는 기표가 분주히 떠다니는 언표적 장이 바로 그곳에 형성되어 있다. 알런이 말의 눈을 찌르게 된 사건의 배경이 한 겹의 캔버스 위에 펼쳐지듯 사건을 따라가게 되는데, 특히 다이사트의 시선을 통해 관객도 함께 알런의 과거를 들여다보게 된다.[21] 수의 지적처럼 관객의 시선이 다이사트의 시선과 함께한다는 것은 알런을 바라보는 시각이 모두 진단적이라는 점에서 중요하다. 마찬가지로 다이사트 역시 그 그림을 따라가며 자신이 하고 있는 현재의 일이 남다른 정열을 띤 아이들이 정상의 공간에서는 비정상으로 수용될 수밖에 없다는 한계점에서 의사로서 갈등하는 모습을 독백으로 쏟아낸다. 이 모습에서 다이사트의 고백을 듣게 되는 관객은 이야기를 들어 주는 정신과의사의 역할을 하듯 동화되기 쉽다. 특히 아이가 없는 다이사트로서는 아이라는 객관적 대상을 통해 여러 사례들을 대비시켜 보기보다는 어린 시절의 자신을 투영해 사례에 접근하게 마련이라는 점에서 결국은 다이사트의 어린 시절 갈등이 곧 자신의 치료 대상으로서의 어린 환자들에 대한 판단과 결부되는 것이다. 그래서 내레이터 배우면서 정신과의사인 다이사트는 관객과 긴밀하게 연결되어 있다.[22] 관객은 다이사트라는 의사의 설명, 독백에 이끌려 극을 따라가기 쉽다.

> 쉐퍼의 극에서 다이사트와 같은 인물들은 서구문명과 고대 종교, 무신론과 원시적인 숭배, 불모성의 삶의 패턴과 근원적인 욕구 등 상반되는 원리 사이에서 내적 갈등을 겪는다. 다이사트는 20세기의 신이라고 할 수 있는 정신분석학의 권위 있는 전문가로서의 현실세계와 고대 그리스의 비과학적이고도 이교적인 희생제의의 사제가 되는 자신의 꿈 사이에서 갈등하는 존재이다. 그는 앨란의 원시적이고 본능적인 에쿠스 숭배를 이해하고 그 열정에 부러움을 느끼면서도 현대 정신과학 분야에서 인정받는 전문가로서의 책임과 의무를 정작 저버리지 못한 채 정신적 고투를 겪는다.[23]

위의 이혜경의 지적처럼 알런뿐 아니라 다이사트 역시 정신적 고투를 겪고 있는 존재다. 게다가 아내와의 관계를 살펴보면, 다이사트 아내 마거릿은 다이사트에게 아무것도 주지 않는 아내이다. 다이사트는 정지된 그림과 같은 아내와 함께 살고 있기 때문에 아이를 갖는다는 것은 꿈도 꿀 수 없을 정도이다. 정작 자신에게는 아이가 없어 양육의 경험이 부재한 다이사트가 청소년을 대상으로 정신과 상담치료를 해야 하는 상황이기에 이는 결핍되고 불균형한 요소로 작용한다. 이와 더불어 아이들을 정신과 상담하는 일에서 묘한 죄책감을 느끼는 것을 마치 비문명의 세계에 속한 제사장이 된 기분이 든다고 표현하는 다이사트는 다음과 같이 심정을 드러낸다.

> 비상한 칼 솜씨로 마치 본이라도 뜨는 것처럼 아이들을 배꼽까지 멋들어지게 쭉 자르는 것입니다. 그러곤 살토막을 파헤쳐 창자를 끊어 확 잡아당기면 마루에 그 뜨끈뜨끈하고 김이 무럭무럭 나는 내장이 흩어지지요. 그러면 두 제사장은 상형문자라도 읽듯이 내장이 그린 모양을 읽는 것입니다.[24]

스스로를 '제사장'이라 묘사하는 다이사트는 아이들의 정신치료를 맡아서 하는 일이 정상과 비정상의 경계지점에서 비정상의 공간에 있는 아이들을 정상의 공간으로 끌어내리는 무자비한 폭력의 행사라는 점에 회의를 느끼고 있다. 다이사트는 "신앙이 그 애 인생의 핵심"이라 지적하면서 동시에 알런의 격렬한 정열을 부러워한다. 에쿠우스에게 품은 알런의 강렬한 열정에 대해 부러움을 느끼기 때문에, 말을 향한 정열을 모두 아무것도 아닌 것으로 만드는 정신과 치료의 한계에 부딪친 다이사트는 알런에게 호의적이다. 대화치료에 벽을 쌓는 알런에게 다가가기 위해 상호 문답식의 질문을 게임처럼 허용하는 장면에서 알런이 다이사트에게 질문을 던지는 장면은 흥미롭다. 클라인Dennis Klein은 "셰퍼의 초기 탐정소설에서 후기극에 이르기까지 게임하기 기법을 통해 인물화되고 통일되었다"[25]고 주장하는데, 이 극에서는 '차례대로 대답하기the answer-in-turn game', '최면 게임the blink game', '플라시보 게임The placebo game'이 다이사트가 알런의 치료과정에서 차용하고 있음을 알 수 있다. 정신과 의사이기 때문에 누구에게도 털어놓을 수 없는 자신의 부부문제에 대해 알런에게 고백하듯 말하는 장면처럼, 알런에게 다가가기 위한 방책으로 자신에 대한 질문을 수용하는 다이사트는 마침내 스스로를 표현해 냄으로써 자신에 대한 분석을 행하고 있음을 알 수 있다.

알런에게 에쿠우스는 어머니, 자기 자신, 신/아버지, 성적 대상에 이르기까지 다양한 대상이 되고 있는 것이다. 말의 눈을 멀게 함으로써 자신의 눈으로 세상을 파악하고 견지하려는 알런의 행동은 비정상의 범주에 있는 것이기 때문에, 그가 사는 공동체에서는 마땅히 교정되어야 하는 그릇된 행동양식이다. 하지만 다이사트는 알런이 비정상의 공간에서 펼친 행동에 담긴 강한 '정열'이 얼마나 중요한가를 지적해 낸다. 그는 치료라는 미명하에 자신이 많은 아이들의 정열을 모두 사그라지게 할 수밖에 없는 현실을 개탄한다. 더불어 자신에게도 팔다리가 다 잘려 나간 듯 정열이 사라진 터라 정열에 대한 강한 욕망을 품는 것이라 할 수 있다. 마지막에 알런이 괴성을 지르며 쓰러지게 되고, 결국 다이사트는 치료에 실패하고 만다. 다이사트는 알런의 치료가 끝난 후 계속적으로 에쿠우스의 목소리가 환청처럼 들린다는 말을 하면서 "왜 하필 나죠?"라는 말을 던진다. 다이사트 역시 열정이 넘쳐 신의 응시에 항거한 소년의 정신을 정상이라는 미명하에 아이의 열정을 어둠 속에 가둬 버리고 만 것이다. 그래서 역설적으로는 정신적 균형을 취하도록 하는 것이 열정 없는 불구로 만든다는 아이러니한 상태를 주도하고 있다는 점에서 자신에 대해 끝없이 묻고 답하는 것이다. 해답을 찾고 있는 다이사트의 갈등은 바로 자신을 분석할 수는 있으나 극복하지 못하고 있는 모습으로 잘 드러나 있다. 다이사트는 사회적 요구와 내적 확신 사이에서 균형을 잡지 못하고, 환자를 기꺼이 치료하고자 하는 마음과 이의 수행을 요하는 사회적 요청 사이에서 찢겨진 존재 같다.[26] 그래서 다이사트는 "왜 나야? 왜 나지?"라는 외침을 통해 자신을 재확인하고자 하지만 그에게 들려오는 소리는 에쿠우스의 부름일 뿐이다. 알런이 바닷가에서 처음으로 말의 음성을 들었던 것처럼 말이다. 비정상적인 상태를 유발한 아이들에게 상담치료를 통해 정상적인 상태로 돌아가게 하는 제사장의 역할 수행 중에 정상과 비정상의 경계 짓기에 제동을 거는 소리로 말이다. 이제 에쿠우스의 예리한 재갈은 다이사트에게 끼워지고 도저히 빠져나오지 못하는 어둠 속에 그는 갇히고 마는 것이다.

공간과 관계의 역학

피터 셰퍼의 ≪에쿠우스≫는 무대 위 각형을 공간화, 구획화하는 공간의 역학을 통해 잘 구현되어 있다. 이때 공간과 등장인물 간의 관계를 결부시킴으로써 공간을 통해 관계를 읽어 내는 단초를 제공한다. 주인공 알런은 모두 특정 공간을 통해 중요한 관계대상과 공간적 역학관계를 조성함을 알 수 있다. 알런과 관계를 맺고 있는 대상은 에쿠우스, 아버지, 다이사트이다. 우선 알런과 에쿠우스의 관계는 세 단계의 변화과정에서 파악할 수 있다. 첫 번째, 에쿠우스는 인간이 아닌 동물임에도 불구하고 알런과 가장 밀착된 관계를 보여준다. 특히 바닷가, 방, 마구간이라는 세 공간을 통해 에쿠우스와 알런의 관계를 집약적으로 파악할 수 있다.

밤마다 어머니가 들려주는 성경 내용에 귀 기울여야 했던 아들은 죄의식에 대해 노출되어 있었지만 알런의 시선이 머무는 곳은 백마 그림이다. 알런은 백마의 시선을 통해 세상과 조우하고 있다. 말의 시선은 곧 아버지의 시선이고, 신의 시선이라 할 수 있다. "모든 것을 보고 있다"는 표현처럼 자신을 내려 보고 있는 말의 시선은 어디에서도 존재한다. 알런의 방 벽에 걸린 그림은 고난의 예수(신)가 있던 자리를 대신하게 된 백마(에쿠우스)의 사진이다. 에쿠우스의 탄생을 알리는 제사장처럼 알런이 주문을 외우듯 읊조린다. 그러고 나서 자신의 입에 재갈을 물리고 스스로에게 채찍질해댐으로써 알런은 에쿠우스의 탄생을 몸으로 실현한다. 그 순간만큼은 알런은 느끼지 못하지만 알런을 지켜보는 아버지 프랑크의 시선이 있다. 물론 관객의 시선도 함께한다. 그로 인해 알런은 스스로 인식하지 못한 채 보이는(보여지는) 대상이 된 것이다.

알런과 아버지의 관계를 보여주는 세 공간은 집, 물건을 파는 곳, 영화관이다. 억압과 금지의 장소인 집과 대조적으로 아버지의 욕망이 투사된 영화관에서 맞닥뜨리게 되었을 때 아들은 아버지에 대해 새로운 면모를 발견하면서 자유로움을 느끼게 된다. 이로 인해 마구간에 질과 함께 간 알런은 성관계를 시도하지만 말의 시선을 응시로 수용함으로써 자신과 에쿠우스가 함께한 전라의 한밤중의 질주를 떠올리게 되고, 결국 그 시선을 벗어나기 위해 말의 눈을 쇠꼬챙이로 찌르고 만다. 여섯 마리 말의 눈을 찌르게 되는 것은 자신을 지켜보고 있는 신의 눈을 멀게 하여 그 응시로부터 벗어나기 위해 몸부림치는 것이고, 결국 신을 배반하지 말라는 계율을 어긴 것이라 할 수 있다. 그러고 나서 자신의 눈도 가짜 꼬챙이로 찌르는 시늉을 한다. 마치 자신의 눈도 보이지 않게 된다는 것을 암시하듯 말이다.

이 사건으로 인해 치료를 받기 위해 만나게 되는 다이사트와 알런의 관계는 무대 위의 진료실을 통해서 잘 드러난다. 특히 처음과 끝에 등장하는 다이사트는 독백을 통해 자신이 의사로서 겪는 갈등과 고충에 대해 토로한다. 다이사트의 독백은 관객을 바라보며 이루어지고 있어, 마치 그가 관객에게 치료를 받기 위해 자신의 고통을 털어놓는 상담 객체의 위치에 놓여 있는 듯하다. 다이사트가 느끼는 알런의 열정은 정상적인 공간에서 수용될 수 없는 비정상적인 행태라는 것에 대해 자신이 제사장처럼 그들의 열정을 모두 소멸하게 해야 한다는 것에 대한 갈등을 독백을 통해 드러낸다.

후 주

대항 공간으로서의 포스트휴먼 신체성

1 이 글은 프랑스문화예술연구회 제59집에 실린 글을 번역, 수정한 글임을 밝힙니다.

2 "이탈리아 토리노 의대 연구진은 뇌는 정상이지만 몸을 쓸 수 없는 전신마비 환자들의 머리에 뇌사자의 몸통을 기증받아 이식하는 대수술이 2년 내에 가능하다고 밝혔다. 기존의 전문가들이 불가능하다고 여기는 절단된 척수를 재건하는 시술을 토리노 의대 연구진은 새로운 시술 방법을 찾아내 가능하다고 주장한 것이다. 새로운 시술법은 환자와 기증자를 18도 이하로 냉각시켜 신경의 손상을 최소화하고 머리와 몸을 분리, 그 후 특수 접착제로 신경을 다시 이어 붙이는 방법이다. 이런 발상은 지난 1970년 실험에서 몸통을 이식받은 원숭이가 전신마비 상태로 의식을 되찾은 바 있었지만 사람을 상대로 구체화된 것은 이번이 처음이다."(이호, "이제는 'FACE OFF'가 아닌 'BODY OFF'? 머리에 몸을 이식한다", ≪시선 뉴스≫, 2015년 2월 28일자 기사.)

3 Gilles Deleuze et Félix Guattari, *Mille Plateaux*, Paris: Les Editions de Minuit, 1980, p. 222.

4 René Descartes, *Méditations Métaphysiques*, présentations par Michelle et Jean-Marie Beyssade, Paris: Flammarion, 1992, p. 203.

5 René Descartes, *Métaphysique de Descartes*, rassemblée et mise en ordre par L. A. Méline Gruyer, Bruxelles: Cans et compagnie, 1832, p. 136.

6 Gilles Deleuze et Félix Guattari, *op. cit.*, pp. 232-233.

7 *Ibid.*, pp. 233-234.

8 *Ibid.*, p. 230.

9 Jacques Lacan, *Le séminaire XX*, Texte établi par Jacques-Alain Miller, Paris: Editions du Seuil, 1975, p. 93.

10 *Ibid.*, p. 154.

11 Jacques Lacan, *Le séminaire XXIII*, Paris: Editions du Seuil, 2005, p. 20.

12 Bruce Fink, *The Lacanian Subject between language and jouissance*, New Jersey: Princeton University Press, 1995, p. 124.

13 *Ibid.*, p. 123.

14 주체 개념에 대한 비판과 변이체 개념에 대한 제시는 필자의 2014년 논문 〈유령 스펙트럼 프로이트; 리비도-코나투스는 가능한가?〉에서 최초로 개진하였다. 필자는 〈대항 공간으로서의 포스트휴먼 신체성〉이라는 이 논문에서 변이체 개념을 공간학적 측면에서 재조망함으로써 2014년 논문의 단초에서 한발 더 나아간 것이라 할 수 있다.

지구는 둥그니까

1 외르크 되링 외, 이기숙 역, 《공간적 전회》, 심산, 2015.

2 마이크 크랭 외, 최병두 역, 《공간적 사유》, 에코리브르, 2013.

3 마르쿠스 슈뢰르, 정인모 외 역, 《공간 장소 경계: 공간의 사회학 이론 정립을 위하여》, 에코리브르, 2010.

4 스티븐 카슬 외, 한국이민학회 역, 《이주의 시대》, 일조각, 2013.

5 세일라 벤하비브, 이상훈 역, 《타자의 권리》, 철학과현실사, 2008.

6 김현경, 《사람, 장소, 환대》, 문학과 지성사, 2015.

7 이철우는 이 문제를 주권의 탈영토화와 재영토화라는 표현으로 포착하고 있다. 자세한 것은 이철우, 〈주권의 탈영토와와 재영토화〉, 《한국사회학》 제42집 1호, 2008 참조. 그러나 이철우는 이 문제를 이중국적의 논리를 분석하는 데 국한함으로써 주권의 탈영토화와 재영토화의 역동적인 긴장관계를 더 이상 분석하지 않는다.

8 하버마스의 담론윤리학은 담론이라고 하는 특정한 논쟁 상황 아래서 모든 관련 당사자가 동의할 수 있는 오직 그런 규범과 규범적 제도의 합의들만이 타당하다는 메타규범을 토대로 보편적인 도덕적 존중과 평등주의적 상호성을 전제로 하고 있다. 보편적 존중은 모든 사람이 도덕적 대화에 참여하여 말하고 행할 수 있는 권리를 가짐을 인정하는 것을 뜻하고, 평등주의적 상호성이란 모든 사람들이 대화 상황에서 똑같은 권리를 가짐을 뜻한다.

9 '민주적 반추' 개념에 대해서는 벤하비브, 《타자의 권리》, 209쪽 이하 참조. 데리다에게서 유래한 반추 개념은 반복을 통해 어떤 형식의 변형을 수반하는 것을 말한다. 이런 의미에서 규범과 보편적 가치의 모든 측면들에 대한 반추와 해석은 결코 단순한 반복행위가 아니다. 모든 반추는 권위 있게 말해진 원본의 의미를 새로운 다른 맥락 속에 위치하게 한다. 그러므로 이전의 말은 이후의 사용과

지시에 따라 재정립되고 재의미화되고, 그것의 의미가 풍요로워지고 변형된다. 하용삼, 〈타자의 권리에 대한 민주적 반추〉, ≪로컬리티 인문학≫ 제4호, 2010 참조.

10 이러한 내용을 논증하기 위해 벤하비브는 ≪타자의 권리≫에서 칸트의 ≪영구평화론≫에 나오는 '환대의 권리'와 한나 아렌트가 주장하는 '권리를 가질 권리', 그리고 롤즈의 ≪만민법≫과 세계정의론자들의 여러 주장을 하나씩 살펴보고 있다. 포기(T. Pogge)나 바이츠(C. Beitz) 같은 세계정의론자들은 국경을 넘어 정의를 주장하는 면에서 롤즈보다 앞서가고 있지만, 그들도 이주활동을 지구촌 분배정의라는 관점에서만 바라보고 있다.

11 벤하비브, 위의 책, 166쪽.

12 벤하비브, 위의 책, 168쪽.

13 왈저는 정의의 기준이 시대와 장소에 따라 달라질 수밖에 없다는 점에 주목하여 롤즈의 보편적 정의론을 비판하고 자신의 독특한 다원적 정의론을 제시한다. 그에 따르면 롤즈식의 평등주의적 관점만으로 공동체의 모든 영역을 규율하는 것은 한계가 있다고 한다. 대부분의 공동체주의자들이 주장하는 바와 같이 왈저는 고립적이고 무연고적인 자아에 대한 근본적 비판의 맥락을 공유하면서, 자유주의자들과 사회계약론자들이 주장하듯이 사회제도 및 관계로부터 완전히 고립된 채 자신의 독립적인 판단이나 선호에 따라 제도와 관계에 참여하는 절대적 개인으로서 인간 존재는 있을 수 없다고 한다. 왈저는 정의 문제에 대한 해답은 각각의 공동체 내에 존재하며, 인간사회에서 보편타당한 유일한 정답은 있을 수 없다고 하면서, 자유주의적 정의론이 가지고 있는 이론적 추상성을 비판한다. 따라서 어느 시대 어느 장소에서나 보편적으로 존재하는 사회란 있을 수 없고, 각 사회마다 그 공동체가 걸어온 나름의 역사가 있을 수밖에 없으며, 선과 가치는 바로 이러한 사회와 역사에 의해 규정될 수밖에 없다고 왈저는 주장한다. 마이클 왈저(왈쩌), 정원섭 외 역, ≪정의와 다원적 평등—정의의 영역들≫, 철학과 현실사, 1999.

14 왈저, 위의 책, 73-122쪽 참조.

15 왈저, 위의 책, 94쪽 이하 참조.

16 왈저, 위의 책, 106쪽.

17 왈저, 위의 책, 117쪽 참조.

18 왈저, 위의 책, 118쪽.

19 앞에서 살펴본 바와 같이 왈저가 취하고 있는 방법론적 입장은 특수주의이다. 다음과 같은 왈저의 주장은 그의 기본 입장을 잘 드러내고 있다. "나의 논변은 급진적일 정도로 특수주의적 성격이 강하다. 나는 내가 살고 있는 사회적 세계로부터 상당한 거리를 유지하고 있다는 주장을 하지 않는다. 철학적 활동을 시작하는 한 가지 방식은—어쩌면 최초의 방식은—동굴에서 걸어 나와 도시를 떠나 산으로 올라 스스로의 힘으로 객관적이면서도 보편적인 관점을 형성하는 것이다. (그러나 이런 관점은 평범한 일상인들로서는 결코 형성할 수 없는 관점이다.) 이제 저 먼 곳에서 일상적인 삶의 지형을 서술한다. 그 결과 이런 지형은 그 특수한 형태들을 상실하면서 일반적인 모양으로 그 모습을 드러낸다. 그러나

나는 그 동굴 안에, 그 도시 안에, 그 땅 위에 머물고자 한다. 철학을 하는 또 하나의 방식은 우리의 동료 시민들에게 우리가 공유하는 의미들의 세계에 대해 해석해 주는 것이다. 정의와 평등은 상상 속에서, 철학적인 인공적 고안물로 고안될 수 있다. 그러나 정의로운 사회 혹은 평등한 사회는 상상 속에서는 결코 고안될 수 없다." 왈저, 위의 책, 20쪽 이하.

20 공동체주의의 입장에 대해서는 스테판 뮬홀 외, 김해성 외 역, ≪자유주의와 공동체주의≫, 한울아카데미, 2001, 70쪽 이하 참조.

21 정의의 관점을 넘어 승인 또는 인정 개념을 전개하고자 하는 시도로는 악셀 호네트, ≪정의의 타자≫, 나남, 2009; 박구용, ≪우리 안의 타자—인권과 인정의 철학적 담론≫, 철학과현실사, 2003 참조.

22 이와 같은 일반적인 이해와는 달리, 한병철은 ≪타자의 추방≫에서 칸트의 환대 개념을 '무조건적인' 환대로 이해하고 있다. 그러나 아쉬운 점은 그가 더 이상의 칸트의 환대 개념에 대한 상세한 논증을 행하지 않고 있다는 것이다. 한병철, 이재영 역, ≪타자의 추방≫, 문학과지성사, 2017, 31쪽 이하 참조.

23 임마누엘 칸트, 이한구 역, ≪영원한 평화를 위하여≫, 서광사, 1992; 이마누엘 칸트, 강영계 역, ≪영원한 평화를 위해≫, 지식을만드는지식, 2015.

24 헤겔은 ≪법철학≫ 제333절에서 칸트의 ≪영구평화론≫을 비판하고 있다. 자세한 것은 G. W. F. 헤겔, 임석진 역, ≪법철학≫, 한길사, 2008; 가라타니 고진, 조영일 역, ≪헌법의 무의식≫, 도서출판b, 2017, 104쪽 이하 참조. 가라타니 고진은 헤겔의 비판에 대해 ≪영구평화론≫보다 10년 전인 1784년에 칸트가 쓴 <세계시민적 관점에서 바라본 보편사의 이념>을 끌어들여 칸트의 입장을 옹호하고 있다. 가라타니 고진, ≪헌법의 무의식≫, 106쪽 이하 참조.

25 자크 데리다, 남수인 역, ≪환대에 대하여≫, 동문선, 2004.

26 페넬로페 도이처, 변성찬 역, ≪How To Read 데리다≫, 웅진지식하우스, 2005, 133쪽 참조.

27 벤하비브, ≪타자의 권리≫, 25쪽 이하.

28 인정이론의 기초에 대해서는 김준수, ≪승인이론≫, 용의숲, 2015; 문성훈, ≪인정의 시대≫, 사월의책, 2014; 악셀 호네트, 문성훈 외 역, ≪인정투쟁: 사회적 갈등의 도덕적 형식론≫, 사월의책, 2011; Charles Taylor, *Multiculturalism: Examining the Politics of Recognition*, Princeton Univ. Press, 1994; Ludwig Siep, *Anerkennung als Prinzip der praktischen Philosophie*, Felix Meiner Verlag Hamburg, 2014 참조.

난민 공간과 시적 상상력

1 이 글은 2016년 12월 ≪수사학≫ 제27집에 실린 <포함과 배제로서의 난민 공간과 시적 상상력>을 수정·보완한 것이다.

2 조르조 아감벤, 김상운·양창렬 옮김, ≪목적 없는 수단: 정치에 관한 11개의 노트≫, 서울: 난장,

2009, 103쪽.

3 롤랑 바르트, 김인식 편역, 〈이미지의 수사학〉, 《이미지와 글쓰기》, 서울: 세계사, 1995, 70쪽.

4 수전 손택, 이재원 옮김, 《타인의 고통》, 서울: 이후, 2009, 156쪽.

5 롤랑 바르트, 앞의 책, 101쪽.

6 지그문트 바우만, 정일준 옮김, 《쓰레기가 되는 삶들》, 서울: 새물결 출판사, 2008, 109쪽.

7 자크 데리다, 남수인 옮김, 《환대에 대하여》, 서울: 동문선, 2004, 88쪽.

8 슬라보예 지젝, 이성민 옮김, 《부정적인 것과 함께 머물기》, 서울: 도서출판b, 2007, 391쪽.

9 조르조 아감벤, 앞의 책, 28쪽.

10 한나 아렌트, 이진우·박미애 옮김, 《전체주의의 기원 1》, 파주: 한길사, 2006, 531쪽.

11 조르조 아감벤, 앞의 책, 28쪽.

12 이 프로젝트의 웹사이트는 난민들을 위해 크게 3가지 영역(공간, 재정, 시간)으로 기부를 할 수 있게 만들었다. 사람들이 자신의 집에 남는 방이 있다거나, 난민들에게 제공할 수 있는 공간이 있다고 웹사이트에 올리면, 이들은 그 공간에 들어갈 난민을 연결해 준다. 이후 확보된 재정기부금 중 일부를 제공한 이들에게 월세 명목으로 돌려준다. 난민에게 기꺼이 자신의 공간을 나눌 의사가 있는 사람들은 웹사이트에서 신청 양식을 작성하도록 되어 있는데, 신청자의 연령대는 어떤지(연령대별로 적합한 난민 매칭을 위한 항목), 신청자가 할 수 있는 외국어는 어떤 것들이 있는지, 몇 명의 난민과 함께 살 수 있는지, 공간을 사용할 수 있는 기간은 얼마나 되는지, 신청하는 방에 대해 완전 기부를 할 것인지, 월세를 받을 의사가 있는지, 원래 월세 시세는 얼마나 되는지, 난민을 만나본 경험이 있는지 등 현실적이고 세세하게 구성되어 있다. 권은비, 〈"내돈이 왜 난민에게"…'난민러시' 독일의 두 얼굴〉, 《오마이뉴스》 (http://omn.kr/f9r0) (2015. 9. 5.).

13 악셀 호네트, 문성훈·이현재·장은주·하주영 옮김, 《정의의 타자》, 파주: 나남, 2009, 329쪽.

14 수전 손택, 앞의 책, 25쪽

15 악셀 호네트, 강병호 옮김, 《물화: 인정 이론적 탐구》, 파주: 나남, 2006, 70쪽.

16 Marc Augé, trans. John Howe, *Non-Places: Introduction to an Anthropology of Supermodernity*, London & New York: Verso. 1997, p. 78.

17 미셸 푸코, 이상길 옮김, 《헤테로토피아》, 서울: 문학과지성사, 2015, 12쪽 각주.

18 세일리 벤하비브 재인용, 이상훈 옮김, 《타자의 권리(외국인, 그리고 시민, 거류민)》, 2008, 서울: 철학과현실사, 113쪽.

19 조르조 아감벤 재인용, 앞의 책, 2009, 41쪽.

20 우카이 사토시, 신지영 옮김, 《주권의 너머에서》, 서울: 그린비, 2010, 24쪽.

21 우카이 사토시, 앞의 책, 5쪽.

22 자크 데리다, 앞의 책, 134쪽.

23 자크 데리다, 앞의 책, 각주 38, 135쪽.

24 우카이 사토시, 앞의 책, 29쪽.

25 엄기호, ≪단속사회: 쉴 새 없이 접속하고 끊임없이 차단한다≫, 파주: 창비, 2014, 74쪽.

26 김현경, ≪사람, 장소, 환대≫, 서울: 문학과지성사, 2015, 85쪽.

27 우카이 사토시, 앞의 책, 16쪽.

28 우카이 사토시, 앞의 책, 18쪽.

29 자크 데리다, 앞의 책, 107쪽.

30 김친구, 〈중동 시리아 난민사역과 필요〉 (Newspower.co.kr) (2015. 9. 10.).

31 지그문트 바우만, 앞의 책, 21쪽.

32 익살스러운 방식으로 반이민주의자가 품은 망상, "Native Americans should leave America and go back to their homeland 'Nativia'"(슬라보예 지젝, 김희상 옮김, ≪새로운 계급투쟁: 난민과 테러의 진정한 원인≫, 서울: 자음과모음, 2016, 87쪽 참조).

33 반투스탄은 흑인이 따로 모여 살도록 설정한 구역으로, 장기적 목표는 반투스탄을 독립시켜 이에 남아공에서 제외하는 것이었다. 달리 말해, 흑인은 남아공 국적과 선거권을 잃고, 백인은 그들로만 이뤄진 나라를 세우려고 했다. 그들은 반투스탄을 남아공 흑인들의 '진짜 고향'으로 포장하기는 했지만 다양한 흑인 종족을 그곳으로 이주시키는 작업은 지극히 잔인하고 독단적인 방식으로 행해졌다. 반투스탄의 총면적은 국토의 13%에도 미치지 않았고, 그마저도 주도면밀하게, 주요 천연자원이 전무한 지역으로 한정되었다. 슬라보예 지젝, 김희상 옮김, ≪새로운 계급투쟁: 난민과 테러의 진정한 원인≫, 자음과 모음, 2016, 87쪽.

34 자크 데리다, 앞의 책, 86쪽.

35 자크 데리다, 앞의 책, 83쪽.

36 2015년 9월 7일에 방영된 폭스(Fox) 뉴스에서 미국 정치인 세라 페일린(Sarah Palin)이 토착민들을 향해 '네이티비아'로 돌아가라고 말했다는 허구적 일화가 있다.

37 슬라보예 지젝, 앞의 책, 87쪽.

38 마약과 같은 행위의 불법화와 호모섹슈얼리티와 같은 행위에 대한 비불법화가 일어나는 바깥둘레는 다중사회에서 용인의 한계를 정의하는 데에 존재하는 큰 문제이다. 견딜 만한 행위의 가장 바깥둘레는 합법적 코드에 의해 발견된다. 합법적 코드란 용인할 수 없는 행위를 불법화하고 그리하여 공적 공간으로부터 범죄자를 배제하는 수단을 제공한다. Jonathan M. Smith, "Geographies of Exclusion", *Geographical Review*, 86.4, ProQuest Central Basic, 1996, p. 629.

39 2015년 11월 16일, 박근혜 대통령은 테러리즘과 난민 위기를 주제로 한 주요 20개국(G20) 정상회의 업무만찬에서 이렇게 말했다. "시리아 사태 장기화 등으로 인한 대규모 난민 위기는 국제 인도주의 체제 전반에 심각한 도전이 되고 있습니다. 이 문제를 해결하기 위해서는 난민 발생국은 물론 경유지와 최종 목적지 국가들의 부담과 책임을 국제사회가 함께 공유해야 할 것입니다. G20이 그러한 노력을

선도해야 한다고 생각합니다." 당시 이 발언은 프랑스 파리 테러 3일 뒤에 나왔다. 테러를 경계하는 동시에 난민에 대한 인도적 책임을 짊어지자는 제안이자 다짐이었다. 또 "한국은 2012년에 아시아 최초로 난민법을 제정하여 난민에게 필요한 인도적 지원을 제공하고 있습니다. 앞으로 시리아, 아프가니스탄, 이라크 및 난민 수용국에 대한 인도적 지원을 확대하여 난민 문제 해결에 기여해 나갈 것"이라고 밝혔다. 김선식, 〈묻지마, 따지지마, 돌려보낼 거야: 6년째 전쟁 중인 시리아 출신 28명, 인천공항에 6개월째 방치…난민심사 거부하고 다른 '안전한 나라'로 가라는 법무부〉, ≪한겨레21≫ 제1113호 (http://h21.hani.co.kr/arti/society/society_general/41775.html) (2016. 5. 24.).

40 2016년 7월 4일 시리아인 28명 중 26명은 6개월 만에 입국 조치되었다.

41 김선식, 앞의 기사 참조.

42 김선식, 앞의 기사 참조.

43 자크 데리다, 앞의 책, 99-100쪽.

44 우카이 사토시, 앞의 책, 28쪽.

45 조르조 아감벤, 앞의 책, 32쪽.

46 국적과 결합된 전통적 시민권 개념에서 벗어나 정주 외국인에게도 국민에 준하는 권리가 부여되어야 한다는 생각을 반영한 '거류민'은 전 지구적 이민시대에 맞는 새로운 시민권으로 불리고 있다. 즉 특정국가에 일정기간 거주해 영주자로서의 자격을 부여받은 외국인으로, 시민적 권리, 사회적 권리, 정치적 권리의 일부를 누릴 수 있다. 조르조 아감벤, 위의 책, 31쪽.

47 조르조 아감벤, 앞의 책, 34쪽.

48 자크 데리다, 앞의 책, 104쪽.

49 우카이 사토시, 앞의 책, 29쪽.

50 우카이 사토시 재인용, 앞의 책, 27쪽.

51 마사 누스바움, 박용준 옮김, ≪시적 정의: 문학적 상상력과 공적인 삶≫, 서울: 궁리, 2013, 18쪽.

52 미셸 푸코, 이상길 옮김, ≪헤테로토피아≫, 서울: 문학과지성사, 2015, 13쪽.

53 가스통 바슐라르, 곽광수 옮김, ≪공간의 시학≫, 서울: 동문선, 2003, 77쪽.

54 가스통 바슐라르, 앞의 책, 365쪽.

55 가스통 바슐라르, 앞의 책, 370쪽.

56 지그문트 바우만, 이일수 옮김, ≪액체근대≫에 수록된 논문, 서울: 강, 2009, 325쪽.

57 자크 데리다, 앞의 책, 40쪽.

58 난민이 난민거처에 거주하는 기간은 평균 17년이라고 한다. 따라서 길어야 수명이 1년인 천막으로부터 그 공간 안에 서서 생활할 수 있고 보안이 가능하며, 추위 · 더위 등의 기후조건을 견딜 수 있는 3년 이상 사용할 수 있는 조건의 소재들이 난민을 위한 새로운 형태의 주거공간으로 제시되었다. 〈난민에게 튼튼한 울타리가 되어줄 Better Shelter 이야기〉 (http://blog.naver.com/unhcr_korea/220420740187)

(2015. 7. 15.).

59 가스통 바슐라르, 정영란 옮김, 《공기와 꿈》, 서울: 민음사, 1993, 11쪽.

60 슬라보예 지젝, 앞의 책, 304쪽.

전후 '런던' 경험과 코스모폴리탄 산책자

1 이 글은 2016년 6월 《통일인문학》에 게재한 논문을 부분 수정하여 재수록함을 밝혀 둔다.

2 박태진은 1921년 평남 용강 출신으로 1940년 립교대학 영문과에 입학했다. 영문학을 전공하면서 동경 아테네프랑스 학원에서 불어를 익혔다. 1944년 학병으로 징집된 후 중국 남경에서 해방을 맞았으나 고향으로 돌아가지 않고, 부산에 도착하였다. 이 무렵 서울에서 미군정청 소속 번역관 일을 시작한다. 명동에서 구한 책들을 탐독하며 해외 문단의 움직임을 주시했다. 1949년 《연합신문》에 〈신개지에서〉를 발표하면서 작품 활동을 시작하였다. '다이얼 동인' 합동시집 《현대의 온도》(1957)에 참여한 바 있다. 탁월한 영어·불어 실력으로 1953년 교통부 산하 극동해운에 취직, 1957년 영국 런던 주재원으로 파견된다. 런던에 거주하며 유럽 문단 상황과 세계문학 흐름에 주목하였다. 같은 시기 김수영과 서신 교환을 통해 해외 문단 동향을 전하기도 하였다. 1961년 5년간의 런던생활을 마치고 귀국하여 1962년 첫 시집 《변모》(서울: 문선각, 1962)를 출간하면서 본격적인 문학 활동을 전개하였다.

3 박태진의 생애는 조영미가 엮은 《박태진 시전집》(서울: 시와산문사, 2011)과 이충이와의 대담 〈현대시의 방향과 모색〉(《시와 산문》 창간호, 1994년 봄), 〈새로운 시를 찾아서〉(《시와 산문》, 2005년 봄)를 참조. 박태진은 귀국 후 1963년 대한재보험공사 담당이사로 취직, 영국과 프랑스 및 해외를 왕래하며 세계의 현장감을 지속적으로 체험하였다. 1969년에 두 번째 시집 《너의 정담》(삼애사, 1969), 세 번째 시집 《나날의 의미》(현대시학사, 1971)를 발간하였다. 1975년 세계기행 및 유럽 체류에 대한 글을 모은 산문집 《남의 나라 본 대로 느낀 대로》(서울: 법문사, 1975)를 출간하였다. 1980년대에 세계시인대회에 참석하면서 세계문학장과 공식적 교류를 하고, 12권의 시집과 번역시집을 발간하였다. 2006년 사망하였다.

4 세계문학 개념은 시기마다 내포와 외연이 달라지는 역사적 개념이다. 현재 사용되는 세계문학개념은 유희석의 분류에 따르면 다음과 같다. 첫째, 근대화를 주도한 서구의 정전 문학. 서양문학으로서의 세계문학. 둘째, 세계의 문학 시장에서 다양한 민족어를 사용하는 문학. 번역 문학으로서의 세계문학. 셋째, 비교문학이라는 학문분과가 상정하는 세계문학. 넷째, 초국적 연대를 지향하는 괴테·마르크스적 기획으로서의 세계문학. 김용규, 〈개입으로서의 세계문학〉, 《세계문학의 가장자리에서》, 현암사, 2014, 11-12쪽. 박태진의 세계문학은 첫째에 해당하는 개념이다.

5 이태영, 〈한국전쟁의 역사적 의의〉, 《사상계》, 1953. 5, 12쪽.

6 세계정부론을 주장하는 러셀의 세계시민주의 사상은 이 시기 번역물과 저서를 통해 대중화되고 있었다. 버트란드 라쎌, 안병욱(역), 〈세계사의 과제〉, ≪사상계≫, 1954. 11; B. 러셀, 양병식(역), ≪인류의 장래≫, 서울: 민중서관, 1955; 김준섭, ≪러셀≫, 서울: 사상계사, 1960.

7 김동리, 〈민족문학의 이상과 현실〉, ≪문화춘추≫, 1954. 2, 50쪽.

8 백철, 〈우리 문학과 세계성〉, ≪경향신문≫, 1955. 2. 13.

9 최일수, 〈동남아의 민족문학〉, 〈민족문학과 세계문학〉, ≪현실의 문학≫, 서울: 형설, 1976.

10 김진만, 〈서구적 전통과 우리의 문제〉, ≪사상계≫, 1965. 12, 241쪽.

11 1960년대 백낙청은 60년대 비평에서 세계의 문학공화국, 세계의 문학, 인류의 문학으로 세계문학 개념을 제시하였다. 1960년대 후반 세계문학 담론에 관한 것은 임지연, 〈60년대 세계문학론의 코드화 과정〉, ≪우리문학연구≫ 49집, 우리문학회, 2016 참조.

12 조영미 엮음, 박태진 〈현대시의 난해성〉, ≪박태진 시론집≫, 서울: 시와산문사, 2011, 27쪽.

13 반면 최일수는 1950년대에 박태진의 시를 현대적 "리얼리티"로 파악하였다. 그는 다이얼 동인의 앤솔로지 ≪현대의 온도≫(도시문화사, 1957)가 출간되었을 때 박태진의 시를 가장 많은 지면을 할애하면서 "불안하고 모순에 얽힌 현실을 침착한 태도로서 대응"하고, "영국신사와 같은 여유 있는 안목으로 현실을 응시"한다고 평가하였다. 최일수, 〈반성하는 현대시〉, ≪현실의 문학≫, 서울: 형설, 1976, 310쪽.

14 박태진, 〈외국시와 나〉, ≪박태진 시론집≫, 34쪽.

15 "당시에는 일본 정부가 "미 · 영은 도깨비짐승 나라"라고 했어요. (중략) 제가 그 당시 영화에 관심이 많았던 것은 불어에 관심이 많았기 때문이에요. 제2외국어로 불어를 배웠는데, 동경의 아테네프랑스라는 불어학원에서 공부를 했지요. 유학생활을 할 때는 일본 사회가 미영보다는 불란서라는 나라에 관심이 많았어요. 그들의 영화에는 뭐랄까 '인간미'가 느껴졌지요." 대담, 〈새로운 시를 찾아서 · 3〉, ≪박태진 관련자료집≫, 서울: 시와산문사, 2011, 106쪽.

16 위의 글, 110쪽.

17 가령, 박인환이 새로운 외국이론이 없느냐며 머리를 손가락으로 가리켰다는 이야기(〈새로운 문학을 위하여〉, ≪박태진 관련자료집≫, 234쪽), 영어를 잘하는 김수영을 미군 수송부대 통역으로 취직시킨 이야기(〈찢어진 상상력〉, ≪박태진 시론집≫, 213쪽; 〈시인 박인환〉, ≪박태진 관련자료집≫, 179쪽), 런던 시절 김수영과 편지로 교유하며 그에게 ≪런던 매거진≫을 보내다가 급기야 정기구독을 신청했다는 이야기(〈수영에게 쓴 편지〉, ≪시론집≫, 194쪽; 〈수영 형에게〉, ≪박태진 관련자료집≫, 213쪽), 광복동 휘가로 다방에서 우연히 극동해운 사장에게 미군방송을 통역해 주다가 취직하게 된 이야기(〈불안한 아방가르드〉, ≪박태진 시론집≫, 209쪽)는 그가 반복하여 강조하는 에피소드들이다.

18 박태진, 〈방황의 시작 · 1〉, ≪박태진 시론집≫, 204쪽. (밑줄은 필자)

19 박태진, 〈지성이 불모했던 시대〉, ≪박태진 시론집≫, 297쪽.

20 이기성, 〈해방기 시에 나타난 가족주의와 국가주의〉, ≪상허학보≫ 26, 상허학회, 2009 참조.

21 대담, 〈새로운 시를 찾아서 · 3〉, 《박태진 관련자료집》, 113쪽.

22 박태진, 〈안구〉, 《박태진 시전집》, 서울: 시와산문사, 2011, 73-74쪽.

23 "투시경"(〈석양의 도시〉), "직시하는 창"(〈오후가 흘러드는 창〉), "창들", "눈총"(〈골목〉) 등에서 알 수 있다.

24 박태진, 〈새로운 시를 찾아서 · 1〉, 《박태진 관련자료집》, 87-89쪽.

25 박태진, 〈런던의 문단 주변〉, 《박태진 시론집》, 130쪽.

26 박태진은 자신의 제2고향, 마음의 고향을 영국의 어느 고장이라고 쓴 바 있다. 박태진, 〈문학여행—1968년의 세계일주〉, 《박태진 관련자료집》, 142쪽.

27 김수영은 박태진의 시를 '나르시적 감상'이라고 비판하였는데, '나'의 강조와 관련이 있다. 김수영, 앞의 글, 315쪽.

28 박태진, 〈런던 체재 무렵〉, 《박태진 시론집》, 198쪽.

29 위의 글, 148쪽.

30 박태진, 〈런던 · 브릿지에서〉, 《박태진 시전집》, 65쪽.

31 박태진, 〈공원길〉, 《박태진 시전집》, 69쪽.

32 발터 벤야민, 조형준(역), 《도시의 산책자—아케이드 프로젝트 3》, 서울: 새물결, 2008, 10쪽.

33 게오르그 짐멜, 김덕영 옮김, 〈대도시와 정신적 삶〉, 《짐멜의 모더니티 읽기》, 서울: 새물결, 2005, 35-53쪽 참조. 짐멜은 대도시의 소외가 자유와 평등으로서의 '양적 개인주의'와 정신적 삶을 사는 개인의 독립과 인격의 특이성이라는 '질적 개인주의'를 동시에 경험하게 하는 공간이라고 보았다.

34 대담, 〈새로운 시를 찾아서 · 3〉, 《박태진 관련자료집》, 113쪽.

35 시 〈고아〉, 《박태진 시전집》, 93쪽.

36 시 〈어느 국제공항〉, 《박태진 시전집》, 187쪽.

37 1950년대 코스모폴리타니즘에 대해서는 임지연, 〈1950년대 시의 코스모폴리탄적 감각과 세계사적 개인 주체〉, 《한국시학연구》 제34호, 한국시학회, 2012, 189-194쪽 참조.

38 발터 벤야민, 윤미애(역), 《1900년경 베를린의 유년시절/베를린 연대기》, 서울: 길, 2007. 벤야민에게 도시 베를린은 유년시절의 사적 개인의 기억을 넘어 집단 기억, 문화적 기억으로 통하게 한다.

39 김유정, 〈장 모네(Jean Monnet)와 미국 정치 엘리트와의 관계를 통해서 본 유럽통합사, 1938-1963〉, 《역사문화연구》 제42집, 2012, 204쪽. 1950년대 유럽의 초국가적 유럽 건설을 목적으로 하는 유럽공동체 운동은 영국의 유럽경제공동체 가입과 함께 1960년대 초반 최절정에 이르렀다.

40 토니 주트, 조행복(역), 《포스트 워 1945~2005 (1)》, 서울: 플래닛, 2008, 547-553쪽. 영국은 1950년대부터 이민을 적극 장려하고 있었다. 또한 서유럽 내의 대량 이주가 광범위하게 일어나던 때였다.

41 박태진, 〈런던 체류기〉, 《박태진 산문집》, 서울: 시와산문사, 2011, 40쪽.

42 도린 매시, 정현주(역), 《공간, 장소, 젠더》, 서울: 서울대학교출판부, 2015, 281쪽. 도린 매시에

따르면, 지구화가 진행되면서 시공간 압축, 즉 이동과 커뮤니케이션, 사회적 관계의 지리적 확장이 가능하게 되었기 때문에 모든 장소는 하나의 정체성이 아니라 복수적 정체성을 갖는 지구적 장소감을 갖는다.

43 박태진, 〈런던의 문단 주변〉, 《박태진 시론집》, 133쪽. "파리, 로마, 뉴욕에서 저마다의 취미의 옷차림으로 다녀가는 사람들, 또는 유럽 각국에서 망명하여 유리의 정이 얼굴에서 가시지 않는 사람들 (생략) 런던의 인생은 움직이고 과연 삶은 넘친다. (생략) 나는 불지(佛紙)로는 〈르 몽드〉를 즐겨 읽었다. 어느덧 아침이면 커피 다음으로 달려들게 되면서 나의 런던 생활에 틀이 잡히는 모양, 20여 면의 조간 〈타임즈〉 또는 〈가디언〉을 들며 우선 읽는 면이 펴지게끔 되었다. (생략) 그동안 관극(觀劇) 횟수도 늘고 또 콘서트, 발레를 감상하는 외양면의 태도 같은 것도 보고하여 뭔지 몸에 붙는 것이 있는 것을 느끼게 되었다."

44 박태진, 〈유럽 초행의 회상〉, 《박태진 시론집》, 25쪽.

45 조병화, 《시로 쓰는 자서전—세월은 자란다》, 서울: 문학수첩, 1995, 103쪽.

46 고원은 1956년 University of London의 Queen Mary 대학 영문학과에서 1년간 수학, Cambridge 대학에서 영어를 수학했다. 고원, 《고원문학전집 Ⅰ》, 서울: 고요아침, 2006, 372쪽.

47 박이문은 1950년대 후반 파리 소르본느에서 수학하면서 《사상계》 통신원으로 활동하였다. 그는 런던과 파리 중심의 유럽 문단을 확장하여 이탈리아, 스페인, 오스트리아 문학까지 폭넓게 소개하였다.

48 시집에는 "허전하"로 되어 있으나 "허전한"의 오기로 보임.

49 박태진, 〈무엇을 기다리는가〉, 《박태진 시전집》, 87쪽.

50 박태진, 〈유럽 초행의 회상〉, 《박태진 산문집》, 26쪽.

51 1970년대 이후 런던 등 유럽의 대도시를 표현하는 시에서는 기억의 저장소로 활용된다.

52 박태진 시에서 "국제뉴스"는 1950년대 핵무기와 관련된 국제적 냉전질서와 3차 세계대전의 공포 등을 함축하는 시어이다. 박태진, 〈구미시와 한국시의 비교〉, 《박태진 시론집》, 59쪽; 65쪽.

53 박태진, 〈파리 이제(二題)〉, 《박태진 시전집》, 79쪽.

54 "첼시라든가 햄스테드하면 연상이 실마리를 쳐든다. 전자의 길가 바깥에 서 있던 문제의 젊은 극작가 존 오스본, 그리고 후자의 경우는 비탈지며 굽은 거리를 올라간 언덕 막바지에 진열한 가두 화랑이 눈에 선하다 그리고 여기는 시인 키츠의 옛집이 있다. 이 두 구역 모두 작가, 화가가 많이 산다." 박태진, 〈런던의 문단 주변〉, 《박태진 시론집》, 133쪽.

55 박태진은 여러 나라에서 활동하는 작가들에 관심을 가졌다. 위 인용시에서 밀러는 미국 출신이면서 파리에서 활동하는 작가이고, 베케트는 아일랜드 출신이지만 파리에서 불어로 작품을 쓰는 작가였다. 박태진은 작가들이 과거에 얽매이지 않고, 새로운 '오늘'의 시로 변모·변화해 가는 것을 중요한 미적 방법이라고 생각했기 때문으로 보인다.

56 박태진, 〈런던의 문단 주변〉, 《박태진 시론집》, 130쪽. (밑줄은 필자)

57 박태진, 〈구미시와 한국시의 비교〉, ≪박태진 시론집≫, 60쪽.

58 박태진, 〈영국문단의 현황(완)〉, ≪동아일보≫, 1961. 1. 25.

59 박태진, 〈런던 체제 무렵〉, ≪박태진 시론집≫, 198쪽. "나는 수십년이 한결같은 서울 시단을 생각하며 혼자 멍청해지는 수가 많았다. 하기는 나도 또 나의 다음 세대가 무엇을 어떻게 한국문학에 기여하여야 하느냐는 과연 공론이리라."

60 박태진, 〈나의 문학 풍토기(영국편)〉, ≪박태진 시론집≫, 106쪽.

61 박태진, 〈런던의 문단 주변〉, ≪박태진 시론집≫, 137쪽.

62 위의 글, 137쪽.

63 위의 글, 140-141쪽.

64 박태진은 단편적으로 여러 지면에서 피터 현을 소개하였다. "피터 현은 미국에는 물론 파리에도 오래 살았고, 우리나라 사람으로는 드물게 영・불어에 능통한 사람이다. 그 무렵 그의 소설을 출판할 겸 파리에서 런던으로 자주 왔다. (생략) 현씨는 1957년인가 런던의 BBC(영국의 국영 방송국)의 제3프로(지식인을 위한 방송 프로그램)을 통하여 한국의 아악(雅樂)을 소개했었다. 그 앞서는 시조를 소개하였다고 기억된다." 박태진, 〈나의 문학 풍토기(영국편)〉, ≪박태진 시론집≫, 109쪽.

65 피터 현, ≪세계를 구름처럼 떠도는 사나이≫, 서울: 푸른솔, 1996, 90쪽에 박태진이 언급되어 있다.

66 박태진은 피터 현의 부탁으로 케임브리지 대학지 ≪Gemini≫에 싣기 위하여 자기 시 2편 〈Alley〉, 〈City of sunset〉을 번역했다고 일기에 썼다. 박태진, 〈박태진 관련자료 — 일기・서신 모음〉, ≪박태진 관련자료집≫, 207쪽.

67 박태진, 위의 글, 208쪽.

68 홍성식, 〈한국 모더니즘 시의 스티븐 스펜더의 수용〉, ≪동서비교문학저널≫ 13, 한국동서비교문학학회, 2005, 279-280쪽.

69 서은주, 〈제도로서의 "독자": 1950년대 대학과 "교양" 독자〉, ≪현대문학의 연구≫ 40, 한국문학연구학회, 2010, 33쪽.

70 박태진, 〈새로운 시를 찾아서・3〉, ≪박태진 시론집≫, 110쪽.

71 천정환, 〈처세, 교양, 실존〉, ≪민족문학사연구≫ 40권, 민족문학사연구소, 2009, 111쪽.

집과 가정 — 젠더와 주거 디자인

1 이 글은 한국여성철학회 편, ≪한국여성철학≫ 26권(2016)에 게재되었다. 이 글에 등장하는 여러 작품의 도판들을 학술지에는 실을 수 있었지만, 저작권 문제로 이 책에는 실을 수 없었다. 아쉽지만, 도판이 궁금한 독자는 학술지 논문을 참조하기 바란다.

2 Raymond Chandler, *Farewell My Lady*, Harmondsworth, 1949, p. 46. 물론 챈들러의 ≪안녕, 내 사랑≫에 나오는 상류층 여성은 오늘날의 가정주부들처럼 가사노동에 매어 있지는 않았다. 그럼에도 가족을 돌보고 가정을 꾸미며 살림을 진두지휘하는 것은 여전히 여성인 안주인의 몫이었다.

3 여기에서는 이성애에 토대를 둔 혈연 가족을 뜻한다.

4 혹자는 아주 간단한 처방을 제시할지 모른다. 마음껏 어질러도 대신 치워 주는 사회적 노동을 이용하라고 말이다. 가사 노동의 사회화는 편리한 처방일 수 있지만, '집-가정' 논의의 핵심을 벗어난다. 모든 가정과 주부가 사회적 노동을 활용할 경제력을 갖출 수 없을 뿐더러, 살림 공예의 자급자족성이 스위트홈의 미적 내용을 구성하기 때문이다.(김주현, 〈아마추어리즘 미학과 한국 여성 바느질〉, ≪아시아여성연구≫ 제52권 2호, 숙명여자대학교 아시아여성연구소, 2013, 24-29쪽.) 행복한 주거란 청결하고 효율적이며 친밀하고 편안한 미적 공간에서 가능하기 때문에(에이드리언 포티, ≪욕망의 사물, 디자인의 사회사≫, 허보윤 역, 일빛, 2008, 131쪽; 145쪽), 이러한 물리적·심리적·미적 요구는 세밀히 고려되고 체현돼야 한다.

5 우리나라에 신여성, 자유연애, 스위트홈이 도입된 것은 일제강점기로 100년의 역사에 불과하다.

6 보니 로이드, 이경희 역, 〈여성의 지위와 주거〉, 김대년 외 ≪여성의 삶과 공간 환경≫, 한울 아카데미, 1995, 37-38쪽.

7 포티(2008), 앞의 글, 129-130쪽.

8 로이드(1995), 앞의 글, 47쪽.

9 김주현, 〈공예의 유용성과 미적 쾌 — 리자티의 '순수 공예'를 중심으로〉, ≪미학≫ 제69집, 한국미학회, 2012, 62쪽.

10 캐롤린 코스마이어, 신혜경 역, ≪페미니즘 미학 입문≫, 경성대학교출판부, 2009, 155쪽.

11 실내 디자인 영역의 전문가라고 할 때 일견 여성 디자이너들을 떠올릴 수 있지만, 업자와 시공 장인을 생각해 보면 실내 디자인 역시 건축 영역의 남성들이 장악하고 있음을 알 수 있다.

12 2014년 한국의 소비자시장평가 지표에서 주택수리 및 인테리어 시장은 최하위를 차지했다. 소비자들은 사업자를 신뢰하기 힘들고 인테리어 정보를 비교하기 어렵고 부실공사로 인한 하자가 많다는 것에 불만을 가졌다. 배순영·허민영(2015), 〈주택수리 및 인테리어, 서비스 시장 중 소비자 평가 가장 낮아〉, 한국소비자원 홈페이지, https://www.kca.go.kr/brd/m_32/view.do?seq=1784 (검색일: 2016. 9. 2.)

13 필자는 본고를 준비하며 남편들이 인테리어 공사의 주된 클라이언트인 사례들을 찾고자 했다. 하지만 이런 경우에서조차 남편들은 전면에 나서지 않고 실제로 공사 진행에 투입되는 것은 아내들이다. 이것은 아내의 대리 활동을 평가한 남편들의 공사 후기에 잘 나타난다. '양밍'이라는 아이디를 쓰는 남편은 아내가 업자와 의사소통하기 위해 애교를 동원한다고 쓰고 있다. 그럼에도 아내의 미학이 충분히 반영되지 못해 불만이라고 평가하고 있다. 양밍(2016), 〈시공 후기: 서울8호님과 송파구 풍납동 신동아 아파트 인테리어〉, 열린 견적서 블로그, http://blog.naver.com/parkgeehyung/220603388846 (검색일: 2016. 9. 25.)

14 M. Foucault, *History of Sexuality 2*, trans. Robert Hurley, New York: Random House, 1990,

p. 165.

15 *Ibid.*, pp. 176-182. 이때의 '상호 애정'이란 남성들끼리만 '사랑'을 할 수 있었던 시대에 여성인 아내와 사랑을 나누는 남성들의 특수한 행위를 뜻한다.

16 *Ibid.*, pp. 188-191.

17 *Ibid.*, pp. 196-197.

18 그래서 푸코는 어떻게 아프로디지아(*aphrodisia*)를 즐기는지, 그 쾌락의 활용이 자신이 누구인지를 드러내는 존재론이자 윤리학이고 마치 자기 자신과 인생을 예술작품처럼 가꾸는 미학이라고 했다.

19 *Ibid.*, p. 167.

20 고대의 연애술(erotics)은 영혼을 가진 남성들만이 구사할 수 있었다. 사랑받는 소년은 사랑하는 성인남성에 비해 권력 불평등의 상황에 있지만 소년이 미래에 폴리스의 동등한 시민이 될 것이므로 사랑하는 성인남성은 아내를 대할 때와는 달리 소년을 인격적으로 존중하고 평생 동안 필리아(*philia*)를 지속해 나가기 위해 고심했다. *Ibid.*, p. 231; p. 244.

21 알베르티는 ≪건축론≫의 다섯 번째 책에서 개인주택 디자인을 다룬다.

22 A. Carson, "Putting Her in Her Place: Women, Dirt, and Desire", ed. David M. Halpenn *et al.*, *Before Sexuality: The Construction of Erotic Experience in the Ancient Greek World*, Princeton: Princeton University Press, 1990, p. 136.

23 마크 위글리, 강미선 외 역, <무제: 젠더의 수용>, ≪섹슈얼리티와 공간≫, 2005, 동녘, 397쪽.

24 L. B. Alberti, *On the Art of Building in Ten Books*, trans. Joseph Rykwert, Neil Leach, Robert Tavemor, Cambridge: MIT Press, 1988, p. 149.

25 위글리(2005), 앞의 글, 395쪽; 400-401쪽.

26 미술사의 색채 논쟁은 고전주의의 윤곽선 중심주의에 대한 도전이었다. 이후 바로크, 로코코, 낭만주의, 인상주의는 색채 미학을 선택했다. 프랭크 P. 챔버스, 오병남·이상미 역, ≪미술: 그 취미의 역사≫, 예전사, 1995, 121-125쪽.

27 L. Irigaray, *An Ethics of Sexual Difference*, trans. Carolyn Burke & Gillian C. Gill, London: Continuum 1993a, p. 144.

28 L. Irigaray, *Speculum of the Other Woman*, trans. Gillian C. Gill, Ithaca: Cornell University Press, 1985, p. 166.

29 Irigaray(1993a), *op. cit.*, p. 5.

30 송유진, <뤼스 이리가레의 여성 주체성과 성차의 윤리학>, 이화여자대학교 대학원 철학과 석사학위 청구논문, 2010, 83쪽.

31 L. Irigaray, *The Forgetting of Air: In Martin Heidegger*, trans. Mary Beth Mader, Austin: University of Texas Press, 1993b, p. 15.

32 *Ibid.*, p. 86.

33 Irigaray(1993a), *op. cit.*, pp. 5-6.

34 설치 작품들이었기에 www.womanhouse.net의 아카이브에서 슬라이드 사진으로 전시 광경을 볼 수 있다. 본문에 언급한 7개 외의 17개의 작품 목록은 다음과 같다. B. Bachenheimer, "Shoe Closet, Dining Room"; S. Brod고, "Lingerie Pillows, The Dollhouse, Dining Room"; S. Frazier, "Nurturant Kitchen/Aprons in Kitchen"; C. Grey, "Lipstick Bathroom"; P. Harper, "Suggested Project"; V. Hodgetts, "Nurturant Kitchen/Eggs to Breasts"; J. Huddleston, "Personal Environment"; J. Johnson & K. LeCocq, "Leah's Room, Dining Room"; P. Longendyke, "Garden Jungle"; A. Mills, "Leaf Room"; C. Mitchell & R. Mitchell, "Painted Room, Dining Room"; J. Oxenburg, & C. Rush, "Scrubbing, Necco Wafers"; M. Salisbury & M. Schapiro "The Dollhouse, Dining Room"; M. Schor, "Red Moon Room"; R. Weltsch, "Nurturant Kitchen/Eggs to Breasts"; F. Wilding, "Womb Room & Waiting, Cock and Cunt Play, Dining Room, Crocheted Environment"; S. Wollenmann, "The Nursery"; N. Youdelman, "Leah's Room".

35 휘트니 채드윅, 김이순 역, ≪여성, 미술, 사회: 중세부터 현대까지 여성 미술의 역사≫, 시공아트, 2006, 442쪽.

36 로이드(1995), 앞의 글, 49쪽.

37 루스 메디간·모이라 먼로, 홍형옥 역, 〈성과 주거공간의 사회적 의미〉, 김대년 외 ≪여성의 삶과 공간 환경≫, 한울 아카데미, 1995, 141쪽.

38 이 점은 〈여성의 집〉이 본질주의 미술이 아니라는 것을 보여준다. 4절에서 다시 논의하겠다.

39 휘트니 채드윅, ≪여권신장파≫, 열화당, 1997, 29쪽.

40 채드윅(2006), 앞의 책, 443쪽.

41 코스마이어(2009), 앞의 책, 218쪽.

42 박숙희, 〈페미니스트 화가들의 디너파티〉, ≪예술의 전당≫ 2007년 5월호, http://www.sac.or.kr/magazine/s_m_view_a.jsp?mag_id=2868 (검색일: 2016. 9. 2.)

43 필자는 본질주의 페미니즘 미술에 대한 물리적 구조주의 비평에 대해 재반박 논증을 제시했다. 미국의 1세대 페미니스트 미술가인 캐롤리 슈니만에 대해서는 김주현(2008), 〈여성신체와 미의 남용—포스트 페미니즘과 나르시시즘 미학〉(≪미학≫ 제55호, 한국미학회)을, 한국의 1세대 페미니스트 미술가인 박영숙에 대해서는 김주현(2016), 〈어떤 페미니즘, 숙연한 삶의 무게: 박영숙의 사진〉(≪미술세계≫ 2016년 7월호, ㈜미술세계)을 참조할 것.

44 이란표, 〈초창기 모더니즘 여성 건축가 미술센터에 관한 연구: 여성공간의 혁명인가 아니면 새로운 기계화로의 편입인가〉, ≪한국 실내디자인학회 논문집≫ 제14권 3호, 한국실내디자인학회, 2005, 25쪽.

45 오영제, 〈주부의 로망, 대면형 주방〉, ≪네이버캐스트≫, http://navercast.naver.com/contents.

nhn?rid=40&contents_id=1055&leafId=522 (검색일: 2016. 9. 5.)

46 Irigaray(1993a), *op. cit.*, p. 6.

47 뤼스 이리가레, 이은민 역, ≪동양과 서양 사이—개인으로부터 공동체로≫, 동문선, 2000, 107쪽.

48 L. Irigaray, *This Sex Which Is Not One*, trans. Catherine Porter & Carolyn Burke, Ithaca: Cornell University Press, 1985, p. 130.

49 뤼스 이리가레, 정소영 역, ≪사랑의 길≫, 동문선, 2009, 170-171쪽.

50 위의 책, 81-82쪽.

51 라이히는 미스 반 데어 로에라는 거장 건축가의 부수적인 실내 디자이너로 평가받았지만 최근 미스 반 데어 로에 문서 보관소에 대한 연구는 두 사람의 역할이 동등했다는 했다는 자료를 찾아냈다. 이에 대한 건축사 연구가 더 필요하다. 이란표, 〈독일 모더니즘 여성 건축가 릴리 라이히의 디자인 특성에 관한 연구〉, ≪한국 실내디자인학회 논문집≫ 제15권 1호, 한국실내디자인학회, 2006, 13쪽.

52 위의 글, 15쪽.

53 위의 글, 15쪽.

54 마이크 벨로, 이경희 역, 〈건축환경이 형성하는 여성의 삶〉, 김대년 외 ≪여성의 삶과 공간 환경≫, 한울 아카데미, 1995, 94쪽.

55 민운기, 〈사동 30번지〉, ≪황해문화≫ 제53호, 새얼문화재단 편, 2006.

56 O. Eliasson *et al.*, *Architectural Atmospheres: On the Experience and Politics of Architecture*, Basel: Birkhäuser, 2014, p. 90.

여성이 '자기만의 방'을 가진다는 것의 의미

1 이 글은 ≪현대영미소설≫ 23권 3호에 실린 〈≪자기만의 방≫에 대한 후대 페미니즘의 응답들: 유색여성 페미니즘을 중심으로〉를 수정, 보완한 것이다.

2 김현경, ≪사람, 장소, 환대≫, 서울: 문학과 지성사, 2015, 75쪽.

3 위의 책, 203쪽.

4 메리 더글라스, 유제분·이훈상 옮김, ≪순수와 위험≫, 1997, 25쪽.

5 Alice Walker, "In Search of Our Mothers' Gardens" *In Search of Our Mothers' Gardens*, New York: Harcourt, 1983, p. 235.

6 Virginia Woolf, *A Room of One's Own and Three Guineas*, London: William Collins, 2014, p. 74.

7 Alice Walker, *op. cit.*, p. 235. 이는 울프의 "[여성이] 소설이나 시를 쓰려면 일 년에 500파운드와

문에 자물쇠가 있는 방이 필요하다"(it is necessary to have five hundred a year and a room with a lock on the door if you are to write fiction or poetry)"(103)라는 표현을 워커가 바꾸어 인용한 것이다. 워커는 500파운드라는 구체적인 숫자 대신에 "생계를 유지할 충분한 돈"이라고 표현했는데, 500파운드가 어떤 정도의 생활을 가능케 하는지에 대해서는 여러 논의가 있어 왔다. 예를 들어 조지 오웰(George Orwell)은 ≪위건 부두로 가는 길(*The Road to Wigan Pier*)≫(1937)에서 인플레를 고려했을 때, 비슷한 금액의 돈에 대해 언급하며, 이것이 사치스러움이나 풍족함과는 거리가 먼, 중산층의 가장 아래 부분에 해당하는 생활만을 가능케 하는 정도의 돈이라고 평가한다(Orwell 155).

8 *Loc. cit.*

9 Woolf, *op. cit.*, p. 48.

10 버지니아 울프, 이소연 옮김, 주51) 배럿, 미셸 <주해>, ≪자기만의 방≫, 파주: 펭귄클래식 코리아, 2010, 198쪽.

11 Henry Louis Gates, Jr., *The Trials of Phillis Wheatley*, New York: Basic Civitas Books, 2003, p. 16.

12 위의 책, pp. 16-17.

13 Woolf, *op. cit.*, p. 47; Walker, *op. cit.*, p. 235.

14 Walker, *op. cit.*, p. 236.

15 Woolf, *op. cit.*, p. 75.

16 *Ibid.*, p. 132.

17 *Ibid.*, p. 75.

18 Walker, *op. cit.*, p. 237.

19 *Ibid.*, p. 236.

20 *Ibid.*, p. 237.

21 *Ibid.*, p. 238.

22 *Ibid.*, p. 240.

23 *Ibid.*, p. 241.

24 *Ibid.*, p. 239.

25 *Ibid.*, p. 243.

26 Woolf, *op. cit.*, p. 47.

27 Walker, *op. cit.*, p. 233.

28 Woolf, *op. cit.*, p. 97. 이와 같이 울프는 "서명하지 않은 익명의 시인"의 주된 예로서, 구술되어 내려오는 '노래'의 가능성에 주목하고 있는데, 워커도 글과 그림·조각 등의 자유가 허용되지 않았던 흑인여성들에게 '노래'마저 법으로 금지되었으면 얼마나 더 참혹했을까를 상상하며, 흑인여성의 예술적

욕망의 주된 배출구로 '노래'를 제시한다. Walker, *op. cit.*, p. 234.

29 Maxine Hong Kingston, "Shaman", *The Woman Warrior: Memoirs of a Girlhood among Ghosts.* New York: Vintage, 1989, p. 61.

30 *Ibid.*, p. 64.

31 *Ibid.*, p. 61.

32 Woolf, *op. cit.*, p. 103.

33 *Ibid.*, p. 65.

34 Kingston, *op. cit.*, pp. 61-62.

35 *Ibid.*, p. 62.

36 김여진, 〈맥신 홍 킹스턴의 《여인무사》에 나타난 마술적 리얼리즘과 중국계 하위주체 여성의 목소리 복원〉, 《영어권문화연구》 5.2, 2012, 73-74쪽.

37 위의 글, 66쪽.

38 Kingston, *op. cit.*, p. 64.

39 *Ibid.*, p. 68.

40 Woolf, *op. cit.*, p. 33.

41 *Ibid.*, p. 34.

42 Kingston, *op. cit.*, p. 69.

43 *Ibid.*, p. 71.

44 *Ibid.*, p. 74.

45 유제분, 〈환상과 사실주의 미학: 미국에 있어서 에스닉 문학의 정체성과 재현의 문제〉, 《영어영문학》 49.3, 2003, 663쪽.

46 《여인무사》의 부제인 "귀신들 사이에서 자란 소녀시절에 대한 회고(Memoirs of a Girlhood Among Ghosts)"는 중국인 이민자 가정이 경험하는 이러한 장벽과 공포를 잘 표현해 준다. 더불어, 미국 주류 출판계가 이 작품의 부제에 나타난 '회고(memoirs)'에만 주목하여, 'Ghosts'가 드러내는 소설적 변용을 무시하고, 픽션이 아닌 논픽션 장르로 취급한 것은 아시아계 미국문학에 대한 주류사회의 태도를 드러낸다.

47 Kingston, *op. cit.*, pp. 96-97

48 Betty Friedan, *The Feminine Mystique*, New York: Dell Publishing, 1963, 1983, p. 307.

49 정현주, 〈다문화경계인으로서 이주여성들의 위치성에 대한 이론적 탐색: '경계지대', 억압의 '교차성', '변위' 개념에 대한 검토 및 적용〉, 《대한지리학회지》 50.3, 2015, 295쪽.

50 박미선, 〈글로리아 안잘두아의 교차성 이론: 초기 저작에서 《경계지대/경계선》까지〉, 《여성학연구》 24.1, 2014, 110쪽.

51 조상 대대로 살아온 영토에서 이방인이 되는 디아스포라를 경험한 안젤두아의 이러한 성장배경이

자신을 비롯한 미국 내의 유색여성 여성들을 '3세계 여성'으로 부르는 데 일조했을 것이다.

52 박미선, 앞의 글, 109쪽.

53 Gloria Anzaldúa, "Speaking in Tongues: A Letter To 3rd World Women Writers", eds. Moraga, C. and Anzaldúa, G., *This Bridge Called My Back: Writings by Radial Women of Color*, New York: Kitchen Table, 1983, p. 165.

54 Woolf, *op. cit.*, p. 26.

55 Anzaldúa, *op. cit.*, p. 168.

56 Woolf, *op. cit.*, p. 97.

57 Anzaldúa, *op. cit.*, p. 168.

58 *Ibid.*, p. 167.

59 Woolf, *op. cit.*, p. 72.

60 Anzaldúa, *op. cit.*, p. 170.

61 *Ibid.*, p. 170.

62 Woolf, *op. cit.*, p. 111.

63 *Ibid.*, p. 112.

64 Anzaldúa, *op. cit.*, p. 173.

65 *Ibid.*, p. 167.

66 *Ibid.*, p. 170.

67 Woolf, *op. cit.*, p. 79.

68 버지니아 울프, 이소연 옮김, 배럿, 미셸 <서문: ≪자기만의 방≫의 정치성>, ≪자기만의 방≫, 파주: 펭귄클래식 코리아, 2010, 9쪽에서 재인용.

69 Woolf, *op. cit.*, p. 64.

길거리 걷기, 그리고 길 위의 여성들

1 Felix Driver, "Moral Geographies: Social Science and the Urban Environment in Mid-nineteenth Century England", *Transactions-Institute of British Geographies New Series*, 13.1(1988), p. 276.

2 그램 질로크, ≪발터 벤야민과 메트로폴리스≫, 서울: 효형, 2005, 23쪽.

3 Susan Buck-Morss, "The Flâneur, the Sandwichman and the Whore: The Politics of Loitering", *New German Critique*, 39(Fall 1986), p. 100.

4 Walter Benjamin, "Moscow", *Reflections: Essays, Aphorisms, Autobiographical Writings*,

trans. Edmund Jephcott, New York: Schoken Books, 1986, pp. 97-130.

5 *Ibid.*, p. 99.

6 *Ibid.*, p. 111.

7 *Ibid.*, p. 111.

8 Walter Benjamin, "Naples", *Reflections: Essays, Aphorisms, Autobiographical Writings*, trans. Edmund Jephcott, New York: Schoken Books, 1986, pp. 163-176.

9 *Ibid.*, p. 166.

10 *Loc. cit.*

11 Walter Benjamin, "A Berlin Chronicle", *Reflections: Essays, Aphorisms, Autobiographical Writings*, trans. Edmund Jephcott, New York: Schoken Books, 1986, pp. 3-60.

12 그램 질로크, 앞의 책, 139쪽.

13 김성도, ≪도시인간학: 도시 공간의 통합 기호학적 연구≫, 파주: 인그라픽스, 2014, 392쪽.

14 마이크 새비지, 〈발터 벤야민의 도시사상: 비판적 분석〉, ≪공간적 사유≫, 마이크 크랭, 나이젤 스리프트, 서울: 에코리브르, 2013, 74쪽.

15 그램 질로크, 앞의 책, 125쪽.

16 위의 책 12쪽.

17 위의 책 11쪽.

18 Daphne Spain, *Gendered Space*, Chapel Hill and London: The University of North Carolina Press, 1992, p. 6.

19 *Ibid.*, p. 3.

20 *Ibid.*, p. 8.

21 질리언 로즈, ≪페미니즘과 지리학≫, 서울: 한길사, 2011, 36쪽.

22 위의 책, 63쪽.

23 린다 맥도웰, ≪젠더, 정체성, 공간≫, 서울: 하울, 2010, 264쪽.

24 Elizabeth Wilson, "Invisible Flâneur", *The Contradictions of Culture: Cities, Culture, and Women*, London: Sage, 2001, p. 85.

25 Elizabeth Wilson, *The Sphinx in the City: Urban Life, the Control of Disorder and Women*, Berkeley: University of California Press, 1992, pp. 1-2.

26 Walter Benjamin, "A Berlin Chronicle", *op. cit.*, p. 5.

27 *Ibid.*, p. 9.

28 *Ibid.*, p. 9.

29 *Ibid.*, p. 11.

30 Elizabeth Wilson, "Invisible Flâneur", *op. cit.*, p. 78.

31 *Ibid.*, p. 87.

32 Susan Buck-Morss, *op. cit.*, p. 113.

33 *Ibid.*, p. 104.

34 *Ibid.*, p. 120.

35 *Ibid.*, p. 120.

36 *Ibid.*, p. 122.

37 Vikas Mehta, *The Street: A Quintessential Social Public Space*, London: Routledge, 2013, p. 27.

38 *Ibid.*, p. 1.

39 *Ibid.*, p. 7.

40 Walter Benjamin, "A Berlin Chronicle", *op. cit.*, p. 4.

41 *Ibid.*, p. 7.

42 *Ibid.*, p. 4.

43 *Ibid.*, p. 4.

44 Ben Highmore, *Cityscapes: Cultural Readings in the Material and Symbolic City*, London: Palgrave Macmillan, 2005, p. 61.

무대 위의 공간들

1 이 글은 2016년 8월 ≪현대영미드라마≫에 게재한 논문을 부분 수정하여 재수록함을 밝힙니다.

2 피터 셰퍼는 1926년 5월 15일에 태어나 향년 90세인 2016년 6월 6일 서거하였음.

3 영국법정에 충격을 준 실제 사건에서는, 마구간 소년이 26마리의 말에게 쇠꼬챙이로 눈을 찌른 범죄를 저질렀다고 하는데 셰퍼는 이 사건의 핵심내용에 의거해 작품을 완성한 것이다.

4 강태경, 〈질풍노도 그 이후 II: 브로드웨이 Equus(1) — 근육의 미학〉, ≪현대영미드라마≫ 18. 2, 2005, 32쪽.

5 Shaowen Emily Su, Beyond the Unconscious: "Gaze" in Peter Shaffer's *Equus*, *Tamkang Review*, 36. 3, 2006, pp. 164-165.

6 여기서 앞으로 차용하는 번역문은 신정옥의 번역임.

7 피터 셰퍼, 신정옥 역, ≪에쿠우스≫, 파주: 범우, 2009, 39쪽.

8 라캉에 의하면 엄마-아이라는 상상적 이자관계(dual relation)는 사투의 관계(duel)다. 아버지가 개입해 그 관계가 깨질 때 아이는 상징계로 진입할 수 있다. 즉 아이는 어머니가 욕망하는 대상이 자신이라는 착각(어머니에 대한 욕망)을 포기하고 아버지의 세계인 상징적 질서로 들어갈 때 주체로 거듭나게 된다(Lacan 70). 즉 아이를 상징적 질서로 진입시키기 위해서 이자관계는 깨어져야 하는 것이다. Lacan, Jacques, *The Four Fundamental Concepts of Psychoanalysis*, ed. Jacques-Alain Miller, trans. Alan Sheridan, New York: Norton, 1978, p. 70.

9 Lounsberry, Barbara, "'God-Hunting': the Chaos of Worship in Peter Shaffer's *Equus and Royal Hunt of the Sun*", *Modern Drama*, 21. 1, 1978, p. 15.

10 강태경, 앞의 글, 24쪽.

11 *Ibid.*, p. 29.

12 피터 셰퍼, 앞의 책, 185쪽.

13 딜런 에반스, 김종주 외 역, ≪라깡 정신분석 사전≫, 고양: 인간사랑, 1998, 214쪽.

14 다리안 리더, 이수명 역, ≪라캉≫, 서울: 김영사, 2002, 45쪽.

15 도라가 승마와 관련해 말할 때 자신의 아버지(알런의 외조부)에 대해 언급한 부분과 대조적으로 프랑크에게는 아들에게 들려줄 할아버지에 관한 이야기가 없기 때문에 텍스트에 나타나 있지 않다.

16 알런에게 "말의 신(Horse-God) 에쿠우스는 디오니소스적이기보다는 기독교적이며, 열정적이고 성적이기보다는 희생적인 존재"라 할 수 있다. Mustazza, Leonard, "A Jealous God: Ritual and Judgment in Shaffer's *Equus*", *Papers on Language and Literature*, 28. 2, 1992, p. 175.

17 여기서 '시선'은 사르트르의 시선(Regard)이다.

18 김석, ≪에크리: 라캉으로 이끄는 마법의 문자들≫, 서울: 살림, 2007, p. 133.

19 Beckerman, Bernard, "The Dynamics of Peter Shaffer's Drama", In *The Play and Its Critic: Essays for Eric Bentley*, ed. Michael Bertin, Lanham: UP of America Inc., 1986, p. 208.

20 이혜경, <Peter Shaffer의 *Equus* : 극의 외적 구조와 내적 반응구조>, ≪현대영미드라마≫ 9, 1998, 85쪽.

21 Shaowen Emily Su, *op. cit.*, p. 161.

22 *Ibid.*, p. 157.

23 이혜경, 앞의 글, 84쪽.

24 피터 셰퍼, 앞의 책, p. 34.

25 셰퍼의 네 가지 극 *Shrivings, Equus, Lettice and Lovage, Yonadab*에는 게임하기가 등장하고 있다. Dennis A. Klein, *Peter Shaffer: A Casebook*, New York: Garland, 1991, p. 133.

26 Shaowen Emily Su, *op. cit.*, p. 156.

찾아보기

ㄱ

가부장제 145, 146, 149-151, 163
가상공간 6, 10, 32, 43
가정의 천사 182
개인적 몸 33
거류민 113
거북이 산책 197
거울 180
(길거리[도시]) 걷기 195-198, 202, 203, 205, 206
고프만, 어빙 16
공간 97, 99, 101-103, 108, 114-117
공간 정복 9
공간에 대한 소유권 199
공간의 객체 200
공간의 범주화 199
공간적 배치 199
공간적 역학관계 208, 225
공간적 전회 31, 32, 73
공동체적 공간 39
공동체적 몸 33
공적 공간 5, 10
공존 19
관계 210, 213-215, 219, 222, 225, 226
관음증 18
군중 192
권리를 가질 권리 76
귀신 177, 179-182
근대적 공간 34
(도시) (길)거리 193-195, 199-204
김현경 75, 169

ㄴ

〈나폴리〉 196, 201
난민 90, 97-102, 105-107, 109, 110, 112-117
남성적 공간 21
남성 젠더화 193

≪내 등이라고 부르는 이 다리≫ 171, 182, 184, 188
내면적인 산책자 128
네이티비아 107-109, 113, 114

ㄷ

대면형 주방 159
대중 건축 143, 165
대중 주택 167
데리다, 자크 85, 99, 104, 107, 108, 113
도시 경험 읽기 194, 206
도시 공간 191, 194, 199
도시 공간 읽기 194, 197
도시 글쓰기 191
도시 사상 194
도시 작가 191
독백 208, 220-222, 227
동화 198
드라이버, 페릭스 191
〈디너파티〉 143, 157-159, 165

ㄹ

라이히, 릴리 143, 147, 162, 165
런던 경험 133
로이드 라이트, 프랭크 154
로즈, 질리언 199
록시 44
롤즈, 존 80, 103
루소, 장 자크 9

ㅁ

마구간 211, 213, 214, 225, 226
마주침 203
말의 신 에쿠우스 209, 218
말의 재갈 219
매독 205
매춘여성 200-205
맥도웰, 린다 199
머리 이식 53, 54, 59, 63, 67, 68
메타모르포젝트 66, 67, 69
모라가 182, 184
모리슨, 토니 181
〈모스크바〉 195, 196, 201
몸-공간 54, 55, 57, 59-62, 65, 67, 68
무대 207, 208, 214, 215, 225
무조건적 환대 85
문화 엘리트의 교양주의 138
물리적 공간 43
미로 196, 197, 201
미타, 바이커스 203
민주적 반추 78

ㅂ

바르트, 롤랑 98
바슐라르, 가스통 114, 115, 117
박미선 183
반(反)공간 116
반투스탄 107, 113, 114
방법론적 특수주의 81

방언 182, 183, 188
벅 모스, 수잔 194, 202, 203
베러 셸터(Better Shelter) 116
〈베를린 연대기〉 196-198, 200, 201
벤담 14
벤하비브, 세일라 77
변이체 66, 67, 69
보들레르 200, 202, 203
(도시) 보행자 192-194, 196, 200, 202
본질주의 155, 157, 158, 160
부엌 157, 160, 163, 165
부엌 디자인 143
블레이크, 윌리엄 117
비장소(Non-places) 102, 103, 111, 112
≪빌러비드≫ 181

ㅅ

≪사람, 장소, 환대≫ 75, 169
사적 공간 5, 10
사토시(鵜飼哲) 105, 112
사회적 거리 15
산보객 22, 192, 193, 195-198, 200, 206
상상력 97, 100, 101, 103, 112-117
상호 인정 20
〈샤먼〉 178, 188
성원권 75
성차 152, 153, 155, 157, 160-162, 199
세계시민권 86
세계의 문학가족 121
섹스관광상품 201
셀프 인테리어 164
손택, 수잔 98
쉬테-리호츠키, 마가레테 143, 147, 159, 162
스페인, 다프네 199
시선 207, 210, 213, 215, 218, 221, 226
시인 박태진 120
시카고, 주디 143, 153, 156, 157
실존적 공간 39
심리적 거리 15
심리적 공간 8

ㅇ

아감벤, 조르조 98
아내의 미덕 145
아는 동네 197, 200, 203
아도르노, 테오도어 W. 116
아렌트, 한나 100
아버지의 이름 217, 218, 220
아벨, 카를 104, 114
아인슈타인 5, 31
아파르트헤이트 107
안락한 포로수용소 182
안젤두아, 글로리아 171, 182-188
알베르티 149-152
양성성 184
양혜규 147, 165
어린아이 195, 198
≪어머니의 정원을 찾아서≫ 171, 172, 187
≪에쿠우스≫ 207, 225
엔크라테이아 148, 149, 161

엘리아슨, 올라퍼　147, 166
여성　194, 201, 204, 205
여성-되기　152
여성 산보객　200
여성의 몸　194
〈여성의 집〉　143, 153-157, 160
여성적 공간　21, 199
여성혐오　202
≪여인무사≫　171, 177, 179, 188
≪영구평화론≫　86
영주권　86
오이디푸스　107, 108, 109
오이코스　143, 147-149, 151, 155
오제, 마크　102
오토포이에시스　116
왈저, 마이클　77
외국인　195
울프, 버지니아　100, 169, 170, 172-178, 180, 182-189
워커, 앨리스　171-177, 187
원형감옥　14
윌슨, 엘리자베스　200, 202
유색여성 페미니즘　169, 182, 187, 188
유제분　181
유체적 공명-공간　66
응시　215, 216, 224, 226
이리가레, 뤼스　143, 151, 152, 155, 160, 161
이방인　195, 198
이성애 중산층[부르주아] (백인)남성　193, 198, 200, 201, 205, 206
이자관계　211, 218
이주공간　74
이주사회　74
인간중심주의　51
인간중심주의적 공간　45
인공지능　52
인권　76
인정이론　95
일상　199, 201
임시　98, 101-103, 109, 116, 117
임시 체류권　86

ㅈ

≪자기만의 방≫　169-173, 176, 178, 183-187, 189
자본주의　145, 146
장소　98, 99, 102, 103, 105-107, 114-116
장소상실　169, 170, 189
재접합된 몸　60, 61, 67
전근대적 공간　34
(비)정상　222-225, 227
정신분열증　213, 215, 217
정열　222-224
(젠더) 정체성　193-195, 199, 201
정치적 성원권　76
젠더　150, 155, 165, 167
젠더 관계　194, 206
젠더 규범　200
젠더 균형　200
젠더 불평등　193
젠더 이론　199

젠더 편견　200
조건적 환대　85
(지배적) 주체성　193, 199
지젝, 슬라보예　99, 108, 117
질로크, 그램　197, 198
집-가정 담론　144, 146, 164, 167

ㅊ

초월적 공간　36, 40
축사　181

ㅋ

카페　197, 201
칸트　85, 113, 114
코라　12, 31
코스모폴리탄 산책자　128
퀴어　183-185, 188
킹스턴, 맥신 홍　171, 177-179, 181, 188

ㅌ

타자　152, 166, 167
타자의 권리　74
타자화[객체화]　194, 195, 203, 204
탐색하는 머리　54, 61
〈터미널〉　101, 110
테일러, 찰스　84
토크니즘　185
통로　196

ㅍ

파스칼　36
포스트-가부장제　162, 163
포스트-자본주의　163
포스트-페미니즘　158
포스트휴먼　34, 52
포스트휴먼 신체성　54, 55, 60, 63, 66
폭력　215, 216, 223
푸코, 미셸　114, 147-149, 161
〈프랑크푸르트 부엌〉　159, 162
필리스　173

ㅎ

하이데거　152
하이모어, 벤　205
헤겔　87
헤테로토피아　103, 114, 116
호네트, 악셀　96, 100
환대　20, 74, 104-106, 108, 109, 111-115
휘틀리, 필리스　172-176